"十四五"时期国家重点出版物出版专项规划项目

★ 转型时代的中国财经战略论丛 ◢

中国经济模式和
中国经济学创新与转型研究

Research on Innovation and
Transformation of China's Economic Model and Chinese Economics

韩玉玲 著

中国财经出版传媒集团

经济科学出版社
Economic Science Press

图书在版编目（CIP）数据

中国经济模式和中国经济学创新与转型研究/韩玉玲
著 . -- 北京：经济科学出版社，2023.2
（转型时代的中国财经战略论丛）
ISBN 978 - 7 - 5218 - 4574 - 7

Ⅰ.①中… Ⅱ.①韩… Ⅲ.①中国经济 - 经济发展模
式 - 研究 Ⅳ.①F120.3

中国国家版本馆 CIP 数据核字（2023）第 036754 号

责任编辑：陈赫男
责任校对：隗立娜　靳玉环
责任印制：范　艳

中国经济模式和中国经济学创新与转型研究

韩玉玲　著

经济科学出版社出版、发行　新华书店经销
社址：北京市海淀区阜成路甲 28 号　邮编：100142
总编部电话：010 - 88191217　发行部电话：010 - 88191522
网址：www. esp. com. cn
电子邮箱：esp@ esp. com. cn
天猫网店：经济科学出版社旗舰店
网址：http：//jjkxcbs. tmall. com
北京季蜂印刷有限公司印装
710 × 1000　16 开　18. 25 印张　290000 字
2023 年 7 月第 1 版　2023 年 7 月第 1 次印刷
ISBN 978 - 7 - 5218 - 4574 - 7　定价：76. 00 元
（图书出现印装问题，本社负责调换。电话：010 - 88191545）
（版权所有　侵权必究　打击盗版　举报热线：010 - 88191661
QQ：2242791300　营销中心电话：010 - 88191537
电子邮箱：dbts@ esp. com. cn）

总　序

　　"转型时代的中国财经战略论丛"是山东财经大学与经济科学出版社在"十三五"系列学术著作的基础上，在"十四五"期间继续合作推出的系列学术著作，属于"'十四五'时期国家重点出版物出版专项规划项目"。

　　自2016年起，山东财经大学就开始资助该系列学术著作的出版，至今已走过6个春秋，期间共资助出版了122部学术著作。这些著作的选题绝大部分隶属于经济学和管理学范畴，同时也涉及法学、艺术学、文学、教育学和理学等领域，有力地推动了我校经济学、管理学和其他学科门类的发展，促进了我校科学研究事业的进一步繁荣发展。

　　山东财经大学是财政部、教育部和山东省人民政府共同建设的高校，2011年由原山东经济学院和原山东财政学院合并筹建，2012年正式揭牌成立。学校现有专任教师1690人，其中教授261人、副教授625人。专任教师中具有博士学位的982人，其中入选青年长江学者3人、国家"万人计划"等国家级人才11人、全国五一劳动奖章获得者1人、"泰山学者"工程等省级人才28人，入选教育部教学指导委员会委员8人、全国优秀教师16人、省级教学名师20人。近年来，学校紧紧围绕建设全国一流财经特色名校的战略目标，以稳规模、优结构、提质量、强特色为主线，不断深化改革创新，整体学科实力跻身全国财经高校前列，经管类学科竞争力居省属高校首位。学校现拥有一级学科博士点4个，一级学科硕士点11个，硕士专业学位类别20个，博士后科研流动站1个。在全国第四轮学科评估中，应用经济学、工商管理获B＋，管理科学与工程、公共管理获B－，B＋以上学科数位居省属高校前三甲，学科实力进入全国财经高校前十。2016年以来，学校聚焦内涵式发展，全面实施了科研强校战略，取得了可喜成绩。获批国家级课题项目241项，教育部及其他省部级课题项目390项，承担各级各类横向课题445项；教师共发表高水平学术论文3700余篇，出版著作323部。同时，新增了山东省重点实验室、山东省重点新型智库、山东省社科理论重点研究基地、山东省协同创新中心、山东省工程技术研究中心、山东省两化融合促进中心等科研平台。学校的发展为教师从事科学研究提供了广阔的平台，创造了更加良好的学术生态。

"十四五"时期是我国由全面建成小康社会向基本实现社会主义现代化迈进的关键时期，也是我校合校以来第二个十年的跃升发展期。今年党的二十大的胜利召开为学校高质量发展指明了新的方向，建校70周年暨合并建校10周年校庆也为学校内涵式发展注入了新的活力。作为"十四五"时期国家重点出版物出版专项规划项目，"转型时代的中国财经战略论丛"将继续坚持以马克思列宁主义、毛泽东思想、邓小平理论、"三个代表"重要思想、科学发展观、习近平新时代中国特色社会主义思想为指导，结合《中共中央关于制定国民经济和社会发展第十四个五年规划和二〇三五年远景目标的建议》以及党的二十大精神，将国家"十四五"期间重大财经战略作为重点选题，积极开展基础研究和应用研究。

"十四五"时期的"转型时代的中国财经战略论丛"将进一步体现鲜明的时代特征、问题导向和创新意识，着力推出反映我校学术前沿水平、体现相关领域高水准的创新性成果，更好地服务我校一流学科和高水平大学建设，展现我校财经特色名校工程建设成效。通过向广大教师提供进一步的出版资助，鼓励我校广大教师潜心治学，扎实研究，在基础研究上密切跟踪国内外学术发展和学科建设的前沿与动态，着力推进学科体系、学术体系和话语体系建设与创新；在应用研究上立足党和国家事业发展需要，聚焦经济社会发展中的全局性、战略性和前瞻性的重大理论与实践问题，力求提出一些具有现实性、针对性和较强参考价值的思路和对策。

山东财经大学校长

2022 年 10 月 28 日

目　录

第1章 导 论

　　自新中国成立尤其是改革开放以来，我国经济与社会持续发展。1978 年，党的十一届三中全会开启了中国改革开放的历史新时期。经过 40 多年的努力，中国实现了从原先高度集中的计划经济体制到目前社会主义市场经济体制的历史性转折，从而推动了经济的持续快速发展、人民生活水平的不断提高以及综合国力的大幅度提升。改革开放 40 多年，中国通过发挥自身组合优势与承接国际产业转移，其经济发展曾创造过年均增长 9.3% 的"中国奇迹"。自 2008 年爆发全球性金融和经济危机一直到 2019 年，中国经济仍保持了年均约 6% 的增长。2010年，中国成为世界第二大经济体并一直保持至今。自 2020 年以来，新冠肺炎疫情肆虐全球，这对中国经济和世界经济都产生了巨大冲击。在世界经济持续低迷的严峻形势下，以习近平同志为核心的党中央统筹疫情防控与经济社会发展。中国不仅有效控制住了疫情，而且在 2020 年还成为世界上唯一实现经济正增长的国家。2022 年，我国的 GDP 总量达到 121 万亿元，[①] 并已迈入中等偏上收入国家行列。中国特色社会主义经济建设的伟大实践波澜壮阔，其经济社会发展的成就举世瞩目并在国际舞台上日益显现出一个发展中大国的影响力。40 多年的改革开放让中国告别了积贫积弱，重拾历史的荣光与大国的自信。

　　自 2012 年党的十八大以来，习近平总书记带领全党和全国人民进入了中国特色社会主义新时代与新发展阶段，中国的经济发展也随之进入新时代和新发展阶段。在此基础上，中国现已踏上全面建设社会主义现代化国家和向第二个百年奋斗目标进军的新征程，其经济也进入高质量发展新阶段。中国积极实施精准扶贫，打赢了人类历史上最

---

　　① 《中华人民共和国 2022 年国民经济和社会发展统计公报》，国家统计局网，http：//www. stats. gov. cn/sj/zxfb/202302/t20230228_1919011. html。

大规模的脱贫攻坚战，全国 832 个贫困县全部摘帽，近 1 亿农村贫困人口实现脱贫，960 多万贫困人口实现易地搬迁，历史性地解决了绝对贫困问题，为全球减贫事业作出了重大贡献。我国全面贯彻新发展理念，着力推进高质量发展，经济实力实现历史性跃升，如国内生产总值从 54 万亿元增长到 114 万亿元，经济总量占世界经济的比重达 18.5%，稳居世界第二位；人均国内生产总值从 39800 元增加到 81000 元；城镇化率达到 64.7%；制造业规模、外汇储备稳居世界第一；建成世界上最大高速铁路网和公路网，机场港口、水利、能源、信息等基础设施建设取得重大成就；基础研究与原始创新不断加强，一些关键核心技术实现突破，战略性新兴产业发展壮大，载人航天、探月探火、深海深地探测、超级计算机、卫星导航、量子信息、核电技术、新能源技术、大飞机制造、生物医药等取得重大成果。我国已步入创新型国家行列。①

"中国模式"源于"中国奇迹"。中国经济与社会的持续快速发展引起了全世界对"中国模式"的关注与研究。发展中国家希望能从中找到解决本国经济发展问题的启示和借鉴，发达国家也希望从中吸取经验以克服资本主义经济发展所面临的各种问题。随着中国特色社会主义进入新时代新阶段，"中国模式"和"中国经济模式"以及"中国道路"等也日益受到世界各国的关注。

1.1 "中国模式"的提出

有关"中国模式"的讨论一般认为是源于乔舒亚·库珀·雷默（Joshua Cooper Ramo）提出的"北京共识"（Beijing Consensus），即 2004 年 5 月，美国《时代》周刊高级编辑雷默发表了《北京共识：提供新模式》一文。但实际上，早在 1980 年 5 月，邓小平就曾提出："既然中国革命胜利靠的是马列主义普遍真理同本国具体实践相结合，我们就不应该要求其他发展中国家都按照中国的模式去进行革命，更不应该

---

① 习近平：《高举中国特色社会主义伟大旗帜　为全面建设社会主义现代化国家而团结奋斗——在中国共产党第二十次全国代表大会上的报告》，人民出版社 2022 年版，第 7~8 页。

要求发达的资本主义国家也采取中国的模式。"① 1980 年，日本一桥大学石川滋等曾在季刊《现代经济》中多次使用"中国模式"一词。他们把"中国政治上和经济上独立自主的历程"称为"中国模式"。② 因此，准确地说，雷默只是"北京共识"的首创者。

近年来，中国经济增速的放缓引起一些海外中国观察家们的普遍忧虑。西方学界开始重新思考"中国模式"的有效性及其实质。美国中国学期刊《当代中国研究》（*Journal of Contemporary China*）在 2017 年 1 月号发表了一个专题，即"重审中国模式"（The China Model Revisited）。美国丹佛大学教授、《当代中国研究》的创始主编赵穗生发表《中国模式向何处去：重温相关讨论》一文，作为该专题的导论。他认为，进入 21 世纪以来，关于"中国模式"的讨论已历经三波热潮。一是 2004 年雷默最早提出"北京共识"，并将其价值目标和发展路径归结为政府致力于创新、尽可能创造公平、避免社会不安定、提高人民生活质量、促进经济发展以及独立自主等。他认为，中国通过自己的创新与实践已探索出一个适合其国情的新发展模式。这是西方学者第一次比较全面地阐述中国发展道路问题。随后，许多学者对"中国模式"的性质和特点等展开了广泛讨论。二是 2008 年席卷全球的金融危机和经济危机既沉重打击了西方世界的经济发展与美国的经济发展模式，也剧烈冲击了其自由市场和自由贸易的理念。在此背景下，2008 年的北京奥运会，尤其是在纪念改革开放 30 周年以及 2009 年纪念新中国成立 60 周年活动中出现了讨论"中国模式"的第二波热潮。许多国内学者针对中国成功举办奥运会和经受住 2008 年金融危机的考验而作出正面评价，赞赏"中国崛起"的奇迹。有些西方学者也从怀疑本国政治经济制度的角度关注"中国模式"，并试图寻找"中国模式"能够在全球经济衰退中保持一枝独秀的秘诀，寻找破解金融危机的秘方。但也有西方学者将西方模式的衰落和"中国模式"的崛起相对立，并将"中国模式"看作"华盛顿共识"的替代物，从而把对"中国模式"的研究推向高潮。三是习近平总书记提出实现中华民族伟大复兴的中国梦之后出现了第三波的讨论，即"中国模式 3.0"。这既意味着经济增长，也表现在道路选择上的自主与自信。不过，国内也有学者对"中国模式"

---

① 《邓小平文选》（第 2 卷），人民出版社 1994 年版，第 318 页。

② 《日三位学者对中国经济政策的看法》，载于《参考消息》1980 年 6 月 11 日。

的可复制性与可持续性表示怀疑。

"中国模式"的内涵非常丰富。它体现在经济、政治、文化和社会以及生态等各个方面，而最引人注目的是其经济增长奇迹。

1.2 "中国经济模式"的内涵与成就

1.2.1 "中国经济模式"的内涵

随着我国经济实力与综合国力的增强，"中国经济模式"已成为当今世界各具特色的经济发展模式之一。但关于"中国经济模式"的内涵，国内外学术界存在争议，至今还没有形成统一的看法。在国际上，许多学者认为中国经济正孕育着一个新的发展模式，其内涵和体系还在发展与调整中。欧美媒体所报道的"中国经济模式"应是在全球化背景下与"华盛顿共识"相对比的中国特色经济发展道路。国内学者对中国的经济发展是否形成"模式"还存在不同看法。但多数学者认为，从社会科学的意义上讲，"模式"具有标准的相对性或者说具有不确定性。当今世界各国的经济发展模式也都有其各自的问题。中国经济已快速发展 40 年多并取得举世公认的成就，因而可以称之为"模式"。

我们认为，所谓的"中国经济模式"是指自 1949 年新中国成立以来，特别是自 1978 年改革开放以来，中国人民在实践中探索出的中国特色社会主义经济发展道路或发展经验，是马克思主义的普遍真理和我国基本国情相结合的产物，即它是中国人民在马克思主义指导下，根据世情与国情，既借鉴了国际经验又进行了独创性的摸索，从而形成的中国特色社会主义市场经济，是正在形成中的、动态的发展模式。它和"欧美模式""东亚模式"和"拉美模式"等共同构成了国际上各具特色、各有千秋的经济发展模式。"中国经济模式"目前还面临着一些新的问题，需要新的经济理论作出合理的解释并指导实践。这就需要中国的经济学人要以马克思主义政治经济学为"体"，西方经济学为"用"，推动经济学理论的创新与发展，使中国的经济学能够为全面建

成社会主义现代化强国和实现中华民族伟大复兴的中国梦提供理论支
撑和实践指导。

1.2.2 "中国经济模式"的成就

改革开放 40 多年来，中国在人均资源不是很丰富的条件下，实现
了经济持续高速增长，创造了"中国奇迹"。这主要表现在以下几个方
面：一是国内生产总值（GDP）从 1978 年的 3679 亿元提高到 2022 年
的 121 万亿元，稳居世界第二大经济体，对世界经济的贡献率也连续多
年超过 30%。二是 1978 ~ 2017 年，国内生产总值的年均名义增速是
14.5%。在剔除年均 4.8% 的通胀率之后，年均实际增速是 9.3%。这
在世界经济发展史上是罕见的。自 2008 年全球性的金融与经济危机爆
发一直到 2019 年，中国经济虽增速下滑，但仍保持了年均约 6% 的增
长。三是第一、第二和第三产业的结构日趋合理。到 2022 年，三产结
构的比例已分别是 7.3%、39.9% 和 52.8%。第三产业已占据了主导地
位，并成为拉动经济增长的主要力量。1978 ~ 2022 年，我国常住人口
城镇化率也由 17.9% 上升到 65.22%。四是人均国内生产总值由 1978
年的 381 元（约合 155 美元）提高到 2022 年的 85698 元，[①] 已跻身于中
等偏上收入国家。五是邮电通信、能源和交通运输以及科教文卫等基础
设施建设和基础产业等领域也取得了辉煌成就。六是经济发展方式逐渐
由原来的"唯 GDP"论和粗放型发展过渡到了绿色与可持续发展。数
据显示，2020 年，中国的碳排放强度分别比 2015 年和 2005 年下降
18.8% 和 48.4%，超额完成"十三五"规划确定的约束性目标，以及
向国际社会承诺的到 2020 年碳排放下降 40% ~ 45% 的目标。[②] 我国已
基本扭转原先二氧化碳排放增长快速的局面，其环境"颜值"日益提
升，"美丽中国"建设正迈出坚实步伐。

---

① 《中华人民共和国 2022 年国民经济和社会发展统计公报》，国家统计局网，http：//
www. stats. gov. cn/sj/zxfb/202302/t20230228_1919011. html。

② 《中国应对气候变化的政策与行动》，中国政府网，http：//www. gov. cn/zhengce/2021 -
10/27/content_5646697. htm。

1.3 "中国经济模式"面临的挑战与转型

1.3.1 "中国经济模式"面临的挑战

目前的"中国经济模式"仍处于战略机遇期,但挑战和机遇并存且都有新的变化。由于受新冠肺炎疫情全球大流行和国际金融与经济危机等的影响,国际经济格局正在发生深刻变化与调整,如国际贸易低迷、保护主义上升以及逆全球化趋势不断抬头等,国际形势极其复杂严峻和多变。面对世界百年未有之大变局,当今的中国和世界都处在一个大发展、大变革和大调整的时期。世界范围的新一轮科技革命与产业变革正在孕育和兴起。欧美发达国家和新兴市场经济国家正在分别进行着"再工业化"和"快工业化",与旧动能相关的资源要素配置以及产业结构等的矛盾日益突出,世界经济格局处在了深度调整之中,经济发展存在很大不确定性。从国内情况看,随着中国特色社会主义跨入新时代和新发展阶段,其社会主要矛盾已由"人民日益增长的物质文化需要同落后的社会生产之间的矛盾"变化为"人民日益增长的美好生活需要和不平衡不充分的发展之间的矛盾",其经济发展特征也由原来的高速增长转向了高质量发展。在此背景下,再加上新冠肺炎疫情的深刻影响,我国经济发展的下行压力较大,传统的粗放型经济发展模式不再具有可持续性。"中国经济模式"向高质量发展的转型还面临许多问题与挑战。

(1)经济发展的不平衡问题。改革开放40多年来,中国确立了社会主义初级阶段的基本经济制度,即以公有制为主体和多种所有制经济共同发展、以按劳分配为主体和多种分配方式并存以及社会主义市场经济体制等,并形成了全方位、宽领域和多层次的对外开放格局,综合国力与人民生活水平都有了很大提升。但是,我国经济与社会发展的不平衡和不充分问题也日益凸显。所谓发展的不平衡包括区域之间(如东部和西部,城市与乡村)发展的不平衡,供需结构的不平衡(如落后产能过剩和有效供给不足的并存),以及群体发展的不平衡(如悬殊的收入差距等）。同时，我国的社会主义市场经济体制还不完善，仍存在政府职能转变不到位、公共服务职能薄弱、市场秩序较混乱以及社会保障体系不健全等问题。这都成为满足人民日益增长的美好生活需要的制约因素。

（2）经济发展的不充分问题。自改革开放以来，中国成为“世界工厂”，这是由于在承接全球化的产业转移过程中其劳动力与土地的成本低廉。这种劳动与资源密集的粗放式发展在经济起飞初期技术落后的背景下是可行的。但随着我国经济实力的日益增强，生产要素的价格不断上涨，如“人口红利”的消失和工人工资与福利的提高，土地成本的不断上涨等。同时，由于缺乏自主知识产权，中国企业在世界产业分工体系中处于价值链末端，付出的代价很大，但得到的利润却很微薄。粗放式的发展也使得环境污染严重、耕地面积不断减少以及效力下降，中国经济发展也越来越受到环境与资源的制约。因此，当今中国仍存在着自主创新能力不够强、经济发展方式粗放、经济结构不合理、土地和劳动力等生产要素价格提高、资源和能源消耗过大、生态环境恶化等问题。这种以“世界工厂”为特征的粗放型经济增长方式将对经济的长期持续发展形成巨大压力。就实体经济、虚拟经济与传统服务业而言，中国既有实体产业大而不强的问题，也存在着虚拟经济发展的滞后。因此，我国经济发展方式的转变还处在攻坚阶段，其质量和效益有待提高。在新时代和新阶段，为了满足人民群众追求美好生活的新需要，我国也要解决好发展不平衡和不充分的问题。

（3）随着中国日益融入经济全球化进程，世界范围内两极分化的加剧、生态系统的过度开发和破坏、全球性经济与金融危机的不断爆发以及国家主权之间的冲突等问题对我国经济的影响也越来越明显。中国目前的人均利用外资比例只占世界平均水平的一半左右，同时还存在海外的非理性投资和不规范经营，出口产品的质量、档次和附加值不高等问题。为此，我国还需要深化对外开放，努力构建新发展格局，加快培育国际经济竞争与合作新优势。

1.3.2　现代化经济体系建设与“中国经济模式”的高质量转型

“中国经济模式”的发展是一种不断学习、试验和打破常规的过程，也是在不断寻找经济增长、政治进步与社会公正的最佳契合点。我国要在一个更加不确定性的世界中谋求发展，就必须用更加全面、辩证、系统和长远的眼光来看待当前的困难、风险和挑战。

在国际金融危机和经济危机之后，中国经济进入发展的新常态阶段，即由过去追求经济高速增长转向了新时代对经济高质量发展的新追求。在新常态新阶段，粗放型经济发展模式难以为继，面临的机遇也不是加快投资、简单纳入全球产业分工体系以及出口的扩大，而是通过体制机制改革、扩大内需、提高创新能力、注重绿色发展以及提高文化软实力等促进经济发展方式的转变和人民生活水平的提高。为了破解发展难题、增强发展动力和厚植发展优势，党的十九大报告指出："我国经济已由高速增长阶段转向高质量发展阶段，正处在转变发展方式、优化经济结构、转换增长动力的攻关期，建设现代化经济体系是跨越关口的迫切要求和我国发展的战略目标。"[①] 因此，中国要推进经济发展的转型升级，就必须建设现代化经济体系，以走上高质量与可持续发展的新路。这是经济发展必须跨越的关口和战略目标。2018 年 1 月，习近平总书记在主持十九届中央政治局第三次集体学习时讲道："国家强，经济体系必须强。只有形成现代化经济体系，才能更好顺应现代化发展潮流和赢得国际竞争主动，也才能为其他领域现代化提供有力支撑。"[②] 2021 年，"十四五"规划也提出，我国在"十四五"时期要以推动经济的高质量发展为主题，继续深化供给侧结构性改革，统筹发展与安全，加快现代化经济体系建设并使之取得重大进展，同时努力构建以国内大循环为主体、国内国际双循环相互促进的新发展格局。[③]

1. 现代化经济体系的内涵

"经济体系"，即国民经济体系。人类社会的经济体系在不同历史时期由于发展的状况与水平不同，因而其特征也不一样。我国的现代化经济体系就是指在现代化实现阶段的经济体系，其基本内涵包括以下几

① 习近平：《决胜全面建成小康社会　夺取新时代中国特色社会主义伟大胜利——在中国共产党第十九次全国代表大会上的报告》，人民出版社 2017 年版，第 30 页。
② 《习近平谈治国理政》（第 3 卷），外文出版社 2020 年版，第 240 页。
③ 《中华人民共和国国民经济和社会发展第十四个五年规划和 2035 年远景目标纲要》，中国政府网，http://www.gov.cn/xinwen/2021-03/13/content_5592681.htm。

个方面。

（1）质量第一与效益的优先。高质量发展作为强国之基、立业之本和转型之要，是现代化经济体系建设的核心任务。提高效益是经济发展的永恒主题和建设现代化经济体系的导向。为实现供给体系质量和效益的提升，中国就要改变过去主要依靠要素投入、规模扩张和外需拉动的经济发展路径，由过去的要素驱动型、规模速度型转向创新驱动型和质量效益型，进而由成本和价格优势型转向技术、品牌和服务优势型。这就意味着，我国将会有更多的高端产品与优质服务进入消费领域，使人们对其衣食住行用等的消费更安全、更放心。

（2）从经济结构来看，产业结构是以服务业为主体（即在国民经济中的占比达到70%以上），且以现代服务业与高新技术产业为主；农业和工业都实现了现代化，其中，制造业处于国际产业价值链的中高端，农业机械化率要达到80%，城镇化率则达到70%以上，城乡经济实现一体化发展，城乡差别基本消除；区域经济实现分工合作与协调发展，其差别基本消失；以现代化的实体经济为基础，虚拟经济得到合理发展（简新华，2018）。

（3）努力打造实体经济和科技创新、现代金融与人力资源协同发展的产业体系，这是建设"现代化"经济体系的核心。国际经验表明，以物质生产为基础的实体经济是国民经济的根基，也是现代化经济体系建设的基本原则，其发展程度直接关系到国民经济的持续健康发展与国际竞争力的提高；科技创新作为国家竞争力的核心，是引领经济发展的第一动力和产业结构升级的持续驱动力；现代金融可以为实体经济发展提供高效便捷、功能多样以及成本合理的融资服务，是现代经济发展的血脉；人力资源是我国经济与社会发展的第一资源，是生产力中最活跃的因素和经济发展的主体。它可以为各行各业的转型升级提供高素质人力资源与各类实用型人才，是顺利实现新旧动能转换的根本保证。现代化经济体系的建设就是要合理配置与协同各种要素，推动经济发展由原先主要依靠土地、资本和低成本劳动力转向主要依靠创新、管理和高素质人才，以促进企业的技术进步、行业的供求衔接以及产业结构的优化升级，从而提升经济发展的创新力与竞争力。

2. 现代化经济体系建设与中国经济模式的高质量转型

目前，中国的新动能正在孕育并已带来一系列积极变化。现代化经济体系的建设和新旧动能的加速转换将是其实现经济高质量发展的根本途径。习近平总书记指出："现代化经济体系，是由社会经济活动各个环节、各个层面、各个领域的相互关系和内在联系构成的一个有机整体"。[①] 建设现代化经济体系以促进中国经济模式高质量转型的路径主要包括以下几个方面。

（1）贯彻新发展理念。党的二十大报告指出："贯彻新发展理念是新时代我国发展壮大的必由之路。"[②] 因此，为了实现经济的高质量与可持续性健康发展，我国就必须完整、准确、全面贯彻创新、协调、绿色、开放、共享的新发展理念。其中，创新发展作为引领经济社会发展的第一动力，是现代化经济体系建设的战略支撑，也是实现第二个百年奋斗目标以及中华民族伟大复兴中国梦的必由之路。为此，我国要加快建设国家创新体系，力推科技创新与经济社会发展的深度融合，形成以创新为主要引领与支撑的经济体系和发展模式，力争到 2035 年跻身于世界创新型国家的前列。协调发展就是努力优化现代化经济体系的空间布局，积极实施城乡区域之间的协调发展战略，通过补短板和做加法以进一步发挥"长板"优势。绿色发展就是要树立并践行"绿水青山就是金山银山"的理念，把绿色低碳发展作为价值引领与"硬约束"，坚持经济发展的资源节约与环境友好，处理好经济发展和生态环境保护之间的关系，努力实现两者的协同推进，走出一条生产发展、生活富裕以及生态良好的可持续发展之路，为人民生活质量的提高提供良好的生态环境。开放发展是指在更大范围、更宽领域和更深层次上的经济开放，是更好利用国内和国际"两个市场，两种资源"，坚持共商、共建与共享原则，引进来和走出去并重，努力建设多元平衡且安全高效的全面开放体系，以形成陆海内外联动和东西双向互济的更高层次开放型经济新体系。共享发展是指要坚持"以人民为中心"并努力调动其积极性、主动性与创造性，不断把"蛋糕"做大的同时，也要把不断做大的"蛋糕"分好，使改革成果能够更多地惠及广大人民群众，从而实现共同富裕。正如习近平总书记所讲："在全面建设社会主义现代化国家新征程中，我们必须把促进全体人民共同富裕摆在更加重要的位置，脚踏

---

① 《习近平谈治国理政》（第 3 卷），外文出版社 2020 年版，第 240～241 页。

② 习近平：《高举中国特色社会主义伟大旗帜　为全面建设社会主义现代化国家而团结奋斗——在中国共产党第二十次全国代表大会上的报告》，人民出版社 2022 年版，第 70 页。

实地、久久为功，向着这个目标更加积极有为地进行努力，促进人的全面发展和社会全面进步，让广大人民群众获得感、幸福感、安全感更加充实、更有保障、更可持续。"①

（2）打造市场机制有效、微观主体有活力和宏观调控有度的经济体制。实现经济高质量发展的体制与机制是一个系统工程。改革开放40多年来，我国的社会主义市场经济体制日趋完善并基本建成高标准市场体系，已形成包括企业和家庭经营农户等在内的经济发展微观基础。宏观经济采取了区间、定向、相机和精准等创新的调控方式。建设现代化的经济体系就必须在坚持社会主义市场经济改革方向的前提下处理好政府和市场的关系。具体讲，市场机制有效就是要进行以完善产权制度与要素市场化配置为重点的一系列体制与机制改革，以实现要素的自由流动、反应灵活的价格以及有序的公平竞争等，并且使企业优胜劣汰，从而激发全社会的创新与创业动力，促进经济发展的新旧动能转换；微观主体有活力是指尊重企业的主体地位和深化国有企业改革，并支持、引导民营经济的健康发展，以调动各类市场主体的积极性和创造性；宏观调控有度是指创新与完善政府的宏观经济调控。作为特征鲜明的政府主导型经济体，中国经济模式的转型必须依托政府转型，既培育新动力又要减少阻力以降低制度性交易成本，并让市场在优化配置资源过程中发挥决定作用，同时政府也要努力发挥好其宏观调控作用。为此，国家要在发挥其规划引导作用的前提下，实现财政和货币政策、产业与区域政策等相互之间的协调，并简政放权以推动政府部门更好地履行其职责，如经济的宏观调控和市场监管以及公共服务与社会管理等，从而防范和化解重大风险，巩固和完善好社会主义的基本经济制度，把市场机制的长处与社会主义的优点更好地结合起来，不断提高经济社会发展的创新力和综合竞争力。

（3）把供给侧结构性改革作为主线，将经济发展的着力点放到实体经济上。新时代新阶段我国经济实现平稳健康发展的制约因素为供给问题与需求问题并存、结构问题和总量问题并存，但更为突出的是经济的结构性问题，而且主要矛盾是在供给方面。这包括实体经济的供给和需求之间的失衡，金融、房地产与实体经济之间的失衡，供给质量和数

① 《习近平谈治国理政》（第4卷），外文出版社2022年版，第139页。

量之间的失衡等，从而导致经济的循环不畅以及质量与效益的低下。供给侧结构性改革就是通过去除无效供给和创造有效供给，实现供需平衡由低水平向高水平、由静态向动态的跃升。2017 年，党的十九大报告提出："建设现代化经济体系，必须把发展经济的着力点放在实体经济上，把提高供给体系质量作为主攻方向，显著增强我国经济质量优势。"[①] 为此，我国必须从供给体系的完善入手，把主攻方向确定为提高产品与服务质量，调整和优化产业、城乡和区域等结构，实施创新驱动战略，加快科技创新与传统产业的升级改造以发展先进制造业，推动互联网、大数据和人工智能与实体经济之间的深度融合，从而实现新旧动能的转换和做强实体经济，同时还要培育壮大中高端消费、创新引领和绿色低碳、共享经济以及现代供应链等领域的新增长点和新动能，以提高企业竞争力，并推动经济发展的提质增效和制造强国建设。2021年，"十四五"规划再次强调，我国在"十四五"时期要继续坚持将经济发展的着力点放在实体经济上，促进先进制造业与现代服务业之间的深度融合，努力提升金融服务实体经济的能力，推动实现数字技术和实体经济的深度融合以壮大经济发展的新引擎，并积极构建实体经济、科技创新、现代金融以及人力资源相互协同发展的现代产业体系，加快建设制造强国和质量强国。

（4）创新驱动以创造新供给。创新驱动，即技术的创新和渗透与消费的扩大和升级将成为中国新时代新阶段经济发展的双引擎。科技创新作为国家竞争力的核心，是全面创新的主要引领。我国虽然在核心技术方面和发达国家的差距呈不断缩小趋势，但在基础研究、关键技术和创新氛围等方面还存在短板。2017 年，党的十九大报告指出，我国将实施科教兴国和创新驱动等发展战略，努力促进以创新为引领和支撑的经济新体系与新模式的形成，力争到 2035 年跻身于世界创新型国家行列。[②] 2021 年，"十四五"规划提出，我国继续坚持创新在现代化强国建设中的核心地位，并将科技的自立自强作为国家发展之战略支撑，面向世界科技前沿、经济主战场、国家重大需求以及人民生命健康，深入

---

① 习近平：《决胜全面建成小康社会 夺取新时代中国特色社会主义伟大胜利——在中国共产党第十九次全国代表大会上的报告》，人民出版社 2017 年版，第 30 页。

② 习近平：《决胜全面建成小康社会 夺取新时代中国特色社会主义伟大胜利——在中国共产党第十九次全国代表大会上的报告》，人民出版社 2017 年版，第 28 页。

实施科教兴国、人才强国和创新驱动发展等战略，努力完善国家创新体系以建设科技强国，从而全面塑造经济社会发展新优势。[①] 2022 年，党的二十大报告又强调，我们要"坚持面向世界科技前沿、面向经济主战场、面向国家重大需求、面向人民生命健康，加快实现高水平科技自立自强。以国家战略需求为导向，集聚力量进行原创性引领性科技攻关，坚决打赢关键核心技术攻坚战"；要"加快实施一批具有战略性全局性前瞻性的国家重大科技项目，增强自主创新能力"。[②] 为此，我国要瞄准世界科技前沿，强化基础性研究，努力打造以企业为主体和市场为导向以及产学研相结合的创新体系，并促使科技创新成果尽快地转化为现实生产力；同时还要倡导创新文化，强化知识产权保护，培育高水平的创新人才和团队等。目前，我国已提出要稳增长、调结构、促转型，要求各大经济区如珠三角、长三角和东北老工业基地等实施以转型升级为主要方向的产业调整规划，加大投入以提高劳动者素质和企业的自主创新能力，推动和新动能相关的智能制造、"互联网＋"以及数字经济等的迅速发展，积极升级"世界工厂"，加快由"中国制造"向"中国创造"和"中国服务"的飞跃。中国只有走创新驱动发展道路，推动新旧动能顺利转换，才能推动产业迈向中高端水平，真正实现经济的高质量发展。

（5）积极扩大内需。2020 年，《中共中央关于制定国民经济和社会发展第十四个五年规划和二〇三五年远景目标的建议》提出了一项关系经济社会发展全局的重大战略任务，就是加快构建以国内大循环为主体和国内国际双循环相互促进的新发展格局。这是进入新发展阶段之后，我国塑造国际合作与竞争新优势的必然选择。自 2008 年国际金融和经济危机爆发以来，面对国外需求下降的严重冲击，我国将扩大内需作为保持经济能够实现平稳较快发展的基本立足点，逐步由原来市场与资源"两头在外"的发展格局转向以内需为主，以使经济发展更多依靠内需尤其是消费需求拉动。"十四五"时期，我国面临着前所未有的错综复杂国际发展环境，这就是世界百年未有之大变局、新一轮科技革命与产业变革的深入发展、新冠肺炎疫情大流行造成的广泛深远影响、经济全

[①] 《中华人民共和国国民经济和社会发展第十四个五年规划和 2035 年远景目标纲要》，中国政府网，http://www.gov.cn/xinwen/2021-03/13/content_5592681.htm.

[②] 习近平：《高举中国特色社会主义伟大旗帜　为全面建设社会主义现代化国家而团结奋斗——在中国共产党第二十次全国代表大会上的报告》，人民出版社 2022 年版，第 35 页。

球化遭遇的逆流以及保护主义、霸权主义对世界和平与发展构成的严重威胁等。为把握战略主动权，以习近平同志为核心的党中央提出构建以扩大内需为战略基点的新发展格局。内需包括消费需求（居民和政府的消费）和投资需求（政府与企业的投资）。因此，扩大内需是个整体和系统。它涉及政府、企业和居民三大行为主体。党的二十大报告强调，我们要"把实施扩大内需战略同深化供给侧结构性改革有机结合起来，增强国内大循环内生动力和可靠性，提升国际循环质量和水平，加快建设现代化经济体系"。① 所以，"十四五"乃至更长时期，我国要以满足国内需求为基本立足点，加快培育完整的内需体系，并努力使扩大内需战略的实施与深化供给侧结构性改革实现有机结合，以提高供给体系对国内需求的适配性，推动形成需求牵引供给和供给创造需求的更高水平动态平衡，从而实现经济与社会的协调发展。

近些年来，中国国内出现了新的消费结构升级，即对教育和医疗以及养老等的需求日趋增长。因此，目前我国仍存在大量的潜在与现实需求。社会主义的本质特征是实现共同富裕。在经济发展的新时代新阶段，我国要践行共享发展理念，努力扩大就业，进一步完善收入分配制度和社会保障体系，缩小贫富差距，提高供给体系质量，以更加有效的制度安排扩大内需和实现共建共享。

（6）推进乡村全面振兴。这是现代化经济体系建设的重要基础。因为只有农业稳，才能天下安。针对农业发展的结构性矛盾，即农产品供求结构失衡、要素配置不合理、资源环境压力大以及农民收入持续增长乏力等问题，我国要深入推进农业供给侧结构性改革，遵循产业兴旺和生态宜居、乡风文明和治理有效以及生活富裕的要求，完善城乡之间实现融合发展的体制与政策，以促进农业的提质增效，建设好新农业和新农村，走出一条质量兴农的新路。具体讲，一是坚持农业和农村优先发展，加快推进其现代化建设，藏粮于地和藏粮于技以确保国家粮食安全。二是坚持和完善农村土地的集体所有和家庭承包的基本经营制度，保持土地承包的稳定性且长期不变；在完善承包地"三权分置"的前提下，进一步改革农村的农产品收储制度和价格形成机制等，以保障农民的财产权和实现集体资产的保值与增值。三是通过建立"互联网＋现

---

① 习近平：《高举中国特色社会主义伟大旗帜　为全面建设社会主义现代化国家而团结奋斗——在中国共产党第二十次全国代表大会上的报告》，人民出版社2022年版，第28页。

代农业"以构建农业的产业、生产以及经营等体系；推动实现适度规模经营以发展新型的农业经营主体；为使小农户实现与现代农业发展的良好衔接，必须努力提高社会化服务程度；实施"放管服"改革以去除对农民的歧视与不合理限制，努力实现由农业大国向农业强国的转型。四是努力促使城乡之间和农村一二三产业之间的融合发展；引导工商业资本参与乡村振兴；促进公共财政向"三农"倾斜和拓宽投融资渠道以保障乡村振兴的资金投入；鼓励农民创业和就业以增加收入。五是培养乡村振兴的人才队伍，如建立职业农民制度；支持社会各界人士投身乡村振兴，以培育懂农业、爱农村以及爱农民的专业人才队伍。六是完善自治、法治以及德治三者结合的乡村治理新体系。为此，党组织和政府部门应严查侵害农民利益的"微腐败"，加强公共文化建设，传承和发展优秀传统文化，培育淳朴文明的民风和家风，以开拓乡村善治与文化兴盛的新路。

（7）增强区域之间的协同性发展以逐步缩小区域差距。中国由于幅员辽阔且长期处于非均衡发展状态，导致各个区域发展存在不平衡、不协调等问题。这成为现代化经济体系建设的短板。为此，自党的十八大以来，我国不断调整和优化促进区域经济协调发展的途径以形成陆海内外联动和东西双向互济的新格局。一是继续推进东部地区的创新和引领发展、西部大开发、中部地区崛起以及东北老工业基地全面振兴等政策的实施；推动东部、中部和西部以及东北地区的协调联动发展以实现其深度融合与互利合作，即各区域之间要努力实现其资源和要素的合理有序流动以及基本公共服务的均等化，尤其是东部的优质资源要向中西部流动。中西部地区也要努力打造沿边和沿江的开放新格局，并构建低碳绿色循环的新产业发展体系。二是提出区域经济发展新战略以缩小其差距。这包括京津冀的协同发展、长江经济带与"一带一路"建设、粤港澳大湾区建设、长三角一体化以及黄河流域生态保护和高质量发展等。京津冀协同发展的重点是疏解北京的非首都功能；雄安新区的高起点规划和高标准建设将使其成为创新发展的示范区；长江经济带建设的基本导向是生态优先和绿色发展，即共抓大保护与不搞大开发，协同推进其生态环境保护与经济社会发展，以打造人与自然和谐共生的"美丽中国样板"。长江经济带建设和"一带一路"建设将会缩小中西部地区经济发展的差距。三是铸牢中华民族的共同体意识，扶持老少边穷地区的发展以体现共享发展理念并确保边疆巩固和边境安全；支持资源型地区经济发展的转型；推动陆海统筹和优化海洋产业结构，科学开发海洋资源并保护海洋生态环境，以建设强大的海洋经济和海洋强国。四是以城市群为主体并提高其发展质量，推进大中小城市之间的网络化建设以打造其协同发展新格局，并增强其对农业转移人口的吸引力与承载能力；力促户籍制度改革以加快实现农民工的市民化，并使其能够享有同等的公共服务；建设新型城镇化和特色小镇以逐步缩小城乡之间的差别。

（8）建设绿色美丽中国，即我国要在促进经济实现可持续发展的同时，改变过去污染型和资源浪费型的粗放发展模式，努力提高科技创新能力与节能环保水平以去除资源与环境的两大发展瓶颈。这是建设现代化经济体系的生态保障。2017年，党的十九大报告指出，我国"必须树立和践行绿水青山就是金山银山的理念，坚持节约资源和保护环境的基本国策，像对待生命一样对待生态环境，……坚定走生产发展、生活富裕、生态良好的文明发展道路，建设美丽中国"。[①] 2021年，《中华人民共和国国民经济和社会发展第十四个五年规划和2035年远景目标纲要》提出，"十四五"时期将继续坚持这一绿色发展理念，尊重、顺应和保护自然，坚持节约、保护优先以及自然恢复为主，通过实施可持续发展战略，积极构建生态文明体系，广泛形成绿色的生产与生活方式，碳排放达峰之后能够稳中有降以建设绿色"美丽中国"。[②] 党的二十大报告强调："我们要推进美丽中国建设，坚持山水林田湖草沙一体化保护和系统治理，统筹产业结构调整、污染治理、生态保护、应对气候变化，协同推进降碳、减污、扩绿、增长，推进生态优先、节约集约、绿色低碳发展。"[③] 目前，中国经济发展模式正由过去的劳动密集和资源依赖的污染型粗放发展转向创新驱动和科学发展的集约型发展。可持续、人与自然环境和谐的科学发展之路已成为"中国经济模式"完善的必然选择。

---

① 习近平：《决胜全面建成小康社会 夺取新时代中国特色社会主义伟大胜利——在中国共产党第十九次全国代表大会上的报告》，人民出版社2017年版，第23~24页。

② 《中华人民共和国国民经济和社会发展第十四个五年规划和2035年远景目标纲要》，中国政府网，http://www.gov.cn/xinwen/2021-03/13/content_5592681.htm。

③ 习近平：《高举中国特色社会主义伟大旗帜 为全面建设社会主义现代化国家而团结奋斗——在中国共产党第二十次全国代表大会上的报告》，人民出版社2022年版，第50页。

（9）打造对外开放新格局。开放带来进步，封闭导致落后。对外开放作为我国的基本国策，是实现经济高质量发展的重要组成部分。高水平的对外开放有利于对接全球市场和资源，可以更好地促发展、促创新。2021年，"十四五"规划提出，我国将继续坚持和平与发展、合作与共赢的理念和独立自主外交政策，积极实施更大范围、更宽领域和更深层次的对外开放，依托超大规模市场努力构建新发展格局，通过推动贸易与投资的自由化便利化力促国际合作并实现互利共赢，以推动"一带一路"共建能够行稳致远和高质量发展，从而推动全球治理体系朝着更加公正合理的方向发展并构建人类命运共同体。① 2022年4月，习近平总书记指出，我们"要坚持建设开放型世界经济，加强宏观政策协调，维护全球产业链供应链稳定，促进全球平衡、协调和包容发展"。② 目前，我国正积极融入世界并继续扩大对外开放，坚持企业主体、政府推动、市场导向、商业原则与国际惯例，但同时也注意坚持独立自主和自力更生，形成了面向全球的贸易、投融资、生产和服务等网络，从而实现内外联动与互利共赢。

2020年，党的十九届五中全会强调，我国在实行更高水平对外开放的同时，必须统筹安全和发展，并将其贯穿于国家发展的各领域和全过程，以防范和化解现代化进程中可能遇到的各种风险和挑战，从而打造安全高效的开放型经济体系，筑牢国家安全屏障。为此，习近平总书记指出："安全是发展的前提，发展是安全的保障。当前和今后一个时期是我国各类矛盾和风险易发期，各种可以预见和难以预见的风险因素明显增多。我们必须坚持统筹发展和安全，增强机遇意识和风险意识，树立底线思维，把困难估计得更充分一些，把风险思考得更深入一些，注重堵漏洞、强弱项，下好先手棋、打好主动仗，有效防范化解各类风险挑战，确保社会主义现代化事业顺利推进。"③ 在"十四五"时期，世界正经历百年未有之大变局，我国面临的国内外环境更加复杂和多

① 《中华人民共和国国民经济和社会发展第十四个五年规划和2035年远景目标纲要》，中国政府网，http：//www. gov. cn/xinwen/2021－03/13/content_5592681. htm。

② 《习近平在博鳌亚洲论坛2022年年会开幕式上发表主旨演讲》，中国政府网，http：//www. gov. cn/xinwen/2022－04/21/content_5686422. htm。

③ 习近平：《关于〈中共中央关于制定国民经济和社会发展第十四个五年规划和二〇三五年远景目标的建议〉的说明》，中国政府网，http：//www. gov. cn/xinwen/2020－11/03/content_5556997. htm。

变。在此背景下，我国必须统筹发展与安全，即在安全中促发展、在发展中保安全，以确保社会主义现代化强国的顺利建成。

（10）文化软实力的培育。文化是人类在经济与社会发展过程中所创造的物质与精神财富之和。它尤其是指文学、艺术、教育、科学和宗教等精神财富，是形成价值观的重要基础。一个国家软实力的核心就是通过其文化而形成的世界观、价值观、民族认同感及其影响力等。在全球化道路上，世界各国一方面在经济上越来越相互依存，另一方面在政治和文化上还有很大区别。为此，中国作为一个有着悠久历史且曾创造出灿烂文化的文明古国，就要保持自己传统文化的民族性、时代性和包容性，即在吸收国外先进文化的同时，也要充分发挥中国传统文化的优势，为经济与社会发展提供前进的动力。因此，中国既要借鉴别国经验，也要另辟道路；在经济上越来越相互依存的同时，反而要更加重视自己的历史传承及文化遗产。同时，我国还要大力培育创新文化，激发和弘扬创新精神与工匠精神，完善人才的评价和激励机制，使其创新才能得到发挥、创新成果得以应用。2022 年 10 月，党的二十大报告强调："全面建设社会主义现代化国家，必须坚持中国特色社会主义文化发展道路，增强文化自信，……发展面向现代化、面向世界、面向未来的，民族的科学的大众的社会主义文化，激发全民族文化创新创造活力"；要"弘扬革命文化，传承中华优秀传统文化，满足人民日益增长的精神文化需求，巩固全党全国各族人民团结奋斗的共同思想基础，不断提升国家文化软实力和中华文化影响力"。[①]

综上所述，面对新时代新阶段和新挑战，"中国经济模式"需要一如既往地与时俱进、开拓创新。正如习近平总书记所讲，"十四五"时期是我国"全面建设社会主义现代化国家开局起步的关键时期，主要目标任务是：经济高质量发展取得新突破"。[②] 因此，我国在继续探寻经济发展方式转变、经济结构优化和增长动力转换的历史新起点上，要从新的实际出发，认真研究现代化经济体系建设和新发展格局构建中面临

---

① 习近平：《高举中国特色社会主义伟大旗帜　为全面建设社会主义现代化国家而团结奋斗——在中国共产党第二十次全国代表大会上的报告》，人民出版社 2022 年版，第 42～43 页。

② 习近平：《高举中国特色社会主义伟大旗帜　为全面建设社会主义现代化国家而团结奋斗——在中国共产党第二十次全国代表大会上的报告》，人民出版社 2022 年版，第 25 页。

的新问题新情况，不断创新和完善中国改革、发展和开放的经济模式，从而增强"道路自信、理论自信、制度自信和文化自信"，为实现中华民族的伟大复兴和全面建成社会主义现代化强国而努力奋斗，同时也为人类社会的更好发展提供"中国智慧"与"中国方案"。

第 2 章　中国经济学的兴起与中国特色社会主义政治经济学

中国的经济学理论最早是由西方传播和移植而来的。俄国十月革命之后，马克思主义政治经济学也开始传入中国。自新中国成立，特别是自 1978 年改革开放以来，中国特色社会主义政治经济学逐渐发展起来。这是通过对传统马克思主义政治经济学理论的深入挖掘、引进东欧的社会主义经济改革理论、借鉴西方经济学的有用成分以及探索本国经济建设实践等方式而建立的。中国特色的社会主义发展道路依次走过了从"站起来"到"富起来"再到"强起来"的三个阶段。由此，中国特色社会主义政治经济学呈现出从奠基到成型再到日益走向完善的阶段性动态特征，并对实践发展起到了服务与引领作用。这也是马克思主义政治经济学中国化时代化的新飞跃。

2.1　中国经济学的兴起

2.1.1　民国时期中国经济学的兴起

中国古代的经济思想内容丰富，但其基础则是农耕文明，所以不能解释和指导工业社会的市场经济。西方的经济学理论在 18 世纪产生于欧洲，其基础是由被称为"现代经济学之父"的英国经济学家亚当·斯密（Adam Smith）奠定的。在西方经济学传入之前，中国还没有产生近现代意义上的经济学理论。

中国近代的经济学理论是通过西学东渐由欧美国家传播和移植而来

的。作为早期东西方文化交流桥梁的传教士扮演了重要角色。美国基督教长老会传教士丁韪良在 1867 年于同文馆（清代最早培养译员的洋务学堂和从事翻译出版的机构）开设名为"富国策"的经济学课程。他的讲义在 1880 年由同文馆刊印，这可视作我国首本中译西文的经济学教科书。此后至 1900 年以前，中国还出版了英国经济学家威廉·杰文斯（William Jevons）的著作——《政治经济学入门》的中译本，即《富国养民策》以及布莱德（Brad）著、傅兰雅（John Fryer）翻译的《保富述要》一书等。傅兰雅在 1873 年还创办了《西国近事汇编》（季刊），介绍欧美国家有关财政、金融以及贸易等方面的知识与信息。英国传教士李提摩太（T. Richard）在 1895 年曾出版《泰西新史揽要》一书，其中有大量对西方古典经济学思想的介绍。

与此同时，中国有些学者从当时面临的现实问题出发，在继承中国传统经济思想的基础上也开始吸收和传播一些欧美国家的经济学理论。例如，郑观应撰写的著作《盛世危言》，既阐述了传统的经济内容，如盐务、治河和开矿等，也研究了现代经济中的商务、国债和银行等；1896 年，陈炽所写的四卷本《续富国策》包括"农书"和"工书"以及"商书"和"矿书"。他称自己续的是英国"贤士某"（即亚当·斯密）的《富国论》，目的是为救中国的贫弱而作。严复在 1902 年翻译并出版了亚当·斯密的《原富》（即《国富论》）一书。这是西方经济学真正在中国传播的开端，也是中国人首次全面翻译与介绍欧美经济学家的著作。它对中国晚清时期经济思想的近代化产生了重要影响，在中国经济思想史上具有划时代的意义。陈焕章作为留学美国的博士在 1911 年出版了其学位论文——《孔门理财学》。该书分上、下两册，是利用西方经济学理论研究和整理孔子及其儒家学派的经济思想，被认为是东方经济学构建的开端。美国威斯康星大学的罗斯（E. Ross，1912）认为，《孔门理财学》一书为"西方学术训练与儒家学术的完美结合，使得这本著作在经济文献中占有独一无二的地位，并且将打开西方人的眼界，使其注意到中国思想以及中国人丰富经验的价值所在"。

民国时期，中国时局动荡，思想界出现了百家争鸣的局面。经济思想界也是派别林立、争论迭起和名家辈出。这一时期的经济思想主要可分为三大派别，即西方新古典经济学、马克思主义政治经济学和民生主义经济学。当时虽然还存在中国传统的农耕思想，但已没有独立形态，而是附属于以上三大派别。

1. 信奉西方经济学中新古典经济学的英美派

19世纪末20世纪初以后，中国有许多青年学子带着中国传统文化走向了世界。他们大多数是留学欧美国家，其中的许多人还选择了经济学专业，并从中实现了中西文化之间的创新与融合。20世纪20年代中后期，一些留学生开始陆续回国，并在中国传播现代西方经济学，其主要代表人物是被称为"中华民国四大经济学家"的马寅初、刘大钧、何廉、方显廷。

马寅初（1882～1982年）是中国著名的经济学家、教育学家和人口学家，有当代"中国人口学第一人"之称。民国时期，以马寅初等为代表的英美派信奉西方经济学中的新古典经济学。他们以资本主义的生产资料私有制作为前提来研究如何发展生产（工业化）以及如何防止经济的波动（反通货膨胀等），其代表作是马寅初在1935年出版的《中国经济改造》一书。该派的主要学术社团是中国经济学社（1923年成立，1927年改名为中国经济学会）。该社团定期开年会、办杂志，其主要目的是研究中国的经济问题、输入外国经济学说、刊印经济学书籍和论文；会员之间可通过召开会议互相交流经济学知识等。这是当时中国经济学家圈子里最重要几乎也是唯一的共同体，对学术界（学校、研究机构等）和经济政策都产生过很大影响。这一时期，实证调查的经济学研究方法是中国经济学界最主流的方法。刘大钧（1891～1962年）是中国第一个从理论上研究工业化问题并对其实践展开调查的人。他在20世纪30年代组织编写的《中国工业调查报告》是当时唯一一次比较完整的工业普查。何廉（1895～1975年）曾整理与汇编当时的中国工业化数据，并创立了南开大学经济研究所。方显廷（1903～1985年）是何廉在耶鲁大学的师弟，毕业后到南开与其进行合作研究。他的风格是注重微观调查和实证检验，曾出版有关天津的棉花运销、针织工业、粮食业和磨坊业等方面的书籍。由此可见，近代留学生群体对中国现代经济学的产生和发展起了重要作用。他们将中国现实和西方的纯粹学理相结合，各自在不同领域开展社会调查并取得了许多成果，其注重调查研究的学风在今天仍有潜在影响。1937年抗日战争全面爆发后，他们实证性质的社会调查研究被迫中止。

2. 马克思主义政治经济学传入中国

20 世纪初以后，马克思主义政治经济学主要是通过日本、欧美和苏联传入中国。早期的留日学生主要是通过翻译马克思主义著作向中国传播马克思主义。例如，1906 年，留日学生朱执信在《民报》上署名蛰伸，发表《德意志社会革命家小传》，介绍了马克思和恩格斯的革命实践活动。他节译的《共产党宣言》和《资本论》片段是较早把马克思的阶级斗争学说和剩余价值学说介绍给中国人的作品。他还首次介绍了《共产党宣言》的写作背景、中心思想及其历史意义，并提出在马克思之前的各种社会主义都是"空言"，而马克思的共产主义学说则与之有着本质的不同。陈望道是《共产党宣言》第一个中文全译本的译者。五四运动爆发后，他回国时带回包括《共产党宣言》在内的一大批马克思主义理论书籍。他翻译的《共产党宣言》曾使一批进步青年建立了马克思主义信仰。1930 年，李达出版了《政治经济学批判》的全译本；陈启修出版了《资本论》的第一个节译本，即《资本论》第一分册。1938 年，郭大力和王亚南合译并出版了中国第一个《资本论》中文全译本。这对马克思主义政治经济学在中国的传播产生了重大而深远影响。当时的马克思主义政治经济学家以陈翰笙、薛暮桥和王亚南等为代表。他们以中国半殖民地、半封建社会的生产关系作为主要研究对象以揭露其矛盾及其走向毁灭的规律。20 世纪 30 年代，陈翰笙和薛暮桥等曾建立马克思主义政治经济学家的主要学术团体——中国农村经济研究会，他们的代表作是王亚南的《中国经济原论》。

（1）陈翰笙的农村社会调查。陈翰笙（1897～2004 年）曾留学美国和德国。1924 年回国后被聘为北京大学教授。他以马克思主义的立场、观点和方法，以及第一手的调查材料来分析中国的农业、农民和农村问题，并论证了中国农村的半殖民地、半封建社会性质，从而指明了中国农业的发展道路。他当时吸收了薛暮桥（1904～2005 年）和张培刚（1913～2011 年）等年轻才俊，在江南的无锡与河北的清苑进行农村社会调查。被誉为"中国发展经济学奠基人"的张培刚在这次调查中写出了其著作《清苑农家经济》。基于其翔实的第一手资料，陈翰笙围绕中国土地的分配和经营、农产品的商品化以及农村的救济等问题，对当时的农村经济问题进行了全方位研究。

（2）王亚南的《中国经济原论》。这是运用马克思主义政治经济学原理研究中国经济问题的首部中国经济学著作，也是最早尝试把政治经济学中国化的一部成功之作。在中国经济学家就中国社会的性质与经济发展道路等问题展开论争的过程中，王亚南于 1946 年发表《中国经济原论》。他用《资本论》中有关资本主义和前资本主义的经济范畴与规律来研究中国的半殖民地和半封建社会的经济形态，因而被称为"旧中国马克思主义政治经济学的代表作"。该书把帝国主义支配下的中国半殖民地和半封建社会的经济形态作为其主要研究对象，以揭露中国封建地主阶级对农民的剥削、帝国主义列强对中国的经济侵略以及官僚资本主义对生产力的破坏和严重的经济危机等，从而揭露了其内部矛盾及其走向毁灭的辩证发展规律。

3. 民生主义经济学

民生主义是孙中山的"三民主义"之一。所谓"三民主义"是指由孙中山领导的资产阶级民主革命的纲领。它是由"民族""民权""民生"三大主义构成，是中国国民党信奉的基本纲领，后来也成为其政府的官方意识形态。民生主义的"民生"是来自中国《尚书》中的古训，即"民生在勤，勤则不匮"。孙中山则将其定义为人民的生活——社会的生存、国民的生计以及群众的生命，[①] 认为只有实行民生主义，"人类才可以享很大的幸福"，[②] 其现实的社会实践路径则是"平均地权"和"节制资本"。

民国时期，在国民党统治区，有些学者把孙中山提出的"平均地权"与"节制资本"等学理化，创立了一个民生主义经济学派。蒋介石在 1943 年出版了《中国经济学说》，他虽然以孙中山经济思想的继任者自居，但却抛弃了其革命的精神。在《中国经济学说》这本 2 万字的小册子中，蒋介石弘扬和提倡中国古代的传统经济思想，以抵制马克思主义政治经济学与西方经济学在中国的传播。他把"民生主义"的土地政策仅仅局限于平地价，从而违背了孙中山提出的"平均地权"和"耕者有其田"的原意与主张。因此，蒋介石经济思想的核心就是发展封建土地所有制和官僚资本，以维护和巩固大地主与大资产阶级的利益与统治。民生主义经济学派的主要代表人物祝世康曾建立其学术团

---

① 《孙中山选集》（下卷），人民出版社 1956 年版，第 669 页。
② 《孙中山选集》（下卷），人民出版社 1956 年版，第 791 页。

体——民生主义经济学社，并发行刊物《经济论衡》以及出版系列丛书等。该学派的经济学家大多是和国民党政府关系密切的人。

综上所述，民国时期在中国经济思想界的上述三大派别中，马克思主义政治经济学家和民生主义经济学家由于其政治背景的不同而争论激烈；新古典经济学家则大多只是研究问题和少谈主义。在五四新文化运动之后，中国几千年传统经济思想的影响大为削弱但没有消失，而是作为潜流并通过流行的经济思想表现出来。

2.1.2　抗日战争时期的中国经济学

抗日战争时期，中国的半殖民地和半封建社会急剧转型。反映这一阶段经济状况与救国方略的中国经济学应运而生。

1. 马克思主义政治经济学的中国化

1938 年，毛泽东在党的六届六中全会上所作的报告——《论新阶段》中首次提出了"马克思主义中国化"的重大命题，并进一步论述了"什么是马克思主义中国化"以及为什么必须马克思主义中国化等。毛泽东认为，"马克思主义中国化"就是将马克思主义的基本原理与本国实际结合以使其成为中华民族的一部分，即带上"中国特性"。同年，中共中央还成立了马列学院和马列著作编译部，次年又成立了中共中央出版发行部（后来改名为中央出版局），并以解放社的名义出版马克思和列宁的著作。这一时期，力主马克思主义政治经济学中国化的代表人物主要有李达、许涤新、王亚南、薛暮桥、钱俊瑞、何廉和方显廷等人，其中，李达是倡导和践行马克思主义政治经济学中国化的第一人；许涤新认为，不同时代和不同国家或民族的经济学会带有其时代与民族特色。他在香港出版的三卷本《广义政治经济学》是其主张马克思主义中国化的经济学著作；薛暮桥和钱俊瑞致力于中国农村经济调查，其著作曾对研究中国的经济、抗日救亡以及指导革命等起了一定作用；何廉与方显廷倡导"知中国、服务中国"，从学理角度研究中国工业化问题，并提出了具有中国特色的工业化理论。

2. 毛泽东的《新民主主义论》

中国的民主革命时期是指从 1840 年鸦片战争到 1949 年 10 月 1 日

新中国的成立。这期间以 1919 年五四运动为界分为前后两个时期。1840~1919 年为旧民主主义革命时期。旧民主主义革命是由资产阶级领导的以反对外国侵略和本国封建统治为目的，并建立资本主义社会与资产阶级专政国家的革命。1919~1949 年为新民主主义革命时期。新民主主义革命是一场由无产阶级及其政党领导和广大人民群众参加的、反对压在中国人民头上的三座大山（帝国主义、封建主义以及官僚资本主义）的革命。因此，新、旧民主主义革命最根本的区别是领导权掌握在谁的手中。

1919 年，五四运动之后，马克思主义政治经济学和西方资产阶级的经济学都在中国传播并进行社会实验。1927 年，第一次大革命失败后，中国面临的问题是应该走什么样的道路。为此，中国理论界就当时的社会性质是否为半殖民地和半封建社会以及马克思主义基本原理是不是适用于中国等展开论争。这对于共产党人将马克思主义基本原理和中国具体实践相结合、认清中国革命的基本问题，制定新民主主义纲领与策略以及新民主主义理论的创立等都产生了重要影响。

在延安时期，毛泽东发表了包括《新民主主义论》在内的一系列著作并创立其新民主主义革命理论。他指出："中国革命的历史进程必须分为两步，其第一步是民主主义的革命，其第二步是社会主义的革命，这是性质不同的两个革命过程。而所谓民主主义，现在已不是旧范畴的民主主义，已不是旧民主主义，而是新范畴的民主主义，而是新民主主义。"[1] 因此，新民主主义革命和社会主义革命这先后两个阶段是既相互连接但又相互区别的，其中，前者是后者的准备，而后者则是前者的发展趋势。

3. 战时统制经济的理论与实践

抗日战争全面爆发前夕，国民政府将平时经济体制转向了战时经济体制，采取了一系列"统制经济"的政策与措施，即由国家控制经济活动并使其为战争服务，这包括金融、外汇、贸易和物价四个方面的统制，其目的是集中有限资源以加快经济发展和备战。当时的中国经济学界曾就"统制经济"和"自由经济"多次展开讨论，力图找到一条适合中国国情的经济发展道路。这是经济理论界在发生严重民族危机与经济危机背景下的积极思考。它为国民政府实行全面的战时经济统制奠定了思想基础。

---

[1] 《毛泽东选集》（第 2 卷），人民出版社 1991 年版，第 665 页。

4. 对凯恩斯经济思想的评价

1936 年，英国经济学家凯恩斯（John Maynard Keynes）出版了其名著——《就业、利息和货币通论》（以下简称《通论》），其经济思想也由原来对货币问题的研究转向了对整个宏观经济的关注。《通论》着重分析总供给和总需求、投资和消费等问题，提出政府要加强对宏观经济的干预，刺激投资与消费以实现充分就业。该书出版后在当时国际上掀起了一场"凯恩斯革命"并传入中国，其英文版很快就在上海和汉口等地出售。国内的经济理论界对此书有不同评价。胡代光在对凯恩斯与马克思的经济思想进行比较后认为，两者都是正统派理论的叛逆者，即凯恩斯注重分析整个社会生产量与就业水平的决定，是短期的经济变动理论；马克思的《资本论》是研究资本主义经济制度的性质与发展，是长期的动态分析。他还认为，凯恩斯与马克思"都根据另一种假定，建立另一种理论结构，以解析现今社会的资本主义的生产活动"，其理论本身虽然未必完全正确，"可是他们却建立了不少正确的观念，提供了很多实际的建议，颇有耐人深思的地方"。[①] 马寅初对凯恩斯理论是否适用于中国提出了质疑。他认为，中国是一个落后的农业国，"不能以西洋最高最新的学说来用于中国"[②]。因为凯恩斯的理论尽管有巨大价值，但它却"是完全根据于极端资本主义、高度工业化的英美两国的情形而写成的。凯恩斯的大著以及凯恩斯学派的学识移植于我国，实有格格不入之弊"；"若再就与本国社会环境与历史背景毫无关系之外国学说加以详尽的讨论与争辩，实是一种精力与时间的浪费"[③]。

5. 财政学、金融学、应用经济学和经济史学的脱颖而出

理论的发达程度取决于实践的需要程度。这一时期的战时经济研究，特别是战时财政学与金融学的研究受到经济理论界的关注且成果丰硕。马寅初等特别关注货币发行与通货膨胀问题，并在 1940 年建议国民政府对发国难财者征收临时财产税以补充抗战经费，但是国民政府还

---

① 胡代光：《凯恩斯与马克思》，载于《财政评论》1948 年第 18 卷第 3 期，第 61 页。
② 马寅初：《财政学与中国财政——理论与现实》，商务印书馆 2005 年版，第 10 ~ 11 页。
③ 马寅初：《财政学与中国财政——理论与现实》，商务印书馆 2005 年版，第 21 页。

是主要靠发行公债与通货膨胀来筹措战争经费。国民政府在 1935 年进行的法币改革虽然有助于币制的统一和解除因白银外流而引起的经济与金融危机，但纸币的大量发行却导致了恶性通货膨胀。这也成为战后国民政府经济崩溃的导火线。

2.1.3 解放战争时期的中国经济学

抗日战争胜利后，国民党的腐败和无能导致了当时的社会失序与经济混乱。官僚资本操纵市场并利用垄断地位聚敛钱财。国民政府的通货膨胀政策使得普通百姓的生活日益窘迫。在此背景下，经济学者们纷纷发表观点，抨击官僚资本主义，其中比较突出的有许涤新、马寅初、王亚南和陈翰笙等。

许涤新作为马克思主义政治经济学者，对中国的官僚资本做了系统、深入的剖析，揭露了以蒋、宋、孔、陈为首的国民党四大家族及其附庸的罪恶发展史。马寅初认为，当时的经济危机是由于政治原因所造成的，即抗战胜利后，国民党当权者以"国营"名义作掩护发展官僚资本，企图扼杀民营企业，造成了祸国殃民的后果。他喊出了"打倒独裁经济"的口号。马寅初还分析了通货膨胀与美货倾销等的危害，呼吁停止内战和实行民主以阻止官僚资本对民众的经济盘剥。这一时期，陈伯达的《中国四大家族》、陈翰笙的《独占资本与中国内战》、王亚南的《中国官僚资本：理论的分析》等著作，也纷纷揭露国民党当权者的反动面目，从而为新民主主义经济理论的付诸实践做了准备。

2.2 中国特色社会主义政治经济学

2.2.1 概念的提出及其内涵

自党的十八大以来，习近平总书记一直提倡要学好、用好马克思主义政治经济学。他在 2015 年主持中共中央政治局的第二十八次集体学习时指出："要立足我国国情和我国发展实践，揭示新特点新规律，提炼和总结我国经济发展实践的规律性成果，把实践经验上升为系统化的经济学说，不断开拓当代中国马克思主义政治经济学新境界。"① 他在2016 年又提出："坚持和发展中国特色社会主义政治经济学，要以马克思主义政治经济学为指导，总结和提炼我国改革开放和社会主义现代化建设的伟大实践经验，同时借鉴西方经济学的有益成分。中国特色社会主义政治经济学只能在实践中丰富和发展，又要经受实践的检验，进而指导实践。要加强研究和探索，加强对规律性认识的总结，不断完善中国特色社会主义政治经济学理论体系，推进充分体现中国特色、中国风格、中国气派的经济学科建设。"② 这里所讲的中国特色社会主义政治经济学就是指当代中国的、呈现"中国特色"的马克思主义政治经济学。

2.2.2　中国特色社会主义政治经济学发展的三个阶段

2016 年 7 月，习近平总书记第一次提出了发展阶段的划分，即我们党团结带领全国人民进行改革开放，"实现了中国人民从站起来到富起来、强起来的伟大飞跃"③。2017 年，党的十九大报告也提出："中国特色社会主义进入新时代，意味着近代以来久经磨难的中华民族迎来了从站起来、富起来到强起来的伟大飞跃，迎来了实现中华民族伟大复兴的光明前景。"④

政治经济学的阶段性来自经济实践发展的阶段性。中国特色社会主义政治经济学是马克思主义基本理论和中国各个不同时期具体实践相结合的产物。习近平总书记的三阶段划分法为我们分析和研究中国特色社会主义政治经济学提供了一个新的视角，即中国特色社会主义发展道路的开拓与探索依次走过了从"站起来"到"富起来"再到"强起来"的三个阶段。由此，中国特色社会主义政治经济学也表现出阶段性发展

①　习近平：《立足我国国情和我国发展实践　发展当代中国马克思主义政治经济学》，载于《人民日报》2015 年 11 月 25 日。

②　习近平：《在经济形势专家座谈会上的讲话》，载于《人民日报》2016 年 7 月 9 日。

③　习近平：《在庆祝中国共产党成立 95 周年大会上的讲话》，载于《人民日报》2016 年 7 月 2 日。

④　习近平：《决胜全面建成小康社会　夺取新时代中国特色社会主义伟大胜利——在中国共产党第十九次全国代表大会上的报告》，人民出版社 2017 年版，第 10 页。

与创新的特点，即自中华人民共和国成立以来，随着社会主要矛盾的三次转变，其主题也相应发生了三次转换，显现出从奠基到成型再到走向完善的动态特征，并对实践发展起着服务和引领作用。

1. "站起来"阶段和中国特色社会主义政治经济学的奠基（1949～1978年）

1949年，中华人民共和国成立，中国人民从此站了起来。自此以后，马克思主义政治经济学开始在中国经济学界占据了主导地位，作为资产阶级经济学说的西方经济学则被废弃。这一时期，面对百废待兴、百业待举的基本国情，以毛泽东同志为核心的党中央面临的首要问题是如何在思想理论与政策实践上"站起来"。为此，他们提出了将马克思主义基本理论和本国国情实现第二次结合，旨在探索从传统的农业国快速转变为先进工业国的社会主义发展道路，以使新中国能够在政治制度与物质技术基础等方面"站起来"。当时在学术界以孙冶方为代表的经济学家们也对社会主义经济建设中的许多重大问题进行了探索并取得了一些成果。

（1）1949～1952年，中国实行新民主主义经济制度，即多种经济成分并存，市场在经济生活中占有重要地位。1949年9月，我国提出了进行经济建设的方针，那就是"以公私兼顾、劳资两利、城乡互助、内外交流的政策，达到发展生产、繁荣经济之目的"。① 毛泽东和刘少奇等还就国民经济恢复时期的经济建设提出了一些有深远意义的新观点，例如，由国家推进和以城市为主导的工业化、优先发展重工业、"自给自足"的内向型进口替代战略和国内贸易保护政策等。到1952年，在经过3年的战后恢复之后，中国的新民主主义经济开始逐步向社会主义经济过渡。

（2）1953～1957年，我国进行了生产资料私有制的社会主义改造。毛泽东在1953年提出了过渡时期的总路线，即"逐步实现国家的社会主义工业化，并逐步实现国家对农业、对手工业和对资本主义工商业的社会主义改造"。② 这是中国为了实现向社会主义过渡而将社会主义改造与工业化同时并举。

---

① 《建国以来重要文献选编》（第1册），中央文献出版社2011年版，第6页。
② 《毛泽东著作选读》（下册），人民出版社1986年版，第704页。

在社会主义三大改造方面，我国实行的是具有中国特色的差别化和平改造方式，即合作、赎买和没收。到1956年，随着三大改造任务的基本完成，中国也随之建立起了以生产资料公有制为基础的社会主义经济制度，并由新民主主义社会转变到了初级阶段的社会主义社会。同年，党的八大报告提出，中国社会的主要矛盾已变为人民群众要求建立先进工业国与现实中落后农业国之间、经济文化发展不能满足人民群众需要之间的矛盾。随着主要矛盾的新变化，中国特色社会主义政治经济学进入了以"站起来"为主题的发展阶段。

推进工业化是进行大规模生产进而支撑现代社会所需要的物质与技术的基石。但新中国成立之初，我国还是农业社会。近代以来形成的一些官办或者民族工业已大部分毁于战火。在基础差、底子薄和国际环境艰险的背景下，中国拉开了社会主义工业化建设的序幕，以生产资料公有制为基础的经济制度则为其推进工业化提供了有力支撑，即资源着重向工业尤其是重工业倾斜，并逐步建立起了较为完整的工业体系。这一时期，我国有的经济学家还提出了一些挑战传统社会主义经济学理论的观点，如孙冶方提出应把计划与统计置于价值规律之上；顾准提出在社会主义经济中，可以让价值规律自发调节企业的生产经营活动等。

（3）1958～1977年是对如何全面建设社会主义进行的探索。从1958年开始，中国逐步建立起了"一大二公三纯"的生产资料公有制、高度集中的计划经济体制以及平均主义的分配体制。这一时期，我国围绕马克思主义经济思想、苏联经验以及与中国实际的结合等展开研究并提出了一系列新观点。

第一，毛泽东提出要独立自主和调查研究，把马克思主义的基本原理与本国实际相结合以制定正确的路线、方针和政策。他在《论十大关系》等著作中强调，要辩证处理一系列经济与社会发展之间的关系，把工业化作为国家发展的战略目标，调动国内外一切积极因素为社会主义事业服务。他还认为，在发展经济的同时，必须充分考虑人口增长、维护生态平衡以及城乡之间的协调等问题，如"城乡必须兼顾，必须使城市工作和乡村工作，使工人和农民，使工业和农业，紧密地联系起来"。[1] 这一时期，毛泽东还发表了《为争取国家经济状况的好转而斗

---

[1] 《毛泽东选集》（第4卷），人民出版社1991年版，第1427页。

争》和《关于农村合作化问题》等著作。这些成果概括起来即为毛泽东的经济思想。

第二，以苏联的社会主义经济理论为主线对中国特色社会主义政治经济学的探索。这一时期，苏联的《政治经济学教科书》和《苏联社会主义经济问题》等都对中国经济学理论的形成和发展产生了重要影响，其中前者曾是全国高校的必读书。毛泽东在阅读这些书籍时，曾批评那些不管实际发展阶段如何就主张取消商品生产的人。1958 年的中国大刮"共产风"。当时有些人就主张消灭商品生产。毛泽东指出这是违背客观规律的，即"现在，我们有些人大有要消灭商品生产之势。他们向往共产主义，一提商品生产就发愁，觉得这是资本主义的东西，没有分清社会主义商品生产和资本主义商品生产的区别，不懂得在社会主义条件下利用商品生产的作用的重要性。这是不承认客观法则的表现，是不认识五亿农民的问题……现在有人倾向不要商业了，至少有几十万人不要商业了。这种观点是错误的，这是违背客观法则的"。① 毛泽东还提出，在我国当时的社会实践中，虽然起决定作用的是计划，但价值规律还起作用，只是不起决定作用。

第三，经济学界探索了计划经济条件下宏观与微观经济的运行理论。例如，在宏观经济方面探讨了内地与沿海、重工业与轻工业等之间的关系；在微观经济的农业生产领域探讨了生产队的运行机制；在工业生产领域探讨了国有企业的运行机制等。

综上所述，我国在新中国成立初期进行的一系列对社会主义经济理论和实践的探索为中国特色社会主义政治经济学的发展奠定了基础。不过，当时我国也曾有过超越发展阶段实际与基本国情的迅速赶超战略和一些激进做法，将阶级矛盾误转为主要矛盾，导致在经济发展上出现了一定程度的冒进与偏差。随着"以阶级斗争为纲"的确立，经济理论研究的政治色彩也不断浓重。不过，这一时期也有学者提出了不同观点。例如，孙冶方提出"千规律，万规律，价值规律第一条"；于光远提出最大限度满足社会需要就是社会主义生产的目的；卓炯提出社会主义社会也可以有商品经济等。不过，这些观点在当时环境下大都受到了批判。

---

① 《毛泽东文集》（第 7 卷），人民出版社 1999 年版，第 437～438 页。

2. "富起来"阶段和中国特色社会主义政治经济学的成型（1979～2011 年）

以 1978 年党的十一届三中全会为起点，中国特色社会主义政治经济学进入"富起来"阶段。这是对改革开放 30 多年来经济与社会发展的一个总概括。

1978 年，党的十一届三中全会召开。以邓小平同志为核心的党中央在研究了当时的世界形势、国际经验以及总结新中国成立以来正反两方面经验的基础上，将党和国家的工作重心转向了经济建设，从而开启了改革开放的新征程。此后，中国的经济发展迅速，其综合国力和人民群众的生活水平都有了很大提高。中国特色的社会主义经济建设也由"站起来"阶段过渡到"富起来"阶段。

改革开放初期，理论突破的逻辑起点是基于对"真理检验标准问题"的大讨论，即《光明日报》在 1978 年 5 月 11 日发表了《实践是检验真理的唯一标准》一文。全社会也由此展开了关于"真理检验标准问题"的大讨论，形成了《关于实践是检验真理唯一标准的大讨论》《解放思想、实事求是、团结一致向前看》以及《关于建国以来党的若干历史问题的决议》等文件。这为党的十一届三中全会的召开奠定了拨乱反正的理论基础，也为马克思主义政治经济学的中国化提供了理论依据。中国通过此次大讨论校正了当时对于社会主要矛盾的认识，即1981 年党的十一届六中全会提出，中国社会的主要矛盾已变成人民日益增长的物质文化需要与落后的社会生产之间的矛盾，还提出要以经济建设为中心。正是基于这一主要矛盾及其解决，中国特色社会主义政治经济学进入了以"富起来"为主题的新时期。

在改革开放初期，中国的社会主义经济体制改革需要理论指导，但马克思主义经典理论与正统西方经济学都缺乏有关市场经济体制演化的系统学说。在此背景下，苏联、东欧国家一些学者关于社会主义经济体制改革的理论曾在中国受到重视。例如，波兰经济学家奥斯卡·兰格（Oskar Lange）提出的"计划模拟市场"模式，把马克思主义政治经济学与西方微观经济学结合起来，突破了传统的计划与市场相互排斥的说法，在社会主义计划经济体制之中引入了市场机制。这是首次突破传统社会主义的宏观经济调控模式。匈牙利经济学家科尔内（János Kornai）

在《短缺经济学》一书中提出了"宏观调控下的市场协调"模式，认为社会主义经济中存在的短缺现象影响生活质量提高，应是经济体制改革的目标之一。他还认为，经济改革需要同时采用两种方式，即渐进的方式（改革需要一步步地进行，不能一蹴而就）和"一揽子"方式（改革必须配套展开，同步推进）。出生于俄国后移居英国的经济学家诺夫（Alec Nove）提出的"可行的社会主义"模式，分别从微观和宏观两个经济层面界定了计划与市场的作用范围及其相互关系，从而对形成和发展社会主义市场经济理论作出了贡献。

这一时期，以邓小平同志为核心的党中央对中国特色社会主义政治经济学的发展作出了重要贡献。1987年，党的十三大报告对中国特色社会主义初级阶段理论进行了系统阐述，提出在生产力水平低和商品经济不发达前提下，中国建设社会主义必定要经历这样一个阶段。邓小平指出，社会主义的本质就是"解放生产力、发展生产力，消灭剥削，消除两极分化，最终实现共同富裕"[①]。他还指出，判断工作得失的根本标准是"三个有利于"，即看其是否有利于发展社会生产力、增强综合国力以及提高人民群众的生活水平。

（1）1978~1983年，我国提出了在计划经济体制内引入市场机制的理论。这一时期，经济理论界围绕社会主义和商品经济之间的关系以及怎样在计划经济内引进市场机制等问题展开了讨论，并提出农业实行"家庭联产承包责任制"和工业实行国有企业的"放权让利""拨改贷""利改税"等；在经济运行体制方面，1982年的党的十二大报告提出了"计划经济为主，市场调节为辅"。

（2）1984~1991年，我国提出了有计划商品经济的理论。中共中央在1984年发布《关于经济体制改革的决定》，提出发展商品经济是建设社会主义必须经历的发展阶段，明确了"社会主义经济是建立在公有制基础上的有计划商品经济"。由此，我国开始了城市的经济体制改革。邓小平在1987年还提出了社会主义现代化建设的"三步走"战略：第一步，实现国民生产总值比1980年翻一番，解决人民的温饱问题。这个任务已经基本实现。第二步，到20世纪末，使国民生产总值再增长一倍，人民生活达到小康水平。第三步，到21世纪中叶，人均国民生

---

① 《邓小平文选》（第3卷），人民出版社1993年版，第373页。

产总值达到中等发达国家水平，人民生活比较富裕，基本实现现代化。"三步走"战略是对社会主义经济发展战略目标和战略步骤的科学概括，也为社会的全面发展进步确定了基本战略思路。这一时期，中国经济理论界取得的研究成果主要包括：提出"以公有制为主体、多种经济成分并存"的所有制理论；"计划调节市场、市场引导企业"的有计划商品经济理论；家庭联产承包责任制的进一步完善和国有企业的"两权分离"（如承包制、租赁制和股份制等）理论；"价格双轨制"理论；"合同工资"和"效益工资"理论；由单一投资体制到多元投资体制的理论；各地包干和"分灶吃饭"以扩大地方政府财政权的理论；由相对封闭的国民经济体系转变为渐进式对外开放的理论等。

（3）1992~2001 年，我国提出了建立中国特色社会主义市场经济的理论。1992 年，邓小平在南方谈话中提出："计划多一点还是市场多一点，不是社会主义与资本主义的本质区别。计划经济不等于社会主义，资本主义也有计划；市场经济不等于资本主义，社会主义也有市场。计划和市场都是经济手段。"① 同年，党的十四大报告首次提出了中国进行经济体制改革的目标就是建立社会主义市场经济。中共中央在1993 年颁布《关于建立社会主义市场经济体制若干问题的决定》，提出了社会主义市场经济建立的基本框架与理论、社会主义的所有制理论以及收入分配理论等。

制定、调整与实现发展战略目标，是党领导的社会主义经济建设的一以贯之的方法。到 20 世纪末，邓小平提出的"三步走"战略已实现了前两步，即人民生活已达到小康水平，但这仍是低水平与不全面的小康。因此，1997 年，党的十五大报告在首先确立了"公有制为主体、多种所有制经济共同发展"的社会主义初级阶段基本经济制度之后，又描绘了实现第三步战略目标的蓝图，即在 21 世纪的第一个 10 年，GDP与 2000 年相比翻一番，人民群众的小康生活将更加宽裕，社会主义的市场经济体制也将比较完善；到建党 100 年周年时，国民经济以及各项制度等都将得到进一步的发展与完善；到新中国成立 100 周年时，社会主义的现代化基本实现，且建成富强、民主、文明的社会主义国家。这一美好愿景成为全国人民为共同理想而努力奋斗的行动纲领。中共中央

① 《邓小平文选》（第 3 卷），人民出版社 1993 年版，第 373 页。

在 1999 年颁布了《关于国有企业改革和发展若干重大问题的决定》，全面部署对国有经济进行改革。这一时期中国经济学界的主要研究成果还有：在微观体制方面提出了国有企业改革的方向是建立现代企业制度，并对国有企业改革先后提出了"国有经济战略布局调整"和"三改一加强"、"抓大放小"与"抓重放轻"、"下岗分流"和"再就业工程"以及国有资产管理体制改革等理论；在中观体制方面，提出了中央和地方实施分税制的财政管理体制改革理论、以增值税为主体的流转税体系理论、以市场供求为基础、单一的、有管理的浮动汇率制理论等；在宏观体制方面，提出了非公经济是社会主义市场经济重要组成部分的所有制理论、以按劳分配为主体和多种分配方式并存以及效率优先与兼顾公平的收入分配理论、建立多层次社会保障体系的理论等。上述成果既为马克思主义政治经济学的中国化和时代化奠定了基础，也是中国特色社会主义政治经济学基本形成的标志。

（4）2002～2011 年，我国提出了完善中国特色社会主义市场经济的理论。2002 年，党的十六大提出全面建设小康社会、走新型工业化道路和坚持与完善社会主义基本经济制度等。2003 年，中共中央发布的《关于完善社会主义市场经济体制若干问题的决定》指出，中国已确立社会主义初级阶段的基本经济制度，初步建立了社会主义的市场经济体制，并基本形成了全方位、宽领域和多层次的对外开放格局。[①] 这表明，我国的经济体制改革已进入以"完善或定型"为主的新发展阶段。2005 年，党的十六届六中全会提出要建设社会主义和谐社会。2007 年，党的十七大全面系统阐释了科学发展观，首次提出转变经济发展方式等新理论。科学发展观是指以人为本、和谐发展。具体讲，一是围绕发展这一主题，要聚精会神搞建设、一心一意谋发展，全面建设小康社会和推动社会主义现代化的快速发展；二是经济发展要"以人为本"，即发展为了人民、发展依靠人民、发展成果由人民共享；三是坚持统筹兼顾的根本方法，即经济和社会之间要实现协调发展，以推进政治、经济、文化以及社会建设的共同进步；四是坚持可持续发展，建设资源节约型和环境友好型社会；五是加快转变经济发展方式，努力提高经济整体素质和国际竞争力；六是深化社会主义市场经济改革，加强和

---

① 中共中央文献研究室：《十六大以来重要文献选编》（上），中央文献出版社 2005 年版，第 464 页。

改善宏观调控；七是自主创新以建设创新型国家并走出一条中国特色新型工业化之路；八是走中国特色农业现代化道路与城镇化道路，优化城乡经济结构，努力解决"三农"问题，推动形成城乡经济社会发展一体化新格局，从而促进国民经济良性循环和社会协调发展；九是走和平发展道路，高举和平、发展、合作的旗帜，为我国的经济与社会发展打造良好国际环境。以上内容都是对中国特色社会主义政治经济学内涵与外延的丰富与扩展。不过，这一时期随着西方现代经济学一些思想、方法与分析工具等的引进与吸收，也出现了马克思主义政治经济学在一定程度上被"边缘化"的状况。这种现象值得警醒。

3. "强起来"阶段和中国特色社会主义政治经济学的日趋完善（2012 年至今）

2012 年 11 月，习近平总书记在参观《复兴之路》展览时首次提出了"中国梦"这一概念。党的十八大的召开是中国特色社会主义进入新时代的标志。中国特色社会主义政治经济学的研究主题也转向"强起来"。

中国目前尽管"富起来"的目标逐渐实现、人民的获得感与幸福感明显增强、中国国际影响力也大幅提升，但其中也存在着许多发展不充分、不平衡的问题，"富而不强"和"大而不美"的现状亟待改善。在进入经济高质量发展的新时代新阶段之后，中国社会的主要矛盾"已经转化为人民日益增长的美好生活需要和不平衡不充分的发展之间的矛盾",[①] 其历史使命也提升为社会主义现代化强国的全面建成。

在"强起来"阶段，面临新常态、新时代和新使命，中国特色社会主义政治经济学既要坚持马克思主义的基本原理，也要以创新与发展的勇气承担起指导"强起来"阶段中国特色社会主义经济建设的伟大使命。

自党的十八大以来，党中央提出和实践了一系列治国理政的新理念与新战略，并形成了习近平新时代中国特色社会主义经济思想。其中包括了以下关键词，即经济新常态、新发展理念、供给侧结构性改革、"一带一路"倡议以及新发展格局等。其中，新常态是新时代在经济学

37

---

① 习近平：《决胜全面建成小康社会　夺取新时代中国特色社会主义伟大胜利——在中国共产党第十九次全国代表大会上的报告》，载于《人民日报》2017 年 10 月 28 日。

领域的表述；新发展理念是强调经济发展的动力与方向；新时代（新常态）下的供给侧结构性改革是习近平经济思想中的对内经济发展战略；"一带一路"倡议则是新常态下的对外开放倡议；构建新发展格局是以习近平同志为核心的党中央面对世界百年未有之大变局和新冠肺炎疫情而作出的战略决策，是在坚守扩大内需战略基点之上，努力实施更高水平的对外开放，以重塑我国国际合作与竞争新优势。这是中国特色社会主义政治经济学的最新成果。它为全面建成社会主义现代化强国和实现中华民族伟大复兴的中国梦提供了思想与行动指南。

（1）把握经济发展新常态的阶段性特征。2013 年 10 月，习近平总书记在分析了国内外新形势与新变化的基础上，提出我国进入经济新常态的战略判断。新常态下的经济发展特点主要表现为经济发展由过去的高速增长转变为中高速增长；经济结构实现优化升级；区域和城乡之间的差距不断缩小；经济发展动力由原来以要素和投资为主的传统增长点转向以创新驱动为主的新增长点。这些新变化是中国经济向形态更高级和结构更合理阶段发展的过程。为实现全面小康，我国"十三五"规划建议曾提出经济与社会发展的七项指标，即经济发展的中高速增长、创新驱动的成效显著、进一步增强发展的协调性、普遍提升人民的生活水平与质量、国民素质和社会文明程度显著提高、生态环境质量总体改善、各方面制度更加成熟与定型等。"十四五"时期，我国在全面建成小康社会、实现第一个百年奋斗目标之后，乘势而上开启了全面建设社会主义现代化国家新征程，并向第二个百年奋斗目标进军的新发展阶段。这是我们党带领全国人民迎来的从站起来、富起来再到强起来的历史性新跨越，是从社会主义初级阶段迈向更高级阶段和全面建成社会主义现代化强国的新阶段，是"十四五"乃至更长时期我国经济高质量发展的根本遵循。

（2）提出新发展理念以强调经济发展的方向与动力。2015 年 10 月，习近平总书记从"以人民为中心"的根本立场出发，在党的十八届五中全会上提出："理念是行动的先导，一定的发展实践都是由一定的发展理念来引领的。发展理念是否对头，从根本上决定着发展成效乃至成败。"[①] 他提出的新发展理念为"创新、协调、绿色、开放、共

---

① 习近平：《在党的十八届五中全会第二次全体会议上的讲话（节选）》，中央党校网，https：//www.ccps.gov.cn/xxsxk/zyls/201812/t20181216_125663.shtml。

享",其中,创新主要是指通过理论、制度和科技等各方面的创新以引领经济发展方式转变以及新发展动力的培育;协调主要是指通过推进城乡和区域以及结构等的协调发展以补齐短板和解决发展的不平衡性问题;绿色主要是指通过形成绿色的生产和生活方式,实现人与自然的和谐共生以建设美丽中国;开放是指通过更高层次开放型经济的发展以解决内外联动问题,积极推动世界各国的互利共赢;共享主要是指通过民生改善与满足人民对美好生活的向往,以实现成果共享和解决社会的公平正义问题。新发展理念是习近平经济思想的主要内容和"灵魂"。它回答了未来中国要实现什么样的发展以及怎样实现发展的问题,是"十四五"乃至更长时期内我国经济社会发展的思路和行动指南。习近平总书记强调:"新发展理念是一个系统的理论体系,回答了关于发展的目的、动力、方式、路径等一系列理论和实践问题,阐明了我们党关于发展的政治立场、价值导向、发展模式、发展道路等重大政治问题。全党必须完整、准确、全面贯彻新发展理念。"① 为此,我们要努力将新发展理念贯穿于经济社会发展的全过程和各个领域,力争在经济质量和效益显著提升的基础上实现其健康持续发展。

(3) 以"供给侧结构性改革"为主线解决经济与社会发展中的突出矛盾。新时代新阶段随着社会主要矛盾的变化,我国经济发展的主要矛盾也转变为结构性问题,即矛盾的主要方面已由原来的需求侧转变为供给侧,其主要表现就是供给结构不能适应需求结构的新变化。为此,习近平总书记提出要进行供给侧结构性改革,即"在适度扩大总需求的同时,着力加强供给侧结构性改革,着力提高供给体系质量和效率"②,也就是要从供给侧和结构性改革上想办法,努力实现供求关系新的动态均衡,其关键则是"三去一降一补",即"去产能、去库存、去杠杆、降成本、补短板"。可见,我国供给侧结构性改革的重点是要推进经济结构调整,即通过科技创新、金融服务于实体经济、民生保障和改善等来解决供给侧存在的问题,并进一步优化生产要素的配置与组合,旨在提高全要素生产率和培育新的发展动能,从而提高供给结构对需求结构所发生新变化的适应性与灵活性。就新动能的培育来说,我国将紧盯科

---

① 《习近平谈治国理政》(第4卷),外文出版社2022年版,第170~171页。

② 《习近平主持召开中央财经领导小组第十一次会议》,中国政府网,http://www.gov.cn/xinwen/2015-11/10/content_5006868.htm。

技发展前沿，努力把新动能作为发展竞争新优势的重要抓手，从而打造新的经济增长极。新动能培育包括的领域主要有创新引领、中高端消费、绿色低碳、共享经济、现代供应链以及人力资源服务等。供给侧结构性改革的推进可以提高供给体系质量以更好满足人民群众对美好生活的更高需求，并推进我国生产力水平的整体跃升，从而增强经济发展的持续内生动力。与此同时，供给侧和需求侧是相互配合与协调推进的关系，如目前我国新发展格局的构建就要求，以国内大循环为主体必须有足够的市场需求。

（4）新阶段构建新发展格局。我国在"十四五"时期开始步入新发展阶段。数据显示，2022 年，中国的国内生产总值达 121 万亿元，人均 GDP 是 85698 元，常住人口城镇化率和中等收入群体分别为 65.22% 和 4 亿人。① 在新发展阶段，我国尽管物质基础已比较雄厚，经济长期向好且发展韧性强，经济社会发展的大局总体稳定，但面对世界百年未有之大变局和新冠肺炎疫情的全球流行，必须按照党的十九届五中全会和二十大报告精神，加快构建以国内大循环为主体、国内国际双循环相互促进的新发展格局。这是中国在新发展阶段塑造国际合作与竞争新优势、把握未来发展主动权的战略性布局和先手棋，也是贯彻新发展理念的重大举措，其本质特征是实现更高水平的自立自强。正如习近平总书记所讲："在当前国际形势充满不稳定性不确定性的背景下，立足国内、依托国内大市场优势，充分挖掘内需潜力，有利于化解外部冲击和外需下降带来的影响，也有利于在极端情况下保证我国经济基本正常运行和社会大局总体稳定。"② 为此，一是必须把发展的立足点置于国内，加快培育完整的内需体系，并将扩大内需战略的实施与深化供给侧结构性改革相结合，即在供给侧与需求侧同时发力，以提升供给体系对国内需求的适应性，从而形成需求牵引供给和供给创造需求的高水平动态平衡。二是加快科技自立自强，即打好关键核心技术攻坚战，以尽快攻克重要领域的"卡脖子"技术。三是推进产业链和供应链的优化升级。制造业作为经济命脉是立国之本和强国之基，我国必须尽快补齐产

---

① 《中华人民共和国 2022 年国民经济和社会发展统计公报》，国家统计局网，http：//www.stats.gov.cn/sj/zxfb/202302/t20230228_1919011.html。

② 习近平：《新发展阶段贯彻新发展理念必然要求构建新发展格局》，载于《求是》2022 年第 17 期。

业链和供应链短板，努力构建自主可控与安全高效的产业链和供应链。四是推进乡村全面振兴和农业农村现代化。城乡之间的经济循环是国内大循环的重要方面。乡村全面振兴和实现农业农村现代化是建设社会主义现代化强国的重大任务，也是解决发展不平衡不充分问题的必然选择。为此，我国必须将"三农"问题作为全党工作的重中之重，全面推进乡村振兴，并推动巩固拓展脱贫攻坚成果与乡村全面振兴的有效衔接、保障粮食和重要农产品的供给安全，以确保中国人将饭碗牢牢端在自己手中。五是新发展格局构建中的"以国内大循环为主体"，不是指关起门来搞封闭运行，而是通过挖掘内需潜力使得国内与国际市场之间能够更好联通，即以庞大的国内市场来促进外循环和吸引全球资源要素，充分利用国际国内两种资源与两个市场，从而提高在全球范围内的资源配置能力以实现更高水平的对外开放。正如习近平总书记所讲："中国是全球最有潜力的大市场，具有最完备的产业配套条件。企业家要立足中国，放眼世界，提高把握国际市场动向和需求特点的能力，提高把握国际规则能力，提高国际市场开拓能力，提高防范国际市场风险能力，带动企业在更高水平的对外开放中实现更好发展，促进国内国际双循环。"[1]

（5）明确新发展战略，以新发展观打造人类命运共同体和建设"一带一路"。2012 年，党的十八大报告提出了两个百年奋斗目标，即建成"全面小康社会"与"富强、民主、文明以及和谐的社会主义现代化国家"。2017 年，党的十九大报告又创造性地提出了我国全面建设社会主义现代化国家的两步走战略，即第一步是从 2020 年到 2035 年基本实现社会主义现代化；第二步是从 2035 年到 21 世纪中叶把我国建成富强、民主、文明、和谐与美丽的社会主义现代化强国。

习近平总书记在党的十九大报告中提出了人类命运共同体思想，即"坚持和平发展道路，推动构建人类命运共同体"，以保护好人类赖以生存的唯一地球家园。这一思想还写进了已修改通过的《中国共产党章程》之中，提出要"推动构建人类命运共同体，推动建设持久和平、共同繁荣的和谐世界"。党的二十大报告再次强调，我国将努力促进世界和平与发展，推动构建人类命运共同体。[2] "构建人类命运共同体"

41

---

① 习近平：《在企业家座谈会上的讲话》，载于《人民日报》2020 年 7 月 21 日。
② 习近平：《高举中国特色社会主义伟大旗帜　为全面建设社会主义现代化国家而团结奋斗——在中国共产党第二十次全国代表大会上的报告》，人民出版社 2022 年版，第 60 页。

这一理念已得到国际社会的广泛认可，并被正式写入联合国决议。习近平总书记之所以倡导构建人类命运共同体，是由于当今世界是处于大发展、大变革和大调整的时期。尽管和平与发展仍是时代主题，但世界面临的不稳定性和不确定性问题也非常突出。例如，新冠肺炎疫情、全球经济增长动力不足、贫富分化、恐怖主义和网络安全等问题。这些当今人类面临着的共同挑战没有哪一个国家能够单独应对。因此，人类由于生活在同一个地球村，世界各国相互依存、休戚与共，就应该树立命运共同体意识，共同努力促进世界的健康持续发展。习近平总书记强调："从长远看，经济全球化仍是历史潮流，各国分工合作、互利共赢是长期趋势。我们要站在历史正确的一边，坚持深化改革、扩大开放，加强科技领域开放合作，推动建设开放型世界经济，推动构建人类命运共同体。"① 自2013年以来，中国倡导的"一带一路"建设，就是主张以分工为基础，各个参与国家将共享通过相互协作而创造的发展成果。这是构建人类命运共同体的重要一步。因此，习近平总书记倡导的人类命运共同体思想包括经济上的"利益共同体"和安全上的"责任共同体"等，是世界合作与互利共赢的新模式，适应了我国在"强起来"阶段其全球角色从"适应性融入"向"建设性塑造"的转变，体现了中国和平崛起以及愿与世界各国共同繁荣的大国形象和责任担当，也为变革全球治理体系、构建其公平正义新秩序贡献了中国智慧与中国方案。

（6）市场在资源配置中的决定性作用与政府作用的更好发挥。2013年，党的十八届三中全会重申了我国经济体制的改革目标是进行社会主义市场经济改革，其核心为处理好政府与市场之间的关系，即在资源优化配置过程中让市场发挥决定作用，政府同时也要发挥其宏观调控作用。这是党在理论和实践上的又一重大推进，并对我国的改革开放与经济社会发展产生了重要影响。不过我们也应看到，"决定性作用"绝不是"全部作用"。因为中国建设的是社会主义市场经济，因而就要注重发挥社会主义制度的优越性，实施有效的政府治理和科学的宏观经济调控，让政府与市场的"两只手"相得益彰，从而指导中国经济向更高质量、更有效率、更加公平和更可持续方向发展。正如习近平总书记所讲："要充分发挥市场在资源配置中的决定性作用，更好发挥政府

---

① 习近平：《在企业家座谈会上的讲话》，载于《人民日报》2020年7月21日。

作用。政府是市场规则的制定者，也是市场公平的维护者，要更多提供优质公共服务。要支持企业家心无旁骛、长远打算，以恒心办恒业，扎根中国市场，深耕中国市场。"①

　　筚路蓝缕，开拓创新。中国特色社会主义已进入新时代新阶段在习近平经济思想的指导下，中国特色社会主义政治经济学和中国特色社会主义经济建设必将进一步发展与完善，并最终会实现"强起来"的目标。

2.3　中国特色社会主义政治经济学体系的构建

2.3.1　体系构建的必要性

　　从实践经验中提炼出理论并指导社会实践，这是中国特色社会主义政治经济学发展的必然逻辑。自改革开放以来，由于传统的马克思主义经济学解释不了中国的改革实践，同时对外开放也需要了解市场经济规则与国际市场惯例，因此我国曾大量引进欧美的主流经济学理论。经济学者们试图以此来解释中国经济的新现象和变革趋势，并为进一步发展与繁荣提供指导。但由于西方经济学的价值观和方法论与中国实际脱节，同时也有违国家利益，因此我国的许多经济学者已逐渐认识到，中国经济发展模式不同于西方国家的经济发展模式。同时，西方主流经济学理论对"中国奇迹"也是解释不清楚的。自新中国成立特别是自改革开放 40 多年以来，中国取得了举世瞩目的经济发展奇迹。例如，自党的十八大以来，我国的国内生产总值从 2012 年的 54 万亿元增长到 2022 年的 121 万亿元，位居世界第二；对世界经济增长的贡献率超过 30% 等。这就迫切需要新的、系统的理论对其加以概括和总结。与此同时，中国在转向经济高质量发展的新时代新阶段之后也迫切需要先进的理论加以科学的引导与支撑，从而推动经济更加持续健康发展。因此，

43

---

　　①　习近平：《在企业家座谈会上的讲话》，载于《人民日报》2020 年 7 月 21 日。

我国要从实际的国情与世情出发，总结经验、提炼思想和创新理论，用自己的理论研究和话语体系解读中国实践和中国经济发展模式以增强理论自信。这是当前中国经济学界面临的重大而紧迫的时代课题。以习近平同志为核心的党中央高度重视且反复强调马克思主义政治经济学和中国特色社会主义政治经济学。从两者的关系看，前者是后者的理论基础和出发点；后者则是前者在当代中国的创新与发展。为此，我们要进一步学好、用好马克思主义政治经济学，不断加强对中国经济规律的探索，以进一步完善中国特色社会主义政治经济学的理论体系。

2.3.2　中国特色社会主义政治经济学体系的构建特征

1. 创新性

创新与发展既是马克思主义政治经济学的鲜明特征，也是中国特色社会主义政治经济学的生命力所在。一个国家和民族既要实现其经济理论的多元化，更要创建适合其国情的主导经济理论。这是因为：其一，经济学既有共性也存在特殊性（差异性），即它作为一门研究社会化大生产与市场经济一般规律的社会科学在全球范围内有共性，由此也决定了世界各国的经济及经济理论实现国际化的必要；但它作为一门研究生产关系与利益关系的社会科学，既有其历史性和人文性，也由于各个国家和民族经济制度与发展阶段的不同而呈现出特殊性以及实现本土化的必要。其二，中国由于其特殊国情，许多经济现象是西方经济理论没有解释或者是解释不了的。例如，世界上的市场经济原来只有一种，即资本主义市场经济。自 20 世纪 90 年代中国建立了社会主义市场经济体制以后，世界上就开始有了两种市场经济，即资本主义市场经济与社会主义市场经济。后者是以公有制为主体和多种所有制经济共同发展的社会经济体系，其最大特征就是公有制和市场经济的结合。而西方经济学则是以资本主义市场经济为研究对象，其奉行的基本信条就是市场经济只能建立在私有制基础之上，与公有制是不相容的。而传统马克思主义政治经济学也认为市场经济与社会主义的生产资料公有制不相容。因此，传统马克思主义政治经济学和西方经济学尽管其立场对立、理论各异，但在公有制和市场经济不相容上却是一致的。

中国选择了具有自己特色的道路，即把市场经济跟社会主义公有制结合了起来。中国特色社会主义政治经济学把其研究对象定位在科学地反映和深入地揭示当代社会主义市场经济建设和发展的规律。这在世界经济学说史上具有划时代意义，即它使现代经济学的研究从原来对资本主义市场经济的单一研究转向同时研究存在于资本主义社会和社会主义社会的两种市场经济。目前，中国的社会主义市场经济体制已日趋成熟。在进入新时代新阶段的背景下，面对错综复杂的国内外形势，以习近平同志为核心的党中央提出要开拓当代马克思主义政治经济学的新境界，用中国特色的社会主义经济理论体系丰富与繁荣马克思主义政治经济学，并推动其持续创新与发展。正如党的二十大报告所讲："实践没有止境，理论创新也没有止境。不断谱写马克思主义中国化时代化新篇章，是当代中国共产党人的庄严历史责任。"①

2. 历史性与民族性

马克思指出："政治经济学本质上是一门历史的科学，它所涉及的是历史性的即经常变化的材料。它首先研究生产和交换的每一个个别发展阶段的特殊规律，而且只有在完成这种研究以后，它才能确立为数不多的、适用于生产一般和交换一般的、完全普遍的规律。"② 恩格斯也提出："人们在生产和交换时所处的条件，各个国家各不相同，而在每一个国家里，各个世代又各不相同。因此，政治经济学不可能对一切国家和一切历史时代都是一样的"；"火地岛的政治经济学和现代英国的政治经济学就不能置于同一规律之下"。③ 马克思和恩格斯的上述论断，都隐含了经济学的历史性和民族性，即不同国家或民族由于具有不同的历史和传统，因而其经济学也是不一样的。

中国有自己特殊的历史、文化、国情以及经济制度等。从近代以来的中国经济学发展历程看，马克思主义经济学家一直强调将唯物史观与中国国情结合以制定不同历史时期的方针和政策，从而体现尊重民族历史与现实道路选择之间的继承与创新关系。因此，中国特色社会主义政

---

① 习近平：《高举中国特色社会主义伟大旗帜　为全面建设社会主义现代化国家而团结奋斗——在中国共产党第二十次全国代表大会上的报告》，人民出版社 2022 年版，第 18 页。

② 《马克思恩格斯选集》（第 3 卷），人民出版社 1995 年版，第 489～490 页。

③ 《马克思恩格斯选集》（第 3 卷），人民出版社 1995 年版，第 489、186 页。

治经济学体系构建的出发点就是要立足中国的历史国情与现实国情来解答经济与社会发展中出现的各种问题。正如习近平总书记所讲："坚持和发展马克思主义，必须同中国具体实际相结合。……着眼解决新时代改革开放和社会主义现代化建设的实际问题，不断回答中国之问、世界之问、人民之问、时代之问，作出符合中国实际和时代要求的正确回答"，① 从而形成与时俱进的理论成果以更好地指导中国实践；同时，"新时代改革开放和社会主义现代化建设的丰富实践是理论和政策研究的'富矿'，我国经济社会领域理论工作者大有可为"。②

3. 坚持和发展马克思主义政治经济学

2022 年 10 月，党的二十大报告指出："马克思主义是我们立党立国、兴党兴国的根本指导思想。实践告诉我们，中国共产党为什么能，中国特色社会主义为什么好，归根到底是马克思主义行，是中国化时代化的马克思主义行。"③ 习近平总书记强调，要加快构建中国特色哲学社会科学，要善于融通古今中外各种资源，特别是要把握好三方面资源，一是马克思主义的资源，二是中华优秀传统文化的资源，三是国外哲学社会科学的资源。④ 因此，构建中国特色社会主义政治经济学体系就必须坚持和发展马克思主义政治经济学，以使其不断中国化和时代化。

（1）秉持马克思主义政治经济学的方法论。马克思主义政治经济学之所以被称为科学，就是因为它给人类提供了辩证唯物主义和历史唯物主义的方法论以及由此所揭示的人类社会发展规律。这一点是西方经济学理论至今都无法企及的。习近平总书记指出："面对错综复杂的国内外经济形势，面对形形色色的经济现象，学习领会马克思主义政治经济学基本原理和方法论，有利于我们掌握科学的经济分析方法，认识经济运动过程，把握经济发展规律，提高驾驭社会主义市场经济能力，准确回答我国经济发展的理论和实践问题。"① 马克思主义政治经济学的方法论包括：辩证唯物主义和历史唯物主义；从生产力和生产关系的矛盾运动中去阐释社会经济制度的变迁，并以生产资料所有制确定其性质；坚持逻辑与历史、本质和现象、抽象与具体、个体和整体相统一的分析方法，并在社会经济结构的整体制约中去分析个体的经济行为；坚持以劳动价值论和剩余价值论为基础的理论原理；依据经济关系来理解政治法律制度和伦理规范；建立社会主义、共产主义和实现人的自由全面发展的理想社会等。其中最根本的方法是历史唯物主义，核心则是生产关系要适应生产力发展的原理。但正如恩格斯所讲："马克思的整个世界观不是教义，而是方法。它提供的不是现成的教条，而是进一步研究的出发点和供这种研究使用的方法。"② 习近平总书记也强调："我们坚持以马克思主义为指导，是要运用其科学的世界观和方法论解决中国的问题，而不是要背诵和重复其具体结论和词句，更不能把马克思主义当成一成不变的教条。"③ 因此，我们对马克思主义政治经济学方法论的秉持就是要从生产力和生产关系的统一中去分析我国的经济改革与发展，既坚持其基本原理，又要结合本国的实际情况，以对经济与社会发展的规律以及面临的重大问题，如经济全球化和新技术革命以及生态与环境危机等进行深入研究，从而推动马克思主义政治经济学的不断创新和发展。正如习近平总书记所讲："我们要运用马克思主义政治经济学的方法论，深化对我国经济发展规律的认识，提高领导我国经济发展能力和水平。"④

（2）坚持以人民为中心。由于经济学所研究的材料直接涉及不同社会群体和不同阶级的利益，因此立场在经济学中是客观存在的。这是经济分析的立足点。马克思主义政治经济学一直坚持人民在经济与社会中的主体地位，认为人民群众是物质财富和精神财富的创造者。恩格斯讲道："每一个社会的经济关系首先是作为利益表现出来。"⑤ 他也指出："土地占有制和资产阶级的斗争，正如资产阶级和无产阶级的斗争

---

① ④ 习近平：《在经济社会领域专家座谈会上的讲话》，中国政府网，http://www.gov.cn/xinwen/2020 – 08/25/content_5537101. htm。

② 《马克思恩格斯选集》（第4卷），人民出版社1995年版，第742 ~ 743页。

③ 习近平：《高举中国特色社会主义伟大旗帜 为全面建设社会主义现代化国家而团结奋斗——在中国共产党第二十次全国代表大会上的报告》，人民出版社2022年版，第17页。

⑤ 《马克思恩格斯全集》（第2卷），人民出版社1957年版，第103页。

一样，首先是为了经济利益而进行的，政治权力不过是用来实现经济利益的手段。"① 因此，马克思主义政治经济学所持的立场就是为无产阶级和广大人民群众谋取利益。中国特色社会主义政治经济学是研究中国改革开放和现代化建设过程中面临的各种问题的，这会涉及各种利益关系的调整。而分析和研究各种利益矛盾以及探求其解决办法的立足点，就是要坚持马克思主义的"以人民为中心"立场。习近平总书记提出："要坚持以人民为中心的发展思想，这是马克思主义政治经济学的根本立场。要坚持把增进人民福祉、促进人的全面发展、朝着共同富裕方向稳步前进作为经济发展的出发点和落脚点，部署经济工作、制定经济政策、推动经济发展都要牢牢坚持这个根本立场。"② 我们"要把人民放在心中最高位置，坚持全心全意为人民服务的根本宗旨，实现好、维护好、发展好最广大人民根本利益，把人民拥护不拥护、赞成不赞成、高兴不高兴、答应不答应作为衡量一切工作得失的根本标准，使我们党始终拥有不竭的力量源泉"。③ 党的二十大报告也强调："我们要站稳人民立场、把握人民愿望、尊重人民创造、集中人民智慧，形成为人民所喜爱、所认同、所拥有的理论，使之成为指导人民认识世界和改造世界的强大思想武器。"④ 由此，构建中国特色社会主义政治经济学体系就要"以人民为中心"，有效解决或化解各种利益矛盾和冲突，有效满足人民群众日益增长的美好生活需要，从而促进人的自由而全面发展。

4. 借鉴西方经济学的有益成分

西方经济学有着两重性，即它一方面反映了现代化大生产与市场经济的某些运行规律，但另一方面也反映了西方发达资本主义国家的意识形态及其利益诉求。现代西方经济学虽然无法科学说明资本主义生产方式的本质与发展的必然趋势，也无法从根本上解决其矛盾与问题，但它通过长期对资本主义市场经济的研究也形成了一些有用的知识，如价格增长与波动，国际贸易、利率与汇率变动以及产业组织理论等。这些都

① 《马克思恩格斯选集》（第4卷），人民出版社1995年版，第250页。

② 习近平：《立足我国国情和我国发展实践　发展当代中国马克思主义政治经济学》，载于《人民日报》2015年11月25日。

③ 《习近平谈治国理政》（第2卷），外文出版社2017年版，第40页。

④ 习近平：《高举中国特色社会主义伟大旗帜　为全面建设社会主义现代化国家而团结奋斗——在中国共产党第二十次全国代表大会上的报告》，人民出版社2022年版，第19页。

在一定程度上揭示了现代市场经济的运行规律，其政策主张也在一定程度上缓解了资本主义的各种矛盾与危机，因而需要我们认真学习并合理借鉴和吸收。但任何经济理论都会反映其生产者的价值观与特殊利益。西方经济学理论都是以一定的假设条件、价值取向和文化背景以及资本主义所有制为前提的，有着浓厚的意识形态色彩并为资本主义制度辩护，同时也有许多缺陷与局限。西方经济学由于其基本的假定而与中国实际国情不符，因而不能指导我国的社会主义经济改革与发展。因此，构建中国特色社会主义政治经济学体系是要以马克思主义政治经济学为指导，同时借鉴西方经济学的有益成分并正确处理好两者之间的关系。党的二十大报告指出，我们要"以海纳百川的宽阔胸襟借鉴吸收人类一切优秀文明成果，推动建设更加美好的世界"。[1] 我国经济学界的老前辈陈岱孙先生也为后人留下了值得遵循的 16 字题词，那就是"弘扬马列、锐意求新、借鉴西学、体察国情"。

5. 重视研究经济史和传统文化中的经济思想

所谓经济史，就是对历史上存在过的经济事实进行分析和概括。政治经济学作为一门本质上的历史科学，它所要研究的是人类社会不断发展与变化的生产方式与经济现象。历史从哪里开始，人类的思想进程也就从哪里开始。经济学理论也随着经济生活的变化而不断向前发展。熊彼特认为，一个人如果不了解历史事实，那他就不可能真正理解任何时代的经济现象。[2] 因此，一个人只有深入了解经济史和经济思想史，才能知道其经济是从哪里来、要到哪里去；才会知道其思想是从哪里来和要到哪里去；也才能学好经济学并能够把握经济发展的客观规律。

马克思主义政治经济学的中国化与时代化，一方面体现了其基本原理，同时也包含了中国的传统经济思想以及中国经济建设实践经验的总结。因此，构建中国特色社会主义政治经济学体系就要把其经济理论和中国的文化传统相结合。这将有助于深入认识经济现象和揭示经济发展规律，并使经济学具有鲜明的中国特色。党的二十大报告指出："中华

---

① 习近平：《高举中国特色社会主义伟大旗帜　为全面建设社会主义现代化国家而团结奋斗——在中国共产党第二十次全国代表大会上的报告》，人民出版社 2022 年版，第 21 页。
② 熊彼特：《经济分析史》（第 1 卷），商务印书馆 1991 年版，第 29 页。

优秀传统文化源远流长、博大精深，是中华文明的智慧结晶。"① 中国古典文献中包含许多有价值的经济思想：一是尊重自然的"天人合一"理念。二是提倡"以人为本"和"以民为本"。在西方经济学中，"人"被称为"经济人"，是唯利是图的经济动物。中国传统的"仁"，即"人之为人"的价值理念则与马克思主义政治经济学提出的"实现人的全面发展"相契合。三是合作为体与竞争为用，即中国的传统文化是倡导中庸之道与和而不同。这在经济领域就表现为"合作为体，竞争为用"的市场经济原则。而西方资本主义国家则在利己理性和市场竞争体制下，人们追求的根本目标是物质利益，从而加剧了社会的竞争。上述内容作为中国传统经济思想中的精华为中国特色社会主义政治经济学体系的构建提供了内在基因和思想源泉。因此，我们要"坚定历史自信、文化自信，坚持古为今用、推陈出新，把马克思主义思想精髓同中华优秀传统文化精华贯通起来、同人民群众日用而不觉的共同价值观念融通起来，不断赋予科学理论鲜明的中国特色"。②

6. 国际性增强的同时发扬中国特色

中国特色社会主义政治经济学的发展既要立足国内也要有国际视野。马克思在《共产党宣言》中指出："资产阶级，由于一切生产工具的迅速改进，由于交通的极其便利，把一切民族甚至最野蛮的民族都卷到文明中来了"；"正像它使农村从属于城市一样，它使未开化和半开化的国家从属于文明的国家，使农民的民族从属于资产阶级的民族，使东方从属于西方"。③ 当今世界的发展潮流是经济的全球化与区域化。中国也已发展成了世界第二大经济体并形成了中国经济模式，对世界经济格局产生了越来越重要的影响。在此背景下，许多经济问题既是"本土"性的，也是世界性的。因此，中国特色社会主义政治经济学的构建必须把全球性与本土性相结合，并在国际大背景下研究中国的现实经济问题，以建构中国特色、中国风格和中国气派的经济学体系。这既能创新和发展马克思主义政治经济学，也可以从中归纳出具有普遍性和规律性的经济发展经验，从而为世界经济的健康发展持续贡献"中国智慧"

---

① ② 习近平：《高举中国特色社会主义伟大旗帜 为全面建设社会主义现代化国家而团结奋斗——在中国共产党第二十次全国代表大会上的报告》，人民出版社 2022 年版，第 18 页。

③ 《马克思恩格斯选集》（第 1 卷），人民出版社 2012 年版，第 404～405 页。

和 "中国方案"。正如党的二十大报告所讲："我们要拓展世界眼光，深刻洞察人类发展进步潮流，积极回应各国人民普遍关切，为解决人类面临的共同问题作出贡献。"[①]

综上所述，构建中国特色社会主义政治经济学体系必须坚持以马克思主义政治经济学为指导，"不唯上、不唯书、只唯实"，坚持"认同与求异统一、继承与创新统一"的辩证思想和"百花齐放、百家争鸣"的民主意识，密切联系中国经济改革和发展的实际，兼容并蓄，吸取西方经济学的有用成分，继承中国传统文化中的经济思想，"既不走封闭僵化的老路，也不走改旗易帜的邪路"，科学揭示社会主义市场经济的发展规律，从而构建起具有中国特色和中国风格以及中国气派的经济学。这一方面是对改革开放与现代化建设经验的理论总结，另一方面是服务于实现从"富起来"走向"强起来"，从而为新时代新阶段坚持与发展中国特色社会主义提供理论指导和精神动力。正如习近平总书记所讲，我们"只有把马克思主义基本原理同中国具体实际相结合、同中华优秀传统文化相结合，坚持运用辩证唯物主义和历史唯物主义，才能正确回答时代和实践提出的重大问题，才能始终保持马克思主义的蓬勃生机和旺盛活力"。[②]

---

①　习近平：《高举中国特色社会主义伟大旗帜　为全面建设社会主义现代化国家而团结奋斗——在中国共产党第二十次全国代表大会上的报告》，人民出版社 2022 年版，第 21 页。

②　习近平：《高举中国特色社会主义伟大旗帜　为全面建设社会主义现代化国家而团结奋斗——在中国共产党第二十次全国代表大会上的报告》，人民出版社 2022 年版，第 17 页。

第3章　中国经济模式与习近平经济思想的创新

　　基于实践的理论创新是经济社会发展和变革的先导。理论创新既有着鲜明的继承性与现实性，也有着不可取代的引领作用。自改革开放以来，中国经济增长奇迹使得中国经济模式与中国道路引起国际社会关注。中国经济模式既有对传统马克思主义政治经济学的理论创新，也有对西方经济学理论的创新。其中，对传统马克思主义政治经济学的理论创新实际上就是马克思主义政治经济学在中国社会主义初级阶段的时代化和中国化；对西方经济学理论的创新是指中国经济模式没有遵循新自由主义的"华盛顿共识"，而是不断超越西方经济学教科书中的教条，走出了一条具有鲜明中国特色的社会主义经济发展道路，即"中国经济模式"。习近平经济思想作为中国特色社会主义政治经济学的最新理论成果，是推动我国经济发展实践的创新理论结晶。

3.1　中国经济模式对传统马克思主义政治经济学理论的创新

　　自1978年党的十一届三中全会以来，中国经济学人在将马克思主义政治经济学基本原理与本国社会主义经济建设实践相结合的基础上，积极探索中国特色社会主义经济建设与发展的规律，努力推动马克思主义政治经济学的不断创新和发展，因而在其中国化与时代化方面取得了很大成就。

3.1.1　社会主义初级阶段理论

　　社会主义初级阶段的确认是马克思主义政治经济学时代化和中国化

的出发点，也是我国的基本国情。2017 年，党的十九大报告指出："我国仍处于并将长期处于社会主义初级阶段的基本国情没有变，我国是世界最大发展中国家的国际地位没有变。"[1] 2020 年，《中共中央关于制定国民经济和社会发展第十四个五年规划和二〇三五年远景目标的建议》也强调："全党要统筹中华民族伟大复兴战略全局和世界百年未有之大变局……深刻认识错综复杂的国际环境带来的新矛盾新挑战，增强机遇意识和风险意识，立足社会主义初级阶段基本国情，保持战略定力，办好自己的事。"[2]

1. 中国要经过并且将长期处于社会主义初级阶段的原因

马克思在刚开始研究经济学时曾提出："要从当前的国民经济的事实出发"，[3] 其基本内涵就是社会经济关系的实际状况。中国将马克思主义的基本原理与其实际情况相结合，实现了对传统马克思主义政治经济学理论的创新与发展。

（1）马克思有关社会主义替代资本主义物质基础的论述。马克思认为，生产力水平的提高是促进人类社会发展的决定性力量，即"物质生活的生产方式制约着整个社会生活、政治生活和精神生活的过程"；[4]"去发展社会生产力，去创造生产的物质条件；而只有这样的条件，才能为一个更高级的、以每一个个人的全面而自由的发展为基本原则的社会形式建立现实基础"。[5] 马克思认为，促进人类社会发展的根本动力是生产力与生产关系、经济基础和上层建筑之间的矛盾运动。他在分析这一问题时指出："无论哪一个社会形态，在它所能容纳的全部生产力发挥出来以前，是决不会灭亡的；而新的更高的生产关系，在它的物质存在条件在旧社会的胞胎里成熟以前，是决不会出现的。"[6] 马克思主义政治经济学所揭示的社会主义取代资本主义的物质条件是其生产力发

53

① 习近平：《决胜全面建成小康社会　夺取新时代中国特色社会主义伟大胜利——在中国共产党第十九次全国代表大会上的报告》，人民出版社 2017 年版，第 12 页。

② 《中共中央关于制定国民经济和社会发展第十四个五年规划和二〇三五年远景目标的建议》，载于《人民日报》2020 年 11 月 4 日。

③ 《马克思恩格斯文集》（第 1 卷），人民出版社 2009 年版，第 156 页。

④ 《马克思恩格斯文集》（第 2 卷），人民出版社 2009 年版，第 591 页。

⑤ 《马克思恩格斯文集》（第 5 卷），人民出版社 2009 年版，第 683 页。

⑥ 《马克思恩格斯选集》（第 2 卷），人民出版社 1995 年版，第 33 页。

展水平要达到并超过资本主义社会的生产力发展水平。因此，社会主义社会的入口是发达的资本主义经济。与此相应，马克思主义政治经济学所预见的社会主义社会的经济特征也是以此为基础的。例如，生产资料的公有制、以国家为主导的计划经济、单纯的按劳分配等。中国在1978 年改革开放以前的计划经济体制实践了这种理论模式，但结果却是经济效率的低下和人民生活的普遍贫穷。

（2）中国的基本国情。新中国成立后，通过对个体农业和手工业以及民族资本主义工商业的社会主义改造，到 1956 年基本确立了社会主义公有制的主体地位，建立起了社会主义经济制度。

中国虽然通过对生产资料私有制的社会主义改造而建立起了社会主义的经济制度，但其建立的条件和基础却与马克思、恩格斯的设想相去甚远。因为中国的社会主义社会是从半殖民地半封建社会的母胎中产生，是在经济文化都处于落后水平的基础上建立起来的，其经济发展水平虽然超过了旧中国，但与发达资本主义国家相比还落后很多。这就意味着，我国的社会主义物质基础还不完备，且前资本主义生产方式还依然存在。虽然经过 70 多年尤其是改革开放后 40 余年的发展，我国的生产力水平有了很大提高，各项事业也有了很大进步，但总体来看，底子薄、人口多以及区域发展不平衡等问题依然存在，社会主义市场经济体制也还需要完善。因此，中国的社会主义社会必定要经历一个初级阶段。

2. 中国特色社会主义初级阶段理论的形成

早在 20 世纪 50 年代，毛泽东就曾总结"大跃进"与人民公社的教训，初步探索了社会主义初级阶段理论，即"社会主义这个阶段，又可能分为两个阶段，第一个阶段是不发达的社会主义，第二个阶段是比较发达的社会主义。后一阶段可能比前一阶段需要更长的时间"。[①]

在改革开放之初，我国经济理论界对中国当时的社会主义所处发展阶段进行了反思和思考，提出社会主义还是处于不发达的初级阶段。1981 年，党的十一届六中全会通过的《关于建国以来党的若干历史问题的决议》，首次提出中国的社会主义还是处在初级发展阶段。1982年，党的十二大报告正式明确了中国的社会主义仍处于初级阶段，并首

---

① 《毛泽东文集》（第 8 卷），人民出版社 1999 年版，第 116 页。

次将其基本特征表述为"物质文明还不发达"。在党的十三大召开前夕，邓小平指出："我们党的十三大要阐述中国社会主义是处在一个什么阶段，就是处在初级阶段，是初级阶段的社会主义。社会主义本身是共产主义的初级阶段，而我们中国又处在社会主义的初级阶段，就是不发达的阶段。一切都要从这个实际出发，根据这个实际来制定规划。"①1987年，党的十三大报告全面阐述了社会主义初级阶段的基本含义、特征、任务和历史地位等。这标志着社会主义初级阶段理论作为一个比较完整的理论体系被正式提出。确定社会主义初级阶段，是以邓小平为代表的第二代中央领导集体在探索中国特色社会主义经济发展道路过程中的一次创新与突破，是中国经济理论界对马克思主义政治经济学关于社会主义发展阶段理论的发展与贡献。它为我国制定社会主义经济建设的方针政策提供了客观依据和现实基础。

此后，历届党代会的报告都重申和坚持了这一符合基本国情的判断，并对新的发展阶段作出新的分析和判断，从而不断丰富和深化着对这一问题的认识。2012年，党的十八大报告指出："建设中国特色社会主义，总依据是社会主义初级阶段，总布局是五位一体，总任务是实现社会主义现代化和中华民族伟大复兴。"② 2017年，党的十九大报告仍坚持了我国的这一基本国情。习近平总书记讲道："改革开放以后，我们党深刻总结世界社会主义特别是我国社会主义建设正反两方面经验，作出我国正处于并将长期处于社会主义初级阶段的重大判断，并据此提出了党的基本路线，开辟了改革开放和社会主义现代化建设的崭新局面。"③

3. 社会主义初级阶段的基本内涵

社会主义初级阶段是特指中国在生产力发展水平低且商品经济发展不充分的前提下，进行社会主义建设所要经历的一个时期，其含义有两个方面：一是中国已经是社会主义社会，今后的发展不能偏离这一方向，要坚定不移地走社会主义道路；二是中国的社会主义还是在初级阶

---

① 《邓小平文选》（第3卷），人民出版社1993年版，第252页。
② 胡锦涛：《坚定不移沿着中国特色社会主义道路前进 为全面建成小康社会而奋斗——在中国共产党第十八次全国代表大会上的报告》，载于《人民日报》2012年11月18日。
③ 《习近平谈治国理政》（第4卷），外文出版社2022年版，第161页。

段，生产力比较落后，商品经济也不很发达，其任务是实现工业化和经济的社会化、市场化、现代化。

社会主义初级阶段作为中国社会发展的一个历史阶段，必然具有社会主义制度的一般经济特征，如建立了生产资料公有制，实行了按劳分配原则，生产目的是满足人民群众日益增长的物质与文化生活的需要等。不过，社会主义初级阶段毕竟是不成熟和不发达的社会主义，它又具有自身的一些特征，如以社会主义公有制为主体与多种所有制经济的并存和发展；以按劳分配为主体的多种分配方式并存，即按劳分配和按生产要素分配相结合；大力发展社会主义商品经济；在共同富裕的目的下鼓励一部分人通过诚实劳动与合法经营先富起来等。因此，中国在社会主义初级阶段要坚持不懈地努力和奋斗，逐步摆脱不发达状态，努力建设现代化强国以实现中华民族的伟大复兴。正如习近平总书记所讲："社会主义初级阶段……是一个动态、积极有为、始终洋溢着蓬勃生机活力的过程，是一个阶梯式递进、不断发展进步、日益接近质的飞跃的量的积累和发展变化的过程"；"今天我们所处的新发展阶段，就是社会主义初级阶段中的一个阶段，同时是其中经过几十年积累、站到了新的起点上的一个阶段"，[①] 即从社会主义初级阶段迈向更高的新发展阶段。

4. 社会主义初级阶段经历的三个时期

从 20 世纪 50 年代中期开始，即从新民主主义到社会主义过渡时期的结束，中国建立起社会主义制度以后就进入了社会主义社会的初级阶段，至今已历经三个时期。

（1）社会主义改造基本完成到改革开放前。这一时期，新中国成立，中国人民逐渐摆脱"挨打"境地而站了起来，同时还建立起了比较独立、完整的工业体系和国民经济体系。这为之后的经济起飞和社会主义现代化建设奠定了物质、人力、科技以及制度等基础和现代基础设施。

（2）1978 年党的十一届三中全会到党的十八大。这一时期为中国经济腾飞带来空前的新机遇。党的十一届三中全会提出，党和国家的工

---

① 习近平：《把握新发展阶段，贯彻新发展理念，构建新发展格局》，中国政府网，http：//www.gov.cn/xinwen/2021 – 04/30/content_5604164. htm。

作重心是社会主义现代化建设。我国以经济建设为中心，努力提高生产力发展水平以改善人民群众的物质和文化生活，从而逐渐摆脱"挨饿"的境地而实现"富起来"。

（3）习近平中国特色社会主义新时代和新发展阶段。2017 年，党的十九大报告提出，中国特色社会主义已进入新时代。中华民族也将实现伟大飞跃，即从"站起来"到"富起来"再到"强起来"。这将是一个从过去让一部分人先富起来转向让全体人民共同富裕的"新时代"，并要从世界大国发展为世界强国。"十四五"时期，中国在实现小康社会全面建成的第一个百年奋斗目标之后，已开启了全面建设社会主义现代化强国新征程，并奔向第二个百年奋斗目标的新发展阶段。这一阶段是中国共产党带领全国人民从站起来、富起来到强起来，实现中华民族伟大复兴进程中的大跨越阶段；是全面贯彻新发展理念和构建新发展格局以实现经济高质量发展的阶段；是不断提高对外开放水平并与各个国家实现互利共赢的阶段；是中国特色社会主义由初级阶段迈向更高级的阶段，也将是全面建成社会主义现代化强国的新阶段。

5. 社会主义初级阶段主要矛盾的新变化

对社会主要矛盾的研判向来是中国共产党人制定正确路线、方针和政策的基础。在社会主义初级阶段，中国的阶级状况与阶级关系发生了根本性变化，其主要矛盾也发生了根本性转变。阶级斗争虽然在一定范围内还长期存在，在某种条件下也可能还会激化，还需要加强人民民主专政。但剥削阶级作为一个阶级已经被消灭，因而已不是社会的主要矛盾。1956 年，党的八大报告指出："国内的主要矛盾已经是人民对于建立先进的工业国的要求同落后的农业国的现实之间的矛盾，已经是人民对于经济文化迅速发展的需要同当前经济文化不能满足人民需要的状况之间的矛盾。"[①] 这一判断符合当时中国的现实情况。自此以后，中国在新的生产关系之下开始保护与发展生产力，以努力实现工业化和满足人民群众的物质文化需要。不过，后来对社会主要矛盾的正确论断没有得到贯彻，提出了"以阶级斗争为纲"。到 1978 年党的十一届三中全会召开以后，"以阶级斗争为纲"的错误路线才被彻底否定。

---

① 中共中央文献研究室：《建国以来重要文献选编》（第 9 册），中央文献出版社 2011 年版，第 293 页。

1981 年，党的十一届六中全会提出："在现阶段，我国社会的主要矛盾是人民日益增长的物质文化需要同落后的社会生产之间的矛盾，这一矛盾，贯穿于我国社会主义初级阶段的整个过程和社会生活的各个方面。"[①] 自此以后，一直到党的十八大召开，党的历次代表大会都沿用了这一重大判断。改革开放 40 多年来，我国以经济建设为中心，生产力水平和社会的物质财富都有了快速增长，实现了从站起来、富起来到强起来的历史性飞跃。

2017 年 10 月，党的十九大报告指出："中国特色社会主义进入新时代，我国社会主要矛盾已经转化为人民日益增长的美好生活需要和不平衡不充分的发展之间的矛盾。"[②] 这一新论断是中国共产党对社会主要矛盾表述的重大改变，是马克思主义的基本原理和方法论在新的历史条件下的创新性运用。它准确把握了中国已进入新时代的阶段性特征，反映了经济与社会发展变化的新实际，是对中国特色社会主义政治经济学的理论创新。

新时代中国社会主要矛盾的转化呈现出以下新特点：一是进一步明确了社会主义的发展目标，即以经济建设为中心和全面建成小康社会，以满足人民不断增长的对美好生活的需求，并力促实现人与社会的全面发展与进步。现阶段的"人民"一词是指包括工人、农民和知识分子以及新社会阶层在内的广大群众。二是人民需求的明显提高，即由原来的物质文化生活需求提升到新时代新阶段对美好生活的需要。人的需求呈现出多样化特点且动态变化。在过去生产力水平低下和物质匮乏的年代，物质需求位居第一。我国主要着眼于物质财富的生产以满足人民生活需要。随着我国从"温饱"到"小康"再到"小康社会"，人民群众的生活水平不断提高，其消费结构也发生了很大变化。他们的需求已不只是限于物质与文化，而是如习近平总书记所说："期盼有更好的教育、更稳定的工作、更满意的收入、更可靠的社会保障、更高水平的医疗卫生服务、更舒适的居住条件、更优美的环境、更丰富的精神文化生

---

① 《关于建国以来党的若干历史问题的决议》（注释本），人民出版社 1983 年版，第 61 页。

② 习近平：《决胜全面建设小康社会 夺取新时代中国特色社会主义伟大胜利——在中国共产党第十九次全国代表大会上的报告》，人民出版社 2017 年版，第 11 页。

活。"① 三是经济发展的不平衡与不充分问题。改革开放 40 多年来，我
国的生产力水平显著提升，即由原来的"落后"提高到现在的"不平
衡与不充分"。中国的经济总量已多年位居世界第二，综合国力也处于
世界前列，但就人均国民收入水平来说还较落后，仍存在发展不充分的
问题。与此同时，我国经济发展中的结构性问题，如城乡、区域以及产
业等之间的不平衡日益突出，且成为制约经济与社会健康发展的重要
因素。

党的十九大报告对中国社会主要矛盾的新表述和新判断事关全局、
意义重大。它对于中国在新时代新阶段继续推进社会主义现代化建设事
业起到统领与指导全局的理论性支柱作用。为解决好主要矛盾，我国仍
需要以经济建设为中心，解放、发展和保护生产力，并解决好不平衡和
不充分问题，提高经济发展的质量和效益，实现新型工业化与经济的社
会化、市场化和现代化，更好满足广大人民不断增长的新需求以实现共
同富裕，从而为从初级阶段到高级阶段，直至实现更高的共产主义社会
奠定坚实的物质基础。

综上所述，中国特色的社会主义初级阶段理论作为马克思主义基本
原理与其基本国情相结合的产物，是马克思主义政治经济学中国化和时
代化的创新成果。现在，充满生机和活力的中国特色社会主义制度体系
基本确立，经济现代化水平大大提高，经济总量也成为世界第二大经济
体，但我们仍然要准确把握社会主义初级阶段这一基本国情，解决好新
时代新阶段的社会主要矛盾，继续推进改革与发展，早日实现第二个百
年奋斗目标。

3.1.2　社会主义本质理论

1. 社会主义本质的含义

邓小平在领导改革开放与现代化建设过程中，不断提出和反复思考
的首要理论问题就是什么是社会主义以及如何建设社会主义。而弄清楚
这一问题的关键就是认清社会主义的本质。他总结了国内外社会主义建

---

① 《习近平谈治国理政》（第 2 卷），外文出版社 2017 年版，第 61 页。

设的经验与教训并根据马克思主义基本原理，提出社会主义的本质就是"解放生产力，发展生产力，消灭剥削，消除两极分化，最终达到共同富裕"。① 在这里，中国经济模式对马克思主义政治经济学的创新表现为：社会主义本来属于生产关系范畴，而中国则在社会主义初级阶段把解放和发展生产力作为其本质提了出来。

马克思主义政治经济学的基本方法是生产力与生产关系之间的矛盾分析法。它关注的是资本主义生产关系阻碍其生产力发展的矛盾分析，并由此提出了资本主义制度必将被社会主义制度所取代。社会主义的本质特征也要从生产力与生产关系两个方面来认识。经济文化比较落后的国家在进入社会主义社会之后，其生产力与生产关系的矛盾主要表现为生产力的相对落后，因而需要以发展生产力来发展社会主义生产关系。因此，马克思主义政治经济学的中国化就需要把对生产力的研究放在重要位置，以增进国民财富作为其目标和归宿。

2. 社会主义初级阶段的根本任务是发展生产力

社会主义本质的内涵突出强调了解放和发展生产力，纠正了以往脱离生产力发展而抽象谈论社会主义制度优越性的错误倾向，明确了发展生产力是社会主义的根本任务。

第一，这是由社会主义社会的基本矛盾所决定的。生产力与生产关系、经济基础与上层建筑之间这一社会的基本矛盾在社会主义初级阶段已不具有阶级对抗性质。一方面，社会主义生产关系更适合生产力发展的要求，更能够容纳和推动生产力的发展；另一方面，社会主义生产关系建立之后，必须努力发展生产力以建立其物质基础。这样才能使社会主义生产关系更加巩固与发展。

第二，这是社会主义最终战胜资本主义的客观要求。马克思主义认为，一种新的社会制度能否最终战胜旧的社会制度，归根到底就是看其能否为生产力的发展开辟广阔道路，从而创造出更高的劳动生产率。列宁曾指出："劳动生产率，归根到底是使新社会制度取得胜利的最重要最主要的东西。"② 毛泽东认为："中国一切政党的政策及其实践在中国人民中所表现的作用的好坏、大小，归根到底，看它对于中国人民的生

---

① 《邓小平文选》（第3卷），人民出版社1993年版，第373页。
② 《列宁专题文集·论社会主义》，人民出版社2009年版，第151页。

产力的发展是否有帮助及其帮助之大小，看它是束缚生产力的，还是解放生产力的。"① 邓小平也提出："社会主义的优越性归根到底要体现在它的生产力比资本主义发展得更快一些、更高一些，并且在发展生产力的基础上不断改善人民的物质文化生活。"② 正如习近平总书记所讲："历史和现实都告诉我们，只要不断解放和发展社会生产力，不断增强经济实力、科技实力、综合国力，不断让广大人民的获得感、幸福感、安全感日益充实起来，不断让坚持和发展中国特色社会主义、实现中华民族伟大复兴的物质基础日益坚实起来，我们就一定能够使中国特色社会主义航船乘风破浪、行稳致远。"③ 因此，社会主义只有大力发展生产力才能显示其优越性，并最终战胜资本主义。在当今世界，相当长一段时期内，社会主义制度与资本主义制度将并存和竞争，其竞争又集中表现为经济实力和以经济实力为基础的综合国力的竞争。这就更加要求社会主义加快发展社会生产力。

第三，这会为将来过渡到共产主义社会的高级阶段打造物质基础。社会主义只是共产主义社会的第一阶段。人类社会的发展最终是要到达共产主义的高级阶段，即进入物质文明与精神文明高度发达，消灭了"三大差别"、"各尽所能，按需分配"的社会。而这一切都是以生产力的高度发达与物质产品的极大丰富为前提的。否则，共产主义社会"将没有任何物质基础，它将建立在纯粹的理论上面，就是说，将是一种纯粹的怪想"。④ 因此，社会主义建设的主要任务应是"尽可能快地增加生产力的总量"。⑤

习近平总书记提出的供给侧结构性改革的重点也是"解放和发展社会生产力，用改革的办法推进结构调整，减少无效和低端供给，扩大有效和中高端供给，增强供给结构对需求变化的适应性和灵活性，提高全要素生产率。"⑥ 这是以习近平同志为核心的党中央主动探索并运用社会主义初级阶段生产力发展规律和生产关系要适应生产力发展水平规律

① 《毛泽东选集》（第 3 卷），人民出版社 1991 年版，第 1079 页。
② 《邓小平文选》（第 3 卷），人民出版社 1993 年版，第 63 页。
③ 《习近平谈治国理政》（第 4 卷），外文出版社 2022 年版，第 103 页。
④ 《马克思恩格斯文集》（第 1 卷），人民出版社 2009 年版，第 539 页。
⑤ 《马克思恩格斯文集》（第 2 卷），人民出版社 2009 年版，第 52 页。
⑥ 习近平：《在省部级主要领导干部学习贯彻党的十八届五中全会精神专题研讨班上的讲话》，人民出版社 2016 年版，第 29 页。

的生动体现。

要发展生产力，就要解放和保护生产力。一是要解放生产力。中国社会主义制度建立之后，生产关系与上层建筑还存在着某些和生产力发展水平不相适应的地方，特别是原有的计划经济体制和不够完善的政治与社会体制日益不利于促进生产力的进一步发展。为此，中国就需要改革原有的经济、政治和社会体制以解放生产力。邓小平指出："过去，只讲在社会主义条件下发展生产力，没有讲还要通过改革解放生产力，不完全。应该把解放生产力和发展生产力两个讲全了。"① 二是要保护生产力。新中国刚成立时，毛泽东曾提出："我们的根本任务已经由解放生产力变为在新的生产关系下面保护和发展生产力。"② 在高耗能和高污染的粗放型经济发展方式已严重制约我国经济持续健康发展的背景下，习近平总书记指出："要正确处理好经济发展同生态环境保护的关系，牢固树立保护生态环境就是保护生产力、改善生态环境就是发展生产力的理念，更加自觉地推动绿色发展、循环发展、低碳发展，绝不以牺牲环境为代价去换取一时的经济增长。"③

3. 社会主义的本质是实现共同富裕

这是社会主义制度和以生产资料私有制为基础的社会制度的本质区别，也是中国社会主义经济建设所应依据的价值观念和根本目的。

消灭剥削是与消灭生产资料私有制和坚持生产资料公有制密切相连的。邓小平指出："社会主义有两个非常重要的方面，一是以公有制为主体，二是不搞两极分化。公有制包括全民所有制和集体所有制。"④ 社会主义经济制度与资本主义的不同之处就在于生产资料公有制的主体地位和以此为基础的共同富裕。2015 年，习近平总书记在中央扶贫开发工作会议上指出："消除贫困、改善民生、逐步实现共同富裕，是社会主义的本质要求。"⑤ 2021 年 8 月，他在中央财经委员会第十次会议上又讲道："共同富裕是社会主义的本质要求，是中国式现代化的重要

---

① 《邓小平文选》（第 3 卷），人民出版社 1993 年版，第 370 页。
② 《毛泽东文集》（第 7 卷），人民出版社 1999 年版，第 218 页。
③ 《习近平谈治国理政》，外文出版社 2014 年版，第 209 页。
④ 《邓小平文选》（第 3 卷），人民出版社 1993 年版，第 138 页。
⑤ 《习近平谈治国理政》（第 2 卷），外文出版社 2017 年版，第 83 页。

特征。……到'十四五'末，全体人民共同富裕迈出坚实步伐，居民收入和实际消费水平差距逐步缩小。到 2035 年，全体人民共同富裕取得更为明显的实质性进展，基本公共服务实现均等化。到本世纪中叶，全体人民共同富裕基本实现，居民收入和实际消费水平差距缩小到合理区间。"① 2022 年 4 月，习近平总书记在海南考察时强调："我们全面建成小康社会之后，还要继续奔向全体人民共同富裕"；"要实施更多有温度的举措，落实更多暖民心的行动，用心用情用力以解决好人民群众的急难愁盼问题，积极探索共同富裕的实现途径"。②

3.1.3 社会主义初级阶段基本经济制度理论

2019 年，党的十九届四中全会对中国特色社会主义初级阶段基本经济制度作出新的概括，即将以公有制为主体和多种所有制经济共同发展、以按劳分配为主体和多种分配方式并存以及社会主义市场经济体制等三者并列，共同作为中国特色社会主义初级阶段的基本经济制度。这是由生产、分配和交换三个方面共同构成的社会主义基本经济制度，是习近平经济思想对中国特色社会主义基本经济制度理论的创新与发展。它的每个方面都既具有促进生产力发展的制度优势，也具有符合社会主义本质要求的制度优势。习近平总书记强调，这一基本经济制度"既有利于激发各类市场主体活力、解放和发展社会生产力，又有利于促进效率和公平有机统一、不断实现共同富裕"。③

1. 以公有制为主体和多种所有制经济共同发展

自 1978 年改革开放以来，马克思主义政治经济学的中国化和时代化在所有制理论方面取得重要突破与发展。基本经济制度是一个社会的经济基础，即生产关系的总和。生产资料所有制是经济制度的基础，是决定一个社会基本性质与发展方向的根本因素。传统的马克思主义政治

---

① 习近平：《扎实推动共同富裕》，载于《求是》2021 年第 20 期。
② 《习近平在海南考察：解放思想开拓创新团结奋斗攻坚克难 加快建设具有世界影响力的中国特色自由贸易港》，中国政府网，http://www.gov.cn/xinwen/2022－04/13/content_5685109.htm。
③ 《习近平谈治国理政》（第 4 卷），外文出版社 2022 年版，第 184 页。

经济学认为，社会主义只能是单一公有制，非公有制经济应该被排除在社会主义经济制度之外。但改革开放40多年来，中国立足实际情况，以公有制为主体和多种所有制经济并存，从而创新和发展了马克思主义政治经济学的所有制理论。

（1）创新生产资料所有制结构理论。生产资料所有制是指在一定的社会生产力水平之下，生产资料由谁所有和归谁支配。它是一切生产关系的核心并决定着生产关系的其他要素，如分配关系等，是一个社会经济制度的基础。生产资料所有制结构是指一定社会中各种不同生产资料所有制形式所处的地位和作用及其相互关系，这也是一个社会的基本经济制度。

经典马克思主义政治经济学认为，资本主义私有制与社会化大生产之间存在着矛盾。这就使得以生产资料的社会主义公有制取代资本主义私有制成为客观必然，并且社会主义是实行单一公有制。这是以劳动者作为产权主体，并共同占有生产资料和劳动产品，消灭剥削，旨在实现共同富裕。马克思、恩格斯曾设想的未来社会（即社会主义社会和共产主义社会）是"一个集体的、以生产资料公有为基础的社会"[①]；"在实行全部生产资料公有制（先是单个国家实行）的基础上组织生产"[②]。他们在《共产党宣言》中指出："共产党人可以把自己的理论概括为一句话：消灭私有制。"[③]

马克思和恩格斯曾设想，社会主义革命可能会首先在最发达的一些资本主义国家发生。但实践却超出了他们的预想，即社会主义革命首先在资本主义较不发达的俄国取得了胜利。苏俄成为人类历史上建立了社会主义制度的首个国家。中国社会主义制度的建立也没有照搬马克思、恩格斯的模式，而是从本国实际出发，在未经过资本主义充分发展阶段，且经济与文化都很落后的半殖民地半封建的旧中国，在民主革命胜利以后就由无产阶级政党领导全体劳动人民走上了社会主义道路。到1956年底，社会主义生产资料公有制的主体地位在中国得以确立。

生产资料公有制是社会主义制度的基础，也是科学社会主义和中国共产党人建设中国特色社会主义的一条根本原则。1979年，邓小平曾

---

① 《马克思恩格斯文集》（第3卷），人民出版社2009年版，第433页。
② 《马克思恩格斯文集》（第10卷），人民出版社2009年版，第588页。
③ 《马克思恩格斯文集》（第2卷），人民出版社2009年版，第45页。

指出："社会主义的经济是以公有制为基础的，生产是为了最大限度地满足人民的物质、文化需要，而不是为了剥削。"① 按照生产力发展的不同阶段和水平，公有制可有不同的存在形式。中国从1952年的社会主义改造开始实行了两种公有制形式，即国家所有制与集体所有制。国家所有制是社会主义全民所有制的具体形式，是全体社会成员共同占有生产资料。集体所有制是指由部分劳动者共同占有生产资料，并共同劳动、共享劳动成果和共担经营风险。

改革开放后，中国经济学界认为，在人类社会已有的任何社会形态中，其所有制关系都不是单一和纯而又纯的，而是由一种所有制关系为主、多种所有制关系并存的生产资料所有制结构。决定一个社会性质的是其中占统治地位的那种所有制的性质。中国由于生产力发展水平的低下和不平衡，不可能一步建成发达社会主义经济形态的单一公有制，而必须经历一个初级阶段，其基本经济制度为公有制为主体、多种所有制经济成分并存。因此，中国特色社会主义初级阶段的所有制结构既有公有制经济也有非公有制经济，如个体和私营经济、外资企业以及合作经济等。非公有制经济尽管不构成社会主义所有制结构中的主体，但它们在社会主义初级阶段的存在和发展却是必要和有益的。

1997年，党的十五大报告首次正式提出并全面阐述了中国特色社会主义初级阶段的基本经济制度——公有制为主体和多种所有制经济共同发展。这表现为：公有制经济掌握着国民经济命脉且分布在重要领域与关键行业；城乡存在大量由劳动者联合所有的集体经济；逐步放开个体、私营和外资等经济以及包括股份制在内的各种混合所有制经济等。这就把多种所有制经济与社会主义公有制经济融合在一起，把非公有制经济从社会主义经济制度之外纳入了制度之内，并提升到一个新高度，即成为建设社会主义市场经济的重要组成部分，并且对发展国民经济起着重要作用。这种社会主义的生产资料所有制结构是以往马克思主义政治经济学中所没有的，因而是对传统社会主义所有制理论的重大创新，是在与中国实际相结合之后对马克思主义所有制理论的发展。2002年，党的十六大报告在继续坚持基本经济制度的同时，还首次提出了两个"毫不动摇"，即"必须毫不动摇地巩固和发展公有制经济，必须毫不

65

① 《邓小平文选》（第2卷），人民出版社1994年版，第167页。

动摇地鼓励、支持和引导非公有制经济发展"①。2007 年，党的十七大报告首次提出要实行物权的平等保护，旨在促成多种所有制经济的平等竞争与相互促进②。2013 年，《中共中央关于全面深化改革若干重大问题的决定》又把该基本经济制度提升为重要支柱和市场经济体制的根基。党的十九大报告和党的二十大报告都强调要继续坚持和完善这一基本经济制度。2022 年 4 月，习近平总书记在主持十九届中央政治局第三十八次集体学习时讲道："党的十八大以来，我们坚持和完善社会主义基本经济制度，并把'两个毫不动摇'写入新时代坚持和发展中国特色社会主义的基本方略，作为党和国家一项大政方针进一步确定下来。"③ 这就为激发各种所有制经济的活力并为国民经济的持续健康发展提供了更加广阔的空间。

（2）在公有制含义及其实现形式方面的创新。

①创新公有制的含义。按照马克思主义政治经济学的传统观点，社会主义的最终目的是要消灭生产资料私有制，在全社会建立起完全的公有制，即由劳动者共同占有和支配生产资料与劳动产品，消灭剥削，旨在实现共同富裕。因此，我国在改革开放之前的计划经济时期，人们一般都信奉"一大二公三纯"的标准，即社会主义公有制包括的范围与规模越大越好，公有化程度和水平越高越好，越纯越好。但实践证明这一判断标准不符合中国的国情，并因为违背生产力发展水平要求而导致生产效率低下，经济发展水平不高，人民生活困苦。

1978 年，党的十一届三中全会以后，经济理论界在研究所有制问题时普遍认为，评判一种所有制关系的标准只能以是否有利于促进生产力的发展以及促进的大小为依据。在社会主义初级阶段，生产力发展水平多层次的客观现实就要求必须有多种所有制经济形式与之相适应。在此认识的基础上，党的十五大报告指出，中国的公有制包含了国有经济与集体经济，以及混合所有制之中的国有经济成分和集体经济成分。2013 年，党的十八届三中全会规定我国基本经济制度的重要实现形式是混合所有制经济。习近平总书记指出："我国公有制经济是长期以来在国家发展历程中形成的，积累了大量财富，这是全体人民的共同财

① 《江泽民文选》（第 3 卷），人民出版社 2006 年版，第 548 页。
② 《胡锦涛文选》（第 2 卷），人民出版社 2016 年版，第 632 页。
③ 《习近平谈治国理政》（第 4 卷），外文出版社 2022 年版，第 218 页。

富，必须保管好、使用好、发展好，让其不断保值升值，决不能让大量国有资产闲置了、流失了、浪费了。"①

②创新公有制为主体的含义。邓小平曾强调："一个公有制占主体，一个共同富裕，这是我们所必须坚持的社会主义的根本原则。"② 传统社会主义经济理论认为，以公有制为主体是指公有企业在数量上占主体，而党的十五大报告则指出，以公有制为主体是指公有资产在社会总资产之中占据优势，这既指数量优势也包括质的提升；国有经济在国民经济的发展过程中发挥着主导作用，并主要控制关系国民经济命脉的重要行业和关键领域（如金融和能源、交通和通信、基础设施以及支柱产业等），这主要体现在控制力和影响力上。其他经济成分（国有以外的成分）是起辅助作用，占次要地位，并在国家规定的政策引导下发展和壮大。中国的国有经济据此进行了"有进有退"的战略调整和布局，并保持了对国民经济发展的控制力与影响力，现正在成为实现共同富裕的主要基础。

③创新生产资料公有制的实现形式。公有制实现形式是指在实行生产资料公有制的前提下企业的资本组织形式和公有资产的经营方式，是生产资料占有、支配、使用的具体实现。传统社会主义经济理论强调，公有资产只能在公有制企业中经营。改革开放之前，中国只有两种公有制形式，即全民所有制（国家所有制）与集体所有制，其相应的实现形式也只是国有企业和集体经济组织。全民所有制的具体形式是国家所有制，即国家是全民的代表并体现其根本利益的一致性。集体所有制量大面广，遍及城乡的农业和工业等各行业以及科教文卫等系统。

改革开放之初，有的学者认为，按照生产力发展的不同阶段和不同水平的要求，生产资料公有制可以有不同的实现形式。在社会主义初级阶段，生产力发展水平的多层次和不平衡使得公有制可以有多种形式，以反映公有制企业数量众多、类型各异、规模不一、所处行业和地区不同的客观实际。因此，公有资产既能在各种不同类型的企业中经营，也可在同一企业中与各种非公资本进行合作。这样，生产资料公有制就可以有混合所有制、机构法人所有制、承包经营、租赁经营以及委托经营

---

① 习近平：《在民营企业座谈会上的讲话》，中国政府网，http：//www.gov.cn/xinwen/2018－11/01/content_5336616.htm。

② 《邓小平文选》（第3卷），人民出版社1993年版，第111页。

等多种实现形式。

混合所有制是指由不同所有制成分在企业内部以资本为纽带结合而成的所有制形态，其必要条件是非公有制经济的发展。1992 年，党的十四大报告提出，公有制企业与私有制企业可以在自愿的基础上实行多种形式的联营。1993 年，党的十四届三中全会首次提出了"混合所有制"经济。1997 年，党的十五大报告提出："公有制实现形式可以而且应当多样化，一切反映社会化生产规律的经营方式和组织形式都可以大胆利用。"① 这是党的文件中首次提出"公有制实现形式"这一新概念，并对其进行了全面、系统的理论阐述。2002 年，党的十六大报告提出要发展混合所有制经济和实行投资主体多元化，并第一次提出"两个毫不动摇"。2003 年，中共中央在《关于完善社会主义市场经济体制若干问题的决定》中提出两个重要事项：一是"大力发展国有资本、集体资本和非公有资本等参股的混合所有制经济，实现投资主体多元化，使股份制成为公有制的主要实现形式"，② 这是中央文件中首次明确提出以股份制作为公有制的主要实现形式；二是现代产权制度的建立，即实现产权的"归属清晰、权责明确、保护严格、流转顺畅"。2007 年，党的十七大报告指出，混合所有制经济的发展要以现代产权制度为基础；国企继续深化股份制改革和完善现代企业制度；国有经济的布局与结构要继续调整和优化以加强其控制力与影响力；首次提出平等保护物权以实现各种所有制经济的平等竞争和相互促进。③ 2013 年，党的十八届三中全会又把混合所有制经济的发展提升到新高度，即"国有资本、集体资本、非公有资本等交叉持股、相互融合的混合所有制经济，是基本经济制度的重要实现形式，有利于国有资本放大功能、保值增值、提高竞争力，有利于各种所有制资本取长补短、相互促进、共同发展"。④ 这是中国所有制理论的又一次创新和对社会主义市场经济认识的进一步深化。2017 年，党的十九大报告提出要"深化国有企业改革，发展混合

---

① 《江泽民文选》（第 2 卷），人民出版社 2006 年版，第 20 页。

② 中共中央文献研究室：《十六大以来重要文献选编》（上），人民出版社 2005 年版，第 466 页。

③ 《胡锦涛文选》（第 2 卷），人民出版社 2016 年版，第 632 页。

④ 中共中央文献研究室：《十八大以来重要文献选编》（上）人民出版社 2014 年版，第 515 页。

所有制经济，培育具有全球竞争力的世界一流企业"。① 这是对国企和国资做强做优做大以及国企治理结构改革的最新安排。在具体实践中，中国混合所有制发展的形式日益开放，其途径也更加多样化，如公有企业可吸收私人资本，农业集体经济可变为合作经济，私人企业可吸收公有资本，公有企业可与外资合作等。这样，公有制为主体和多种所有制经济的并存发展就从企业外部发展到了同一企业内部。

混合所有制的主要形式是股份制经济组织，其内部的国有股、集体股、企业法人股、职工个人股以及社会公众股等组合在一起，并形成利益共同体。传统的社会主义经济理论认为，股份制只能与生产资料的私有制实现结合，是资本主义社会的专利。改革开放之后，我国的一些学者提出，股份制只是企业筹集资本和组织经济活动的一种形式，不能把它等同于资本主义私有制。在此基础上，党的十五大报告提出："股份制是现代企业的一种资本组织形式，有利于所有权和经营权的分离，有利于提高企业和资本的运作效率，资本主义可以用，社会主义也可以用。不能笼统地说股份制是公有还是私有，关键看控股权掌握在谁手中。国家和集体控股，具有明显的公有性，有利于扩大公有资本的支配范围，增强公有制的主体作用。"② 由此，国有资本可筹集更多社会资本以放大其功能，并提升国有经济的控制力和影响力以及带动力。所以，党中央在 2003 年就提出了"使股份制成为公有制的主要实现形式"③。

④非公有制经济地位的变化。自 1978 年改革开放以来，中国非公有制经济地位历经了不断变化的过程，例如，在党的十二大和十三大报告中是"公有制为主体，个体私营经济为必要补充"；在党的十四大和十五大报告中为"公有制为主体，多种经济成分共同发展"；党的十六大报告在基本经济制度的基础上首次提出了两个"毫不动摇"——"必须毫不动摇地巩固和发展公有制经济，必须毫不动摇地鼓励、支持和引导非公有制经济的发展"④。此后，党中央和国务院的重要文件都

① 习近平：《决胜全面建成小康社会　夺取新时代中国特色社会主义伟大胜利——在中国共产党第十九次全国代表大会上的报告》，人民出版社 2017 年版，第 33 页。

② 《江泽民文选》（第 2 卷），人民出版社 2006 年版，第 20 页。

③ 中共中央文献研究室：《十六大以来重要文献选编》（上），人民出版社 2005 年版，第 466 页。

④ 《江泽民文选》（第 3 卷），人民出版社 2006 年版，第 548 页。

一再重申这"两个毫不动摇",并将其作为处理公有制经济和非公有制经济之间关系的理论与实践准则。《中华人民共和国宪法》第十一条规定:"在法律规定范围内的个体经济、私营经济等非公有制经济,是社会主义市场经济的重要组成部分",① 同时必须接受国家的引导、监督和管理。非公有制经济的存在与发展能够在与公有制经济的相互联系、竞争与合作中促进基本经济制度的创新与发展。

习近平总书记指出:"我国非公有制经济,是改革开放以来在中国共产党的方针政策指引下发展起来的,是在中国共产党领导下开辟出来的一条道路。"② 这一创举是以往政治经济学教科书所没有的。对于如何正确处理基本经济制度内部各种不同经济成分之间的相互关系,习近平总书记认为:"要坚持和完善社会主义基本经济制度……推动各种所有制取长补短、互相促进、共同发展,同时公有制主体地位不能动摇,国有经济主导作用不能动摇,这是保证我国各族人民共享发展成果的制度性保证,也是巩固党的执政地位、坚持我国社会主义制度的重要保证。"③ 2016 年 3 月,他在参加全国政协十二届四次会议民建、工商联界委员联组会议时发表讲话,进一步澄清了对非公有制经济的一些模糊认识,即"公有制经济、非公有制经济应该相辅相成、相得益彰,而不是相互排斥、相互抵消"。④ 这在具体政策上就是要继续坚持"两个毫不动摇",即毫不动摇巩固和发展公有制经济,毫不动摇鼓励、支持、引导公有制经济发展。就如习近平总书记在 2021 年 8 月的中央财经委员会第十次会议上所讲:"要立足社会主义初级阶段,坚持'两个毫不动摇'。要坚持公有制为主体、多种所有制经济共同发展,大力发挥公有制经济在促进共同富裕中的重要作用,同时要促进非公有制经济健康发展、非公有制经济人士健康成长。"⑤ 不过,非公有制经济具有积极与消极两重属性。为此,广大非公有制经济人士要加强自我学习和提升。习近平总书记曾提出要建立"亲"和"清"的新型政

---

① 《中华人民共和国宪法》,中国政府网,http://www.gov.cn/guoqing/2018-03/22/content_5276318.htm。

②④ 习近平:《毫不动摇坚持我国基本经济制度推动各种所有制经济健康发展》,载于《人民日报》2016 年 3 月 9 日。

③ 习近平:《立足我国国情和我国发展实践 发展当代中国马克思主义政治经济学》,载于《人民日报》2015 年 11 月 25 日。

⑤ 《习近平谈治国理政》(第 4 卷),外文出版社 2022 年版,第 143 页。

商关系①，以密切与规范两者之间的关系，并要求"各级党委和政府要把构建亲清新型政商关系的要求落到实处，把支持民营企业发展作为一项重要任务，花更多时间和精力关心民营企业发展、民营企业家成长"。② 党的二十大报告也强调，我国将"优化民营企业发展环境，依法保护民营企业产权和企业家权益，促进民营经济发展壮大"。③

综上所述，在中国的基本经济制度之中，以公有制为主体是社会主义制度的根本性特征，多种所有制经济共同发展则是社会主义初级阶段的"中国特色"。这是中国共产党人在社会主义市场经济的建立与完善过程中对马克思主义政治经济学的创新和发展。这一经济制度创造了以混合所有制经济来构建多种所有制经济的合力，以扩大公有制经济成分的控制力和影响力，并有利于解放、发展以及保护生产力。

2. 以按劳分配为主体、多种分配方式并存的收入分配理论

马克思主义政治经济学在收入分配领域的中国化主要反映在由否定按要素分配到确认按劳分配和按生产要素分配的结合，即以按劳分配为主体与多种分配方式并存。

按照马克思主义政治经济学的传统观点，社会主义社会的分配原则是按劳分配。1875 年，马克思在《哥达纲领批判》一文中最早提出在社会主义社会（共产主义社会的第一阶段）要实行按劳分配。因为这一时期还保留着旧式分工，个人还不能得到自由而全面的发展，劳动还是谋生手段，所以社会总产品在做了各项扣除之后，个人消费品的分配还要实行等量劳动相交换的原则，即按劳分配。而在共产主义社会的高级阶段，旧式分工消失，每个人实现了自由而全面的发展，社会对物质产品的分配可实行"各尽所能，按需分配"。

社会主义社会实行按劳分配的原则是由作为生产关系基础的生产资料公有制决定的。马克思主义政治经济学认为，生产决定分配，即生产

---

① 习近平：《毫不动摇坚持我国基本经济制度推动各种所有制经济健康发展》，载于《人民日报》2016 年 3 月 9 日。

② 习近平：《在民营企业座谈会上的讲话》，中国政府网，http：//www.gov.cn/xinwen/2018 – 11/01/content_5336616. htm。

③ 习近平：《高举中国特色社会主义伟大旗帜　为全面建设社会主义现代化国家而团结奋斗——在中国共产党第二十次全国代表大会上的报告》，人民出版社 2022 年版，第 29 页。

结构决定分配结构；① "消费资料的任何一种分配，都不过是生产条件本身分配的结果；而生产条件的分配，则表现生产方式本身的性质"。②由此可见，生产资料所有制关系的不同将决定着不同的收入分配制度。因此，只有对收入分配的源头，即在生产资料的占有环节进行调节，才能有效防止两极分化并实现共同富裕。

在生产资料公有制的条件下，任何人都不能凭借对生产资料的垄断占有而获取经济利益。劳动则成为其占有生产资料和获取社会产品的唯一根据。与此同时，由于社会分工的存在，脑力与体力劳动之间、简单和复杂劳动之间等还存在质的差别，劳动还是谋生的手段，劳动能力也还是一种个人"天赋"的权利。因此，对劳动产品的分配既不能按需分配，也不能平均分配，而必须实行按劳分配。这种以劳动为依据的分配，既体现了人们在生产资料占有上的平等和以劳动为尺度的公平分配，也默认了劳动者个人的天赋与能力是其天然权利，从而承认人们在消费品占有上的不平等。马克思设想的这种公有制与按劳分配是以消灭商品货币和市场机制为前提的。

在1978年改革开放以前，由于对社会主义初级阶段的实际国情认识不够，也没有认识到生产关系与分配制度必须与当时的生产力发展水平相适应，因此，当时把按劳分配作为社会主义的唯一分配原则，不承认按生产要素分配的合理性。改革开放以后，经济理论界曾对在商品经济条件下能否实行按劳分配进行过大讨论。大家普遍认为，社会主义初级阶段的分配制度归根到底是由生产力发展水平决定的。中国在社会主义初级阶段生产力发展的不平衡、多层次以及水平不够高等状况是其分配方式呈现多样性的深层次原因。一个社会的收入分配制度是由生产资料所有制决定的。以公有制为主体就决定了以按劳分配为主体的分配方式；多种所有制经济共同发展也决定了多种分配方式的并存。在非公有制经济中，生产资料属于私人所有，因而其产品占有也必然要体现私有者的利益。按生产要素分配就是生产要素所有权在经济上的实现。因此，实行以按劳分配为主体、多种分配方式并存的分配制度适合中国社会主义初级阶段的生产力发展水平，有利于调动整合各种生产要素进行现代化建设，从而实现社会资源的充分利用与合理配置。

① 《马克思恩格斯文集》（第8卷），人民出版社2009年版，第19页。
② 《马克思恩格斯选集》（第3卷），人民出版社1995年版，第306页。

　　1987 年，党的十三大报告提出要"以按劳分配为主体、其他分配方式为补充"。这在客观上承认了除劳动以外的其他生产要素参与分配的现实。此后，经济理论界开始超越传统的按劳分配分析框架，并从理论上阐明以按劳分配为主的多种分配形式，尤其是研究了非劳动要素参与收入分配的问题。随着中国社会主义市场经济体制的建立，市场经济中通行的按生产要素分配的主张得到越来越多学者的认同。1993 年，中共中央颁布《关于建立社会主义市场经济体制若干问题的决定》，提出要实行"以按劳分配为主体、多种分配方式并存"，并第一次允许包括个人资本等在内的生产要素参与收益分配；效率优先和兼顾公平，鼓励一部分地区与一部分人先富起来，然后实现共同富裕。1997 年，党的十五大报告首次提出将"按劳分配和按生产要素分配结合起来，……允许和鼓励资本、技术等生产要素参与收益分配"，从而突破了传统的、按劳动分配的唯一论。除劳动以外的生产要素参与分配也从原来的"补充地位"上升到了"并存地位"。这是社会主义分配理论的重大创新。它肯定了生产要素参与收入分配，从而打破了长期以来将按生产要素分配与按劳分配对立的观点。这一收入分配制度可充分激发劳动、资本、技术和管理等各种要素创造财富的活力。此后，党的十六大、十七大和十八大报告都在不断坚持和完善这一基本分配制度。

　　社会主义的本质是实现共同富裕。邓小平曾提出要让一部分地区和一部分人先富起来，并实现先富帮后富。但这一政策实施到现在却已呈现出扩大贫富差距的效应。为此，2002 年，党的十六大报告没有再坚持党的十三大报告中所说的"在促进效率提高的前提下体现社会公平"，以及党的十四届三中全会提出的"效率优先、兼顾公平"，而是开始强调"初次分配注重效率，再分配注重公平"。2004 年，党的十六届四中全会强调要"注重社会公平"。2005 年，党的十六届五中全会进一步提出"更加注重社会公平"。党的十七大、十八大报告都进一步深化了对公平与效率关系问题的认识，要求初次分配和再分配都要兼顾效率与公平的实现，再分配更要注重公平以实现共享发展和共同富裕。由此，收入分配体制改革就要体现"按劳分配为主体"，即提高居民收入在国民收入分配中的比重和劳动报酬在初次分配中的比例，同时创造条件让更多的群众拥有财产性收入。

　　2013 年，国务院批转了发改委等部门的《关于深化收入分配制度改革的若干意见》，该《意见》提出，深化收入分配制度改革的主要目标包括"中等收入群体持续扩大"。在国际上，中等收入群体的界定标准通常有两类：绝对标准和相对标准。绝对标准是指确定一个收入区间，其收入水平在此区间的人被界定为中等收入群体，如世界银行提出的标准是每人每天 10 ~ 100 美元，用购买力平价折算后大约是 38 ~ 380 元人民币；相对标准是根据一个国家的居民收入中位数（平均值）设定，如大部分欧洲国家是以居民收入中位数的 60% ~ 200% 为界定标准。无论采用哪种标准，中等收入群体的扩大主要取决于收入增长和收入分配两个因素，即采用绝对标准就主要取决于收入增长，而采取相对标准就主要取决于收入分配。

自党的十八大以来，习近平总书记一直坚持要进一步完善社会主义的分配制度，走共同富裕道路。面对比较突出的分配不公问题，党的十八届三中全会提出要实现劳动报酬与劳动生产率提高的同步增长，并提高其在初次分配中的所占比重以保护劳动所得。党的二十大报告也强调，我们要"努力提高居民收入在国民收入分配中的比重，提高劳动报酬在初次分配中的比重。坚持多劳多得，鼓励勤劳致富，促进机会公平，增加低收入者收入，扩大中等收入群体。"① 为此，我国必须努力把"'蛋糕'做大"，同时也要"把不断做大的'蛋糕'分好"，从而"让社会主义制度的优越性得到更充分体现，让人民群众有更多获得感"。②

新时代新阶段中国社会的主要矛盾已是广大人民日益增长的美好生活新需求与不平衡、不充分发展之间的矛盾。所谓"不平衡"是指实体经济与虚拟经济之间、区域与城乡之间、经济与社会之间、收入分配以及生态发展等的发展不平衡。随着社会主要矛盾的转换，中国进一步缩小收入分配差距的必要性与紧迫性就更加凸显。为此，我国就要"坚持按劳分配原则，完善按要素分配的体制机制，促进收入分配更合理、更有序"③。党的十九大报告还对效率与公平之间的关系做了新的调整，

---

① 习近平：《高举中国特色社会主义伟大旗帜　为全面建设社会主义现代化国家而团结奋斗——在中国共产党第二十次全国代表大会上的报告》，人民出版社 2022 年版，第 47 页。

② 习近平：《在省部级主要领导干部学习贯彻党的十八届五中全会精神专题研讨班上的讲话》，载于《人民日报》2016 年 5 月 10 日。

③ 习近平：《决胜全面建成小康社会　夺取新时代中国特色社会主义伟大胜利——在中国共产党第十九次全国代表大会上的报告》，人民出版社 2017 年版，第 46 页。

即未把两者之间的关系再作为分配制度之内的关系。这是因为生产要讲效率，而分配则应注重公平。因此，党的十九大报告坚持共享发展理念，将人民收入水平的提高作为实现共同富裕的重要内容，并鼓励勤劳、守法致富。2021 年 8 月，习近平总书记在中央财经委员会第十次会议上指出："现在，已经到了扎实推动共同富裕的历史阶段。……我们正在向第二个百年奋斗目标迈进。适应我国社会主要矛盾的变化，更好满足人民日益增长的美好生活需要，必须把促进全体人民共同富裕作为为人民谋幸福的着力点"，[①] 并且要在高质量发展中推进共同富裕。党的二十大报告又重申，我们要"坚持按劳分配为主体、多种分配方式并存，构建初次分配、再分配、第三次分配协调配套的制度体系。……保护合法收入，调节过高收入，取缔非法收入"。[②] 目前，我国正努力建设体现效率、促进公平的收入分配体系，构建初次分配、再分配、三次分配协调配套的基础性制度安排，以缩小城乡与区域之间的差距，使全体人民朝着共同富裕目标扎实迈进。

3. 创立社会主义市场经济理论

所谓经济体制是指一定社会生产关系的具体组织形式和经济管理制度，其主要任务是如何组织社会的生产、分配、交换和消费；如何划分经济管理中各经济利益主体的权限与责任以及相关组织机构的设置等。中国的经济体制改革主要是社会主义市场经济的建立与完善，核心问题是计划和市场之间的关系。在社会主义社会发展市场经济是中国特色，也是前无古人的创新。

马克思和恩格斯曾针对资本主义社会的基本矛盾以及由此导致的社会生产无政府状态，设想了未来社会是完全的公有制。而社会一旦占有生产资料，商品生产就将被消除。社会将对全部生产进行有计划的调节，其经济体制就是计划经济。正如恩格斯所讲："一旦社会占有了生产资料，商品生产就将被消除，而产品对生产者的统治也将随之消除。社会生产内部的无政府状态将为有计划的自觉的组织所代替。"[③] 因此，

---

① 习近平：《扎实推动共同富裕》，载于《求是》2021 年第 20 期。

② 习近平：《高举中国特色社会主义伟大旗帜　为全面建设社会主义现代化国家而团结奋斗——在中国共产党第二十次全国代表大会上的报告》，人民出版社 2022 年版，第 47 页。

③ 《马克思恩格斯文集》（第 9 卷），人民出版社 2009 年版，第 300 页。

未来社会没有商品生产，价值规律由此失去其发挥作用的基础。全部生产是实行有计划的调节。不过，由于受当时历史条件的局限，究竟应该在什么情况、范围以及在什么形式下实行计划调节，马克思和恩格斯并没有也不可能描述得很具体。

新中国成立初期，面对巨大的外来压力、剧烈的国际竞争以及严峻的生存危机，要解决的主要问题是如何在一个生产力极为落后的东方大国来巩固新生的国家政权，如何在新的社会条件下利用有限的物力和财力发展经济。由于缺乏社会主义建设的实践经验，中国主要效仿苏联逐步建立起高度集中的计划经济体制，即以国家权力为资源配置中心，政府成为占有和分配社会资源的绝对主体。这种体制在生产力发展水平较低、科学技术不太先进、经济结构比较简单和经济发展目标比较单一的情况下，适宜集中有限的物力财力用于国家重点项目建设。它对迅速增强国家实力、协调国民经济发展、迅速建立社会主义物质基础以及保证人民的基本生活等方面都发挥了积极作用。因此，它在新中国成立初期的出现具有必然性。但是，随着经济建设规模的扩大，特别是由于科学技术发展所引起的生产多元化与社会分工的复杂化，传统计划经济体制的弊端日益显现，如权力高度集中、政企不分、忽视甚至排斥商品经济、忽视价值规律等，因而越来越不适应现代化生产发展的要求，不利于调动生产者的积极性和生产力的发展。当时我国也曾提出"以苏为鉴"，尝试着对这种经济体制进行调整。但总的来看，在改革开放以前基本没有进行实质性的改革，对市场经济的态度基本是排斥的。在"文化大革命"的特殊时期，市场经济和市场调节甚至被看作资本主义特征而被彻底否定。因此，改革这种高度集中的计划经济体制势在必行，否则就难以实现中国的社会主义现代化。

20世纪70年代末至80年代初，在解放思想、实事求是思想路线的鼓舞下，中国经济理论界就一系列过去没有提出或者没有解决的有关商品生产与价值规律的问题进行了新探索。一些学者主张经济生活中应更多地发挥价值规律的作用，如孙冶方就提出"千规律，万规律，价值规律第一条"；薛暮桥提出要学会利用价值规律与市场的调节等。1978年，党的十一届三中全会也提出要重视价值规律和按经济规律办事。邓小平在1979年时曾提出："说市场经济只存在于资本主义社会，只有资本主义的市场经济，这肯定是不正确的。社会主义为什么不可以搞市场经济，这个不能说是资本主义。我们是计划经济为主，也结合市场经济，但这是社会主义的市场经济。"① 1982 年，党的十二大报告开始改革传统的计划经济体制，提出要以"计划经济为主、市场调节为辅"，强调我国国民经济的主体是有计划的生产与流通，但也可以通过国家计划而划出一定范围，允许由市场来调节部分产品的生产和流通，即由价值规律发挥其自动调节作用。这就打破了长期以来将计划和市场视为水火不容的传统认识和计划经济的绝对垄断地位。中共中央在 1984 年颁布的《关于经济体制改革的决定》中第一次提出，中国实行以公有制为基础的社会主义有计划商品经济。这是社会主义社会的必经发展阶段和经济现代化实现的必要条件；强调要按经济规律尤其是价值规律办事，充分运用市场机制发展社会主义经济。从世界范围的社会主义发展史来看，公有制和商品经济实现结合，中国是独一无二的。因此，有计划商品经济理论的提出，突破了长期以来那种把社会主义经济看作是纯粹计划经济的旧观念，也打破了将计划经济和商品经济相对立的观念，第一次将商品经济作为社会主义经济运行的基础框架。这标志着作为市场经济主要规律之一的价值规律在经济生活中正式得以确立。这是社会主义经济理论和经济体制改革目标探索中的重大理论创新，是马克思主义基本原理和中国具体实践相结合的产物。1987 年，党的十三大报告又提出，在社会主义有计划商品经济中，实行"国家调节市场，市场引导企业"的新型经济运行机制，强调社会主义有计划商品经济中计划和市场的内在统一性，从而进一步提高了市场机制在经济生活中的地位。

党的十三大之后，中国经济理论界在改革应当"计划取向"还是"市场取向"的论争中，越来越多的学者开始越过单纯将市场机制作为一种辅助手段的认识，认为市场机制是社会主义经济内在的运行机制；市场的作用范围不仅仅是作为计划机制的一种补充，而是覆盖全社会的。1992 年，邓小平在南方谈话中提出："计划多一点还是市场多一点，不是社会主义与资本主义的本质区别。计划经济不等于社会主义，资本主义也有计划；市场经济不等于资本主义，社会主义也有市场。计划和市场都是经济手段。"② 这就打破了计划与市场属于基本经济制度的旧观念，使得多年来关于这一问题的论争终于摆脱了意识形态束缚，

---

① 《邓小平文选》（第 2 卷），人民出版社 1994 年版，第 236 页。
② 《邓小平文选》（第 3 卷），人民出版社 1993 年版，第 373 页。

从而为社会主义市场经济理论的形成扫清了障碍。1992 年，党的十四大报告指出："我国经济体制改革的目标是建立社会主义市场经济体制，以利于进一步解放和发展生产力；……市场在社会主义国家宏观调控下对资源配置起基础性作用，使经济活动遵循价值规律的要求，适应供求关系的变化。"[1] 这是中国共产党人对马克思主义政治经济学与社会主义经济理论的又一次突破与创新，也是社会主义市场经济理论开始形成的标志。从党的十四大开始，让市场在资源优化配置中发挥基础作用一直是党中央文件中的标准论述。中共中央在 1993 年颁布的《关于建立社会主义市场经济体制若干问题的决定》中，建构起了社会主义市场经济体制的基本框架，并对政府职能转变和培育市场体系、建立现代企业制度和宏观调控体系以及社会保障体系等都作出了具体规定。到 2000 年，党的十五届五中全会宣布了社会主义市场经济体制的初步建立，且市场机制已在资源配置中发挥着"基础性作用"。这是中国特色社会主义政治经济学对市场认识的一次质的飞跃。

从党的十五大到十六届五中全会，中国共产党一直坚持社会主义的市场经济改革，将发展市场经济和社会主义初级阶段结合起来。2002 年，党的十六大提出，在 21 世纪的头 20 年，中国将建成完善的社会主义市场经济体制和更具活力、更加开放的经济体系；中共中央在 2003 年发布的《关于完善社会主义市场经济体制若干问题的决定》中宣布，中国已基本确立社会主义市场经济体制，并提出了对其进一步完善的目标、任务等。党的十六届四中、五中全会又提出"科学发展观"与社会主义"和谐社会"建设。这些都为社会主义市场经济体制的进一步完善提供了理论指导和行动指南。此后，党的十七大和十八大报告都提出要发挥好市场在资源配置中的基础性作用。

市场经济和社会主义相结合是中国独有的，也是史无前例的。解决社会主义同市场经济的对接，需要创新马克思主义政治经济学以使其中国化。针对市场经济存在的弊端，中共中央在 2013 年颁布的《关于全面深化改革若干重大问题的决定》中提出："经济体制改革是全面深化改革的重点，核心问题是处理好政府和市场的关系，使市场在资源配置

---

① 《江泽民文选》（第 1 卷），人民出版社 2006 年版，第 226 页。

中起决定性作用和更好发挥政府作用。"① 这是中国共产党对社会主义经济建设规律的又一重大创新，是马克思主义中国化与时代化的又一新成果，实现了中国特色社会主义政治经济学又一次质的飞跃。这一论断是对改革开放 40 多年实践经验的科学总结，反映了世界各国在谋求经济发展和国家现代化过程中的成功经验，其本质是强调尊重价值规律在市场经济中的作用和市场机制在资源配置中的作用，有利于转变经济发展方式和提高资源配置效率，从而为建设社会主义市场经济注入新活力。正如习近平总书记所说："在社会主义条件下发展市场经济，是我们党的一个伟大创举。我国经济发展获得巨大成功的一个关键因素，就是我们既发挥了市场经济的长处，又发挥了社会主义制度的优越性。我们是在中国共产党领导和社会主义制度的大前提下发展市场经济，什么时候都不能忘了'社会主义'这个定语。"②

　　中国的社会主义市场经济相较于一般市场经济，其经济改革与发展离不开政府作用。党的十五大报告指出，政府将从过去的微观经济管理转向对宏观经济的调控，目的是减少对企业经营的直接干预。此后的党的十六大、十七大和十八大报告都提出，政府的主要职能是加强社会管理和提供公共服务、规范与监管市场以及调节收入差距等以建设"服务型政府"。2013 年，党的十八届三中全会指出，市场将在中国的资源优化配置中发挥决定性作用，但同时也要"发挥我国社会主义制度的优越性、发挥党和政府的积极作用。市场在资源配置中起决定作用，并不是起全部作用。发展社会主义市场经济，既要发挥市场作用，也要发挥政府作用，但市场作用和政府作用的职能是不同的"。③ 习近平总书记认为，政府的职能主要是"保持宏观经济稳定，加强和优化公共服务，保障公平竞争，加强市场监管，维护市场秩序，推动可持续发展，促进共同富裕，弥补市场失灵"。④

79

---

　　① 中共中央文献研究室：《十八大以来重要文献选编》（上），中央文献出版社 2014 年版，第 513 页。

　　② 中共中央文献研究室：《习近平关于社会主义经济建设论述摘编》，中央文献出版社 2017 年版，第 64 页。

　　③ 《中国共产党第十八届中央委员会第三次全体会议文件汇编》，人民出版社 2013 年版，第 96 页。

　　④ 习近平：《关于〈中共中央关于全面深化改革若干重大问题的决定〉的说明》，载于《人民日报》2013 年 11 月 16 日。

2017 年，党的十九大报告指出，社会主义市场经济体制进一步完善的关键是正确处理政府和市场之间的关系，既要让市场在资源优化配置中起决定作用，同时政府也要在宏观调控中发挥积极作用。党的十九大报告首次以负面清单形式规定了政府干预的范围，即"全面实施市场准入负面清单制度，清理废除妨碍统一市场和公平竞争的各种规定和做法"①。习近平总书记指出："在市场作用和政府作用的问题上，要讲辩证法、两点论，'看不见的手'和'看得见的手'都要用好，努力形成市场作用和政府作用有机统一、相互补充、相互协调、相互促进的格局，推动经济社会持续健康发展。"② 习近平关于政府和市场关系的这一论述，体现了其尊重与运用规律的特点，在完善中国特色社会主义市场经济体制方面向前迈进了一大步。2020 年的党的十九届五中全会和2022 年 10 月的党的二十大报告都提出，我国在新发展阶段要全面深化改革以构建高水平的社会主义市场经济体制。这是以习近平同志为核心的党中央为应对复杂多变的国际局势而作出的重大抉择，标志着中国特色的社会主义市场经济体制建设进入了新阶段。2021 年 8 月，习近平总书记在中央财经委员会第十次会议上讲道："要加快完善社会主义市场经济体制，推动发展更平衡、更协调、更包容。"③

3.2 中国经济模式对西方主流
经济学理论的创新

"中国经济模式"作为当今世界独具特色的经济发展模式之一，其理论创新与西方主流经济学的理论可以说是大相径庭。在国际上，美国自冷战结束以后成为世界上的唯一超级大国，并企图向世界各国推广其所谓的政治民主与市场经济模式，而"华盛顿共识"（Washington Consensus）就是其具体表现之一。但中国在从计划经济向市场经济的转型

---

① 习近平：《决胜全面建成小康社会 夺取新时代中国特色社会主义伟大胜利——在中国共产党第十九次全国代表大会上的报告》，人民出版社 2017 年版，第 33 ~ 34 页。

② 中共中央文献研究室：《习近平关于社会主义经济建设论述摘编》，中央文献出版社2017 年版，第 58 页。

③ 《习近平谈治国理政》（第 4 卷），外文出版社 2022 年版，第 144 页。

过程中，并没有遵循新自由主义的"华盛顿共识"和西方模式，而是打破了新自由主义所倡导的自由化、私有化和市场化神话，在党的领导下，总揽全局、协调各方，走了一条适合本土且独具特色的发展道路，实现了经济的异军突起和对西方主流经济学理论的突破与创新。

3.2.1 "中国经济模式"是社会主义的市场经济

"中国经济模式"是以公有制为主体、多种所有制并存的社会主义市场经济。西方主流经济学则是主张生产资料的私有化。这就实现了对西方市场经济理论的突破与超越。西方主流经济学理论是在资本主义私有制前提下来研究市场这只"看不见的手"如何发挥作用、怎样最大限度提高效率以及如何实现自身利益最大化等，由此引申出来的政策含义就是私有制的有效性与公有经济的低效率。该理论对"社会主义能否与市场经济结合"这一问题是持否定态度的。早在 20 世纪 20 ~ 30 年代，新奥地利学派的主要代表人物米塞斯（Ludwig von Mises）曾发表《社会主义国家的经济计算》一文，认为社会主义条件下不可能实行合理的经济计算与资源配置，只能在以资本主义私有制为基础的市场经济中才能实现。例如，西方经济学流派当中的新自由主义就主张生产资料私有化。

在西方经济学流派当中，经济自由主义包括古典自由主义和新自由主义，其中，前者的代表人物是英国经济学家亚当·斯密（Adam Smith）。他认为资本主义经济可自行调节并按其固有规律向前发展。这即为"一只看不见的手"理论。它作为 17 世纪新兴资产阶级的意识形态曾发挥过反封建作用。自 20 世纪 70 年代以来，凯恩斯主义主张的政府干预因为无法解决发达国家的经济"滞胀"，导致了新自由主义经济理论在欧美国家的兴起。新自由主义形成于 20 世纪 30 年代，其主要代表人物有米塞斯（Mises）和哈耶克（Hayek）等。他们继承了古典自由主义的自由经营与自由贸易思想，极力推崇私有化、自由化与市场化。到 20 世纪 90 年代，以新自由主义理论为核心的"华盛顿共识"更是将私有化和金融自由化以及市场化作为社会主义国家走向市场经济的唯一途径。这一思潮曾在 20 世纪 80 ~ 90 年代盛极一时，且向发展中国家大力推广。例如，他们在拉丁美洲与东南亚一些国家极力推行新自由主义的私有化与贸易自由化，减少国家对经济生活的干预，放松了对资本账户的管制，因而导致这些国家经济的严重衰退。

中国建立社会主义市场经济最早是由邓小平提出的。他认为，在社会主义初级阶段可以搞市场经济；市场经济能够建立在以公有制为主体的多种所有制基础之上，即"计划多一点还是市场多一点，不是社会主义与资本主义的本质区别，计划经济不等于社会主义，资本主义也有计划；市场经济不等于资本主义，社会主义也有市场。计划和市场都是经济手段"。① 这就从根本上破除了将社会主义和市场经济相对立起来的传统观念，并成为我国建立和完善社会主义市场经济的重要理论依据。自此以后，中国既没有实行全盘私有化也没有盲目自由化，而是走了一条独具中国特色的社会主义市场经济改革道路。这既突破了西方经济学"市场＝资本主义""计划＝社会主义"的传统教条，也实现了对马克思主义经济学经典理论的创新和发展。中国特色的社会主义市场经济理论及其经济体制可以发挥社会主义与市场经济的"双优势"。这是中国特色社会主义政治经济学对世界经济学的理论贡献。习近平总书记认为："提出建立社会主义市场经济体制的改革目标，这是我们党在建设中国特色社会主义进程中的一个重大理论创新和实践创新。"②

3.2.2 "中国经济模式"是渐进式的改革道路

"中国经济模式"的渐进改革道路是在社会稳定的前提下有序推进改革，即先末后本，先农村、后城市，先沿海、后内地，先易而后难。我国的改革先从小岗村的联产承包责任制开始，到深圳等经济特区的设立，再到各种"试点"的不断推广，其中对的就普及，错的就纠正。这个过程也就是邓小平所说的"摸着石头过河"。这种改革方式的选择，在很大程度上是受到了作为传统文化的儒家思想以及马克思主义意识形态的影响。例如，儒家思想提倡"中庸之道"，即无论看问题还是做人和做事都要"执其两端而守中"。这一传统文化的影响就决定了我国不会把原有的经济与政治体制看得一无是处，也不会不顾历史传统而

---

① 《邓小平文选》（第 3 卷）人民出版社 1993 年版，第 373 页。
② 《习近平谈治国理政》，外文出版社 2014 年版，第 94 页。

采取全盘照搬国外模式的过激行为。马克思主义的唯物史观和辩证唯物主义的方法论也主张，在特定历史条件下进行社会变革时要倾向于渐进的方式。马克思认为："人们自己创造自己的历史，但是他们并不是随心所欲地创造，并不是在他们自己选定的条件下创造，而是在直接碰到的、既定的、从过去承继下来的条件下创造。一切已死的先辈们的传统，像梦魇一样纠缠着活人的头脑。"[①] 在我国，历史的教训使人们对改革抱有一种"避乱就稳"的倾向，因为中国已再也经不起折腾。长期的渐进改革方式才是最明智的选择。因此，中国将马克思主义的基本原理与国情结合，注重改革进行的时机、次序以及社会的承受能力，并在不断总结经验与教训的过程中稳步推进改革。这种渐进式改革的策略安排降低了不确定性，从而在剧烈的社会变革中保证了国家的稳定。

新自由主义经济学是主张"休克疗法"。俄罗斯经济改革采取"休克疗法"的理论基础就是新自由主义，其核心内容是美国力图主导经济全球化的"华盛顿共识"。新自由主义也由此而获得了国际话语霸权，成为冷战后西方发达国家主导世界经济秩序的意识形态和价值判断标准。"华盛顿共识"的核心内容是反对政府干预，即"政府的角色最小化"；建立私有产权制度，即"快速的私有化"；主张自由竞争等。信奉新自由主义理论的萨克斯（Jeffrey Sachs）等人为俄罗斯制定了被称为"休克疗法"的改革方案，包括国有企业的快速私有化和价格的自由化等。1992 年，俄罗斯以突发式的"休克疗法"启动市场化经济转型。这一改革由于忽视国情且急于求成，从而造成了长期的经济衰退与恶性通货膨胀、国有资产的被大规模侵吞以及社会的动荡。俄罗斯的综合国力与居民生活水平也大幅度下降，社会的贫困化与经济不平等进一步加剧。1998 年金融危机之后，按购买力平价计算，俄罗斯的 GDP 只有美国的 1/10 和中国的 1/5（徐坡岭、贾春梅，2017）。在"休克疗法"的改革过程中，俄罗斯的私有化导致了国有财产被瓜分，金融工业集团的寡头垄断取代了原来中央集权体制对经济的垄断。政府由于被寡头利益集团俘获，因而失去了其独立性和为社会提供制度规范、法律秩序以及公平公正的能力。就如俄罗斯经济学家克洛茨沃格所说："现在，

---

① 《马克思恩格斯选集》（第 1 卷），人民出版社 1995 年版，第 603 页。

俄罗斯经济学家有不少喜欢西方的特别是美国的自由主义经济学，他们不研究本国的实际，只研究弗里德曼的书和萨克斯的书，就说应该怎样怎样，其结果，给俄罗斯带来了一场大灾难"（吴易风，1995）。

3.2.3 "中国经济模式"是政府宏观调控与市场经济相结合

西方经济学虽有"市场失灵"理论，认识到政府需要对经济运行发挥补救作用。但从总体上看，西方经济学是主张"政府非调控化"，即政府对干预市场是持消极或否定的态度，并力图绑住政府这只"看得见的手"和构建其理想的"自由竞争市场经济"模式。例如，古典经济自由主义鼓吹市场万能，反对政府对经济的调控，认为只要依靠"一只看不见的手"这一市场机制就能使资源配置实现最优。新自由主义理论的重要假设是实现"市场出清"，即总供给与总需求相等。因此，市场能自行调节，政府无须对经济运行进行干预。美国的"华盛顿共识"因而主张"政府非调控化"。泰国曾因受新自由主义影响而过早和过度开放金融市场，结果在1997年爆发金融危机，并很快发展成为东南亚以及亚洲金融危机。"这场危机很大程度上是（美国）财政部和国际货币基金组织所推动的过度市场自由化的结果"（斯蒂格利茨，2002）。

我国在社会主义市场经济建设过程中认识到了"市场失灵"，强调发挥政府宏观经济调控与微观经济规制的关键作用以引导市场经济健康持续发展。中国的"宏观调控"是在改革开放之后，实现本土化并具有时代特征的理论与实践产物。它虽借鉴了西方经济学的表达形式，并与西方宏观经济管理或政策形似，但在西方经济学中并无"宏观调控"这一概念。中国经济学文献是将"宏观调控"翻译为"macro-control"或"macro-adjustment and control"，但西方经济学文献中则没有类似表述。

在改革开放伊始，我国就意识到了经济体制改革的核心是处理好政府与市场关系。宏观调控这一概念也是在改革开放之后逐渐形成的。它最早提出是在党的十三届三中全会上，后经历了宏观调节—宏观控制—宏观调控的发展过程，并对西方经济学的理论框架形成了某种程度的超越。党的十四大报告指出："我们要建立的社会主义市场经济体制，就是要使市场在社会主义国家宏观调控下对资源配置起基础性作用。"[1]
中共中央在《关于建立社会主义市场经济体制若干问题的决定》中提
出："社会主义市场经济必须有健全的宏观调控体系。"[2] 此后，从党的
十五大一直到二十大都是强调政府的宏观经济调控。中国宏观调控的权
力集中在中央，但也注意发挥中央和地方两个积极性。2018 年 2 月，
习近平总书记在党的十九届三中全会第二次全体会议上强调："宏观调
控部门要把主要精力真正转到抓宏观上来，健全宏观调控体系，发挥国
家发展规划的战略导向作用，健全财政、货币、产业、区域等经济政策
协调机制，提高宏观调控的前瞻性、针对性、协同性。"[3]

　　在由计划经济向现代市场经济的转型过程中，鉴于国家大、人口
多、底子薄、经济与社会发展不平衡和不协调等基本国情，同时也为了
实现共同富裕的目标，我国在坚持市场化改革的同时也坚持政府计划与
市场相结合，重视社会供求的总量平衡与结构平衡，让"看得见的手"
和"看不见的手"各自发挥其应有作用，以指导国民经济的有计划和
按比例发展。就如党的十八届三中全会所指出的，宏观调控就是要"保
持经济总量平衡，促进重大经济结构协调和生产力布局优化"；[4] 政府
的职能就是稳定宏观经济与优化公共服务、通过市场监管以保障公平竞
争，从而推进经济的健康持续发展并实现共同富裕。政府实施宏观经济
调控的物质手段与途径是生产资料公有制的主体地位和国有经济对国家
经济命脉的掌控。这既是社会主义市场经济和资本主义市场经济的不同
之处，也是其优越性所在。

　　进入新时代新阶段之后，中国已初步确立了以新发展理念为指导、
主线为供给侧结构性改革并适应发展新常态的宏观经济调控体系。2017
年，党的十九大报告和中央经济工作会议都指出，在当前和今后一个时
期，中国面临的主要是供给侧问题和结构性问题。为适应社会主要矛盾
的变化，我国将进一步完善对宏观经济的调控，其焦点将转到以产业结

---

　　① 中共中央文献研究室：《十四大以来重要文献选编》（上），人民出版社 2011 年版，
第 16 页。
　　② 中共中央文献研究室：《十四大以来重要文献选编》（上），人民出版社 2011 年版，
第 461 页。
　　③ 《习近平谈治国理政》（第 3 卷），外文出版社 2020 年版，第 172~173 页。
　　④ 中共中央文献研究室：《十八大以来重要文献选编》（上），中央文献出版社 2014 年
版，第 520 页。

构与区域发展失衡等一系列重大结构性问题上。正如党的二十大报告所讲，我国将进一步"健全宏观经济治理体系，发挥国家发展规划的战略导向作用，加强财政政策和货币政策协调配合，着力扩大内需，增强消费对经济发展的基础性作用和投资对优化供给结构的关键作用"，① 以推动经济高质量发展。

3.2.4 "中国经济模式"是在开放发展中坚持独立自主

"中国经济模式"在对外开放中是坚持独立自主原则之下的渐次开放之路，而没有遵循"华盛顿共识"主张的过度经济自由化。自 1978 年改革开放以来，中国确立的基本国策是实行对外开放，即在扩大内需的同时也实施互利共赢的对外开放战略。在融入经济全球化和进入世界市场过程中，中国面临的核心问题就是如何正确处理对外开放与独立自主的关系。自 20 世纪 90 年代以来，许多发展中国家遵循新自由主义的"华盛顿共识"进行了政治与经济体制改革。但这些国家并没有因为改革而出现政治民主和经济繁荣，反而造成了国内的政治失序、经济落后和民生艰难。例如，拉丁美洲与东南亚的一些国家，在新自由主义理论影响和西方国家的压力之下实行了大规模私有化，放松了国家对经济的干预而实行贸易自由化与放松资本账户管制。过度的经济自由化导致了这些国家民族经济的衰退和凋敝，其经济和金融也大多被外国资本控制。

"中国经济模式"是从中国基本国情和战略需要出发，在保证国家政治、经济安全的前提之下逐渐扩大开放领域，独立自主去走适合自己的路。邓小平指出："中国的事情要按照中国的情况来办，要依靠中国人自己的力量来办。独立自主，自力更生，无论过去、现在和将来，都是我们的立足点"。② 这样，在全球化背景下，中国在学习和引进国际经验的同时坚持了独立自主和自力更生，在建立市场经济体制时没有照搬欧美模式和"华盛顿共识"，也没有实行资本账户管制的盲目自由化。因此，在对外开放过程中，中国既保持了和全球化发展同步，开放

---

① 习近平：《高举中国特色社会主义伟大旗帜　为全面建设社会主义现代化国家而团结奋斗——在中国共产党第二十次全国代表大会上的报告》，人民出版社 2022 年版，第 29 页。

② 《邓小平文选》（第 3 卷），人民出版社 1993 年版，第 3 页。

兼容地博采众长和学习创新，也避免了"依附化陷阱"，从而实现了经济转型的平稳和快速发展。雷默（Ramo）在《北京共识》中说道："中国人希望控制和管理自己的全球未来，并使其具有地方特色。这使他们本能地反对那种后华盛顿共识的解决方案，使他们自始至终远离第一世界的经济建议，北京决意找到自己的道路。"[1] 党的二十大报告也指出，"党的百年奋斗成功道路是党领导人民独立自主探索开辟出来的，马克思主义的中国篇章是中国共产党人依靠自身力量实践出来的，贯穿其中的一个基本点就是中国的问题必须从中国基本国情出发，由中国人自己来解答"；[2] 我们要"坚持把国家和民族发展放在自己力量的基点上，坚持把中国发展进步的命运牢牢掌握在自己手中"。[3] 进入新时代新阶段之后，中国将以更加宽广的全球视野，独立自主，自力更生，积极主动参与国际宏观经济政策的沟通协调以及国际经济规则的调整与构建，努力营造良好的经济发展国际环境。正如习近平主席在 2022 年 6 月召开的金砖国家工商论坛开幕式上所讲："中国将继续提高对外开放水平，建设更高水平开放型经济新体制，持续打造市场化、法治化、国际化营商环境。"[4]

3.3　习近平经济思想的创新

2017 年 12 月，中央经济工作会议首次提出"习近平新时代中国特色社会主义经济思想"。习近平经济思想作为中国特色社会主义政治经济学的最新理论成果，是推动我国经济发展实践的理论结晶。

2021 年 7 月 1 日，习近平总书记在庆祝中国共产党成立 100 周年大会上的讲话中指出："中国共产党坚持马克思主义基本原理，坚持实事求是，从中国实际出发，洞察时代大势，把握历史主动，进行艰辛探

---

① 乔舒亚·库珀·雷默等：《中国形象》，社会科学文献出版社 2006 年版，第 310 页。

② 习近平：《高举中国特色社会主义伟大旗帜　为全面建设社会主义现代化国家而团结奋斗——在中国共产党第二十次全国代表大会上的报告》，人民出版社 2022 年版，第 19 页。

③ 习近平：《高举中国特色社会主义伟大旗帜　为全面建设社会主义现代化国家而团结奋斗——在中国共产党第二十次全国代表大会上的报告》，人民出版社 2022 年版，第 27 页。

④ 习近平：《把握时代潮流　缔造光明未来——在金砖国家工商论坛开幕式上的主旨演讲》，中国政府网，http：//www.gov.cn/gongbao/content/2022/content_5699920.htm。

索，不断推进马克思主义中国化时代化，指导中国人民不断推进伟大社会革命。"① 习近平经济思想既有着深厚的马克思主义政治经济学理论功底，也在错综复杂的国内外形势以及解决中国现实经济问题的伟大实践中提出了许多原创性和引领性的理论观点，全面系统地回答了我国经济社会的发展目的、阶段、理念以及路径等问题。这既发展了马克思主义政治经济学，也丰富了中国特色社会主义政治经济学的内涵，因而具有鲜明的"守正"和"创新"性。党的二十大报告指出，自党的十八大以来，以习近平同志为核心的党中央"勇于进行理论探索和创新，以全新的视野深化对共产党执政规律、社会主义建设规律、人类社会发展规律的认识，取得重大理论创新成果。"②

3.3.1 继承和发展马克思主义政治经济学的发展理念

发展实践是由发展理念来引领与推动的。在高速经济增长模式已不可持续的背景下，习近平总书记继承并发展了马克思主义政治经济学的发展理念以及我们党关于以人为本，全面、协调和可持续发展的科学发展观，在准确把握中国新时代与新发展阶段基本特征与紧迫任务的前提下，围绕解决新的社会主要矛盾而创新性地提出新发展理念，即创新、协调、绿色、开放和共享，从而科学回答了中国应实现什么样的发展以及如何实现发展的问题。

（1）新发展理念中的创新发展是解决经济高质量发展的第一动力问题，其核心则是科技创新，以及科技创新和产业创新之间的融合。这是对马克思主义政治经济学中科技创新理论的丰富和发展。马克思指出："科学是知识形态的生产力，是推动历史发展的有力杠杆，是一种最高意义上的革命力量。"③ 他认为，价值规律的重要作用之一就是激励商品生产者通过技术创新以缩短其生产商品的个别劳动时间。个别商品生产者通过科技创新打破了原有的技术与经济均衡，从而获得超额回

---

① 《习近平谈治国理政》（第4卷），外文出版社2022年版，第9~10页。

② 习近平：《高举中国特色社会主义伟大旗帜　为全面建设社会主义现代化国家而团结奋斗——在中国共产党第二十次全国代表大会上的报告》，人民出版社2022年版，第17页。

③ 中共中央宣传部理论局选编：《马克思恩格斯列宁斯大林对一些经济问题的论述》，光明日报出版社1985年版，第39页。

报。其他商品生产者则会紧跟其后，利润率随之被平均，整个社会的技术与生产力水平上升到一个新高度。习近平经济思想继承了马克思的科技创新思想。他在省部级主要领导干部学习贯彻十八届五中全会精神专题研讨班开班式上讲道："创新是引领发展的第一动力，抓住了创新，就抓住了牵动经济社会发展全局的'牛鼻子'。"①

（2）新发展理念中的协调发展是解决经济发展的不平衡性问题。这是对马克思主义政治经济学中的社会再生产理论，即社会化大生产中各个部门之间要实现按比例协调发展理论的丰富与发展。马克思在《资本论》中将社会再生产划分为生产生产资料的第一部类和生产消费资料的第二部类；而两大部类之间只有保持合适的比例关系，社会再生产才能顺利进行下去。马克思还将社会再生产过程分为相互制约的四个环节，每个环节都缺一不可，即"生产表现为起点，消费表现为终点，分配和交换表现为中间环节"，② 否则，社会再生产过程就会中断而无法继续下去。马克思的上述理论其实就是强调发展的协调性。习近平经济思想提出的协调发展理念和供给侧结构性改革，就是强调要注重资源配置的均衡与发展机会公平。供给侧结构性改革的基本含义是指在供给侧对经济结构进行调整与改革，增加制度和产品以及服务的有效供给并提高其质量，以适应广大人民群众消费需求的新变化和促进经济与社会健康持续发展，其理论基础就是马克思主义政治经济学的社会再生产理论。它强调供给和需求之间要实现协调与统一。习近平总书记讲道："既强调供给又关注需求，既突出发展社会生产力又注重完善生产关系，既发挥市场在资源配置中的决定性作用又更好发挥政府作用，既着眼当前又立足长远。"③

（3）新发展理念中的绿色发展是要解决人与自然和谐共生问题，即保护和改善生态环境就是保护和发展生产力。大自然是所有生命之母，是人类生存和发展的基础。马克思认为，大自然是人类"赖以生活的无机界"。④ 恩格斯也讲道："我们不要过分陶醉于我们人类对自然界

---

①③　习近平：《在省部级主要领导干部学习贯彻党的十八届五中全会精神专题研讨班上的讲话》，载于《人民日报》2016 年 5 月 10 日。

②　《马克思恩格斯全集》（第 12 卷），人民出版社 1962 年版，第 739 页。

④　《马克思恩格斯全集》（第 42 卷），人民出版社 1956 年版，第 95 页。

的胜利。对于每一次这样的胜利，自然界都对我们进行报复。"① 习近平经济思想是对马克思主义政治经济学中人与自然之间关系理论的丰富和发展。2021 年 4 月，他在十九届中央政治局第二十九次集体学习时强调："生态环境保护和经济发展是辩证统一、相辅相成的，建设生态文明、推动绿色低碳循环发展，不仅可以满足人民日益增长的优美生态环境需要，而且可以推动实现更高质量、更有效率、更加公平、更可持续、更为安全的发展，走出一条生产发展、生活富裕、生态良好的文明发展道路。"②

（4）新发展理念中的开放发展主要是解决经济发展的内外联动问题。这是对马克思主义政治经济学的经济全球化理论，即世界市场理论的丰富和发展。马克思、恩格斯在《共产党宣言》中指出："不断扩大产品销路的需要，驱使资产阶级奔走于全球各地。它必须到处落户，到处开发，到处建立联系"；"由于开拓了世界市场，使一切国家的生产和消费都成为世界性的了"。③ 习近平经济思想的开放性特征主要体现在以国际视野来把握中国和世界经济的发展大势，强调对国际国内两个市场和两种资源的统筹，并在此基础上进行经济改革与开放的战略研究，以发展更高层次的开放型经济和打造人类命运共同体，从而实现以扩大开放赢得经济发展的主动权。他强调："要坚持引进来与走出去相结合，完善对外投资体制和政策，激发企业对外投资潜力，勇于并善于在全球范围内配置资源、开拓市场。……要树立战略思维和全球视野，站在国内国际两个大局相互联系的高度，审视我国和世界的发展，把我国对外开放事业不断推向前进。"④ 2020 年 10 月，习近平总书记在党的十九届五中全会第二次全体会议上指出："构建新发展格局是开放的国内国际双循环，不是封闭的国内单循环。……我国开放的大门不会关闭，只会越开越大。要科学认识国内大循环和国内国际双循环的关系，主动作为、善于作为，建设更高水平开放型经济新体制，实施更大范围、更宽领域、更深层次的对外开放。"⑤

① 《马克思恩格斯文集》（第 9 卷），人民出版社 2009 年版，第 559~560 页。
② 《习近平谈治国理政》（第 4 卷），外文出版社 2022 年版，第 361 页。
③ 《马克思恩格斯文集》（第 2 卷），人民出版社 2009 年版，第 35 页。
④ 《习近平谈治国理政》（第 2 卷），外文出版社 2017 年版，第 101 页。
⑤ 《习近平谈治国理政》（第 4 卷），外文出版社 2022 年版，第 156 页。

（5）新发展理念中的共享发展主要是解决社会的公平正义问题。它集中回答了发展的根本目的，其根本立场就是"以人民为中心"。这是对马克思主义政治经济学"人民主体地位"思想的继承和发展。马克思、恩格斯在《共产党宣言》中指出："无产阶级的运动是绝大多数人的、为绝大多数人谋利益的独立运动。"[①] 马克思主义政治经济学的鲜明立场就是为无产阶级和广大劳动人民谋取利益。因此，马克思的鸿篇巨制《资本论》就是以为工人阶级谋利益作为其出发点与归宿的。习近平总书记具有鲜明的为民情怀。他指出："要坚持以人民为中心的发展思想，这是马克思主义政治经济学的根本立场。要坚持把增进人民福祉、促进人的全面发展、朝着共同富裕方向稳步前进作为经济发展的出发点和落脚点，部署经济工作、制定经济政策、推动经济发展都要牢牢坚持这个根本立场。"[②] 习近平总书记所坚持的"以人民为中心"思想，既回答了发展"为了谁，依靠谁"的目的问题，也点明了其价值属性和马克思主义政治经济学的理论品格。这就和西方经济学所追求的利润最大化有着根本不同。企业如果只片面追求利润最大化，其结果就是为逐利而忘义，同时也容易造成生产与需求的脱节，以及在宏观经济方面形成产业空心化和脱实向虚，从而给国家带来经济发展的风险。

3.3.2　原创性经济理论贡献

1. 经济发展的"新常态"理论

对经济发展阶段的判断是制定路线、方针和政策的前提。2013 年12 月，习近平总书记在深刻分析国内外宏观经济发展局势之后，在中央经济工作会议上提出了"新常态"这一概念。[③] 2014 年 11 月，他在亚太经合组织（APEC）工商领导人峰会上，首次向国际社会全面阐述了中国经济发展的新常态，即经济从高速增长转向中高速增长、经济结

---

① 《马克思恩格斯选集》（第 1 卷），人民出版社 2014 年版，第 411 页。

② 习近平：《立足我国国情和我国发展实践　发展当代中国马克思主义政治经济学》，载于《人民日报》2015 年 11 月 25 日。

③ 习近平：《把握新发展阶段，贯彻新发展理念，构建新发展格局》，载于《求是》2021 年第 9 期。

构不断优化升级、从要素驱动和投资驱动转为创新驱动。同年 12 月,习近平总书记在中央经济工作会议上又从 9 个方面的趋势性变化阐述了中国经济发展进入新常态的原因。这是以习近平同志为核心的党中央深刻揭示了我国在"三期叠加"(经济增长速度的换挡期、经济结构调整的阵痛期和经济前期刺激政策的消化期)背景下,经济转型升级和发展模式正在改变的趋势。习近平总书记强调:"认识新常态、适应新常态、引领新常态是当前和今后一个时期我国经济发展的大逻辑。"①

2. 新发展阶段理论

"十四五"时期,中国特色社会主义进入新发展阶段。这是党和国家历史发展进程中非常重要的一个时期。2020 年 8 月,习近平总书记在主持召开经济社会领域专家座谈会时强调,"十四五"时期"是我国全面建成小康社会、实现第一个百年奋斗目标之后,乘势而上开启全面建设社会主义现代化国家新征程、向第二个百年奋斗目标进军的第一个五年,我国将进入新发展阶段"。② 2021 年 1 月,在省部级主要领导干部学习贯彻党的十九届五中全会精神专题研讨班开班式上,习近平总书记又强调,新发展阶段是我们党带领全国人民迎来的从站起来、富起来再到强起来的历史性跨越新阶段;是全面贯彻新发展理念和构建新发展格局以实现经济高质量发展的阶段;是中国特色社会主义由初级阶段迈向更高级阶段和全面建成社会主义现代化强国的阶段。③ 由此可见,中国所处的这一历史新方位是以习近平同志为核心的党中央依据深刻变化的国内外发展大势并着眼长远而作出的新判断,是"十四五"乃至更长时期我国经济高质量发展的根本遵循。

新发展阶段是中国特色社会主义初级阶段向更高阶段迈进的一个阶段,也是实现全面建设社会主义现代化强国的阶段。马克思主义政治经济学认为,人类社会最终会走向实现个人自由而全面发展的共产主义社会。但这将是一个长期、渐进的历史发展过程,其中间会经历若干不同的发展阶段。在 1956 年的社会主义改造基本完成之后,我国建立起了

---

①③ 习近平:《把握新发展阶段,贯彻新发展理念,构建新发展格局》,中国政府网,http://www.gov.cn/xinwen/2021 - 04/30/content_5604164.htm。

② 习近平:《在经济社会领域专家座谈会上的讲话》,载于《人民日报》2020 年 8 月 25 日。

以公有制为基础的社会主义基本经济制度，以及较为独立、完整的工业体系和国民经济体系，开始迈入社会主义初级阶段。中国特色社会主义初级阶段作为社会主义的一个不发达阶段，同样也会经历不同的历史发展阶段。得益于共产党的领导和社会主义制度优越性的充分发挥，在经过半个多世纪的发展与积累之后，我国目前已摆脱原先不发达的落后状况，人民生活水平显著提高，综合国力大大增强，并进入社会主义初级阶段的"后半段"——新发展阶段，实现共同富裕的社会主义本质特征将越来越明显。数据显示，我国的人均国内生产总值已达 1 万美元，城镇化率超过 60%，中等收入群体超过 4 亿人。[①] 到 21 世纪中叶，中国将要建成富强民主文明和谐美丽的社会主义现代化强国。为此，在新发展阶段，我国必须继续贯彻新发展理念和加大经济结构的改革力度，构建起高质量现代化经济体系，以实现经济社会的更高质量和效率，以及更加公平与更可持续的发展，从而大幅提升综合国力与国际影响力，不断满足广大人民群众日益增长的美好生活需要，进而促进人的自由全面发展和社会全面进步。

3. 新发展格局理论

构建新发展格局是习近平经济思想的最新理论成果。近年来，世界经济循环格局正在发生深度调整，新冠肺炎疫情也加剧了逆全球化趋势。某些发达国家推行的反全球化政策以及与中国在科技和产业等领域的脱钩，再加上新冠肺炎疫情冲击导致的世界经济全面衰退，都使得一系列全球产业链断裂。我国产业链的国外循环也受到严重影响和冲击。这就要求国内发展和国内市场需求必须转到以内循环为主体。面对世界百年未有之大变局和新冠肺炎疫情的全球大流行，习近平总书记于 2020 年提出，我国要建立以国内大循环为主体和国内国际双循环相互促进的新发展格局。同年的党的十九届五中全会对新发展格局构建做了全面部署。这是我国根据新发展阶段、环境和条件变化等作出的战略决策，是把握未来发展主动权的战略性布局与先手棋，是全面贯彻新发展理念的重大举措，也是重塑国际合作与竞争新优势的长期战略。

---

① 习近平：《在经济社会领域专家座谈会上的讲话》，载于《人民日报》2020 年 8 月 25 日。

习近平总书记强调："加快构建以国内大循环为主体、国内国际双循环相互促进的新发展格局，是'十四五'规划《建议》提出的一项关系我国发展全局的重大战略任务，需要从全局高度准确把握和积极推进。"[①] 因此，在国际大循环动能减弱的背景下，我国必须坚守扩大内需这一战略基点，以使生产、分配、流通和消费更多地依靠国内市场的内循环，并努力提高供给体系对国内需求的适配性，从而打造需求牵引供给、供给创造需求的更高水平的动态平衡。正如习近平总书记所讲："要根据我国经济发展实际情况，建立起扩大内需的有效制度，释放内需潜力，加快培育完整内需体系，加强需求侧管理，扩大居民消费，提升消费层次，使建设超大规模的国内市场成为一个可持续的历史过程。"[②] 因此，我国新发展格局的构建是在坚守扩大内需这一战略基点之上，努力实施更高水平的对外开放，参与国际大循环的基础由原来的资源禀赋优势转向新的竞争优势，在引进国外资源时更重视引资、引技和引智的并举。

4. 中国式现代化和人类文明新形态理论

发展中国家的经济发展主题就是摆脱贫困和实现现代化。习近平经济思想中有一系列的现代化创新理论。

第一，两阶段推进现代化。2017 年，党的十九大报告指出，我国到 2035 年基本实现现代化，到 2050 年全面建成富强民主文明和谐美丽的社会主义现代化强国。到 2020 年，我国全面建成小康社会，在现行标准下有 9899 万农村贫困人口全部脱贫，脱贫攻坚取得全面胜利，创造了世界上消除绝对贫困的人间奇迹。中国还建成了世界上规模最大的社会保障网，其经济和科技实力以及综合国力等都跃上新的台阶。2020 年，党的十九届五中全会公报和《中华人民共和国国民经济和社会发展第十四个五年规划和 2035 年远景目标纲要》提出，"十四五"时期我国将开启全面建设社会主义现代化国家新征程，并向第二个百年奋斗目标进军。从全面建成小康社会到现代化的基本实现，再到社会主义现代化强国的全面建成，都是新时代新阶段中国特色社会主义发展的战略安排。这一战略安排仍分两步走，即到 2035 年基本实现社会主义现代

---

① 《习近平谈治国理政》（第 4 卷），外文出版社 2022 年版，第 174 页。
② 《习近平谈治国理政》（第 4 卷），外文出版社 2022 年版，第 177 页。

化；到 21 世纪中叶则建成富强民主文明和谐美丽的社会主义现代化强国。习近平总书记在党的二十大报告中再次重申了社会主义现代化强国建设分两步走的这一总体战略安排。这是我国所处社会主义初级阶段的发展要求，也是其从初级阶段迈向更高阶段的要求。他在党的二十大报告中指出，我国要"以中国式现代化推进中华民族伟大复兴，……不断丰富和发展人类文明新形态"。[①] 因此，我国建设的现代化是具有中国特色且符合中国实际的，其主要特征除了必须加强党对社会主义现代化建设的全面领导之外，还包括五个方面，即中国的现代化是人口规模巨大、全体人民共同富裕、物质文明和精神文明相协调、人与自然和谐共生以及走和平发展道路等的现代化。[②] 可见，中国的现代化突出其共同富裕的社会主义特征以及人与自然之间的和谐共生。习近平总书记强调："全面建设社会主义现代化，一个地区、一个民族都不能落下，同时我国区域差异大、发展不平衡，现代化进程不可能齐步走，要鼓励有条件的地区率先实现现代化，支持带动其他地区实现现代化。"[③]

第二，坚持创新在现代化建设中的核心地位和"四化"同步的现代化要求。习近平总书记提出，我国要"立足于科技创新，释放创新驱动的原动力，让创新成为发展基点，拓展发展新空间，创造发展新机遇，打造发展新引擎，促进新型工业化、信息化、城镇化、农业现代化同步发展，提升发展整体效能"。[④] 这一论述揭示了后发国家的现代化规律，为发展中国家快速实现现代化指明了方向。

第三，将现代化经济体系的构建作为开启现代化建设的突破口。自党的十九大以来，以习近平同志为核心的党中央创造性地提出了以新发展理念为主导，以供给侧结构性改革为主线的现代化经济体系建设的创新理论。该体系作为一个有机整体主要包括六个体系以及发挥好市场和政府作用的经济体制。这六个体系包括：由创新引领和协同

---

① 习近平：《高举中国特色社会主义伟大旗帜　为全面建设社会主义现代化国家而团结奋斗——在中国共产党第二十次全国代表大会上的报告》，人民出版社 2022 年版，第 7 页。

② 习近平：《新发展阶段贯彻新发展理念必然要求构建新发展格局》，载于《求是》2022 年第 17 期。

③ 习近平：《把握新发展阶段，贯彻新发展理念，构建新发展格局》，中国政府网，http：//www.gov.cn/xinwen/2021 – 04/30/content_5604164.htm。

④ 《习近平谈治国理政》（第 2 卷），外文出版社 2017 年版，第 271～272 页。

发展的产业体系；统一开放且竞争有序的市场体系；体现效率且促进公平的收入分配体系；彰显优势且协调联动的城乡区域发展体系；资源节约且环境友好的绿色发展体系；多元平衡且安全高效的全面开放体系。① 为了构建科学系统的社会主义现代化体系，习近平总书记在宏观层面提出了全面建成小康社会和社会主义现代化强国；在中观层面提出了创新驱动、城乡区域协调发展和乡村振兴以及大力发展开放型经济等，以保证社会主义现代化建设能够顺利进行。②

2021 年 7 月 1 日，习近平总书记在庆祝中国共产党成立 100 周年大会上讲道："我们坚持和发展中国特色社会主义，推动物质文明、政治文明、精神文明、社会文明、生态文明协调发展，创造了中国式现代化新道路，创造了人类文明新形态。"③ 他在党的二十大报告中又强调，中国式现代化的本质要求是："坚持中国共产党领导，坚持中国特色社会主义，实现高质量发展，发展全过程人民民主，丰富人民精神世界，实现全体人民共同富裕，促进人与自然和谐共生，推动构建人类命运共同体，创造人类文明新形态。"④

综上所述，"中国经济模式"和习近平经济思想既是对马克思主义政治经济学的创新与发展，也超越了西方经济学理论。西方主流经济学的现存理论与话语目前还没法对其作出令人满意的解释。面对中国经济发展的一些难题，如创新型国家建设、资源短缺与生态环境的恶化、社会阶层的分化和冲突等，西方主流经济学也是无能为力。不过，"中国经济模式"虽然对西方主流经济学理论进行了某些创新与超越，但事实上也在一定程度上受到了其某些理论的影响，实施了某些"华盛顿共识"性质的经济政策，因而导致了一些经济与社会问题，如"唯 GDP"论导致的只看短期而对长远利益的忽视等。为此，我国现已逐渐转向了"和谐社会"建设与实现共同富裕。

---

① 《深刻认识建设现代化经济体系重要性，推动我国经济发展焕发新活力迈上新台阶》，载于《人民日报》，2018 年 2 月 1 日。

② 《习近平谈治国理政》（第 3 卷），外文出版社 2020 年版，第 242 页。

③ 习近平：《在庆祝中国共产党成立 100 周年大会上的讲话》，载于《求是》2021 年第 14 期。

④ 习近平：《高举中国特色社会主义伟大旗帜　为全面建设社会主义现代化国家而团结奋斗——在中国共产党第二十次全国代表大会上的报告》，人民出版社 2022 年版，第 23 ~ 24 页。

　　"中国经济模式"是经济理论创新的富矿。中国经济理论的创新和发展必须是以马克思主义政治经济学为指导，以中国改革开放的现实为依据，善于从丰富的实践中汲取与升华中国元素，同时吸收西方经济理论中的有益成分，始终站稳大多数劳动人民的立场，关注社会弱势群体，力争实现社会主义优点与市场机制长处的更好结合，进一步寻找经济增长、社会进步与公平的最佳契合点，为实现中华民族伟大复兴的中国梦提供理论指导和实践指南，同时也为经济全球化的发展贡献中国方案和中国智慧。

第4章 新常态新阶段与中国经济的高质量发展

经济发展是中国特色社会主义不断巩固与前进的基础。对经济发展阶段的判断则是制定路线、方针和政策的前提。习近平总书记在深刻分析世界经济发展的周期性规律和中国经济发展新变化以及两者相互作用的基础上，对中国的经济发展趋势作出了"新常态"的新判断。这是习近平经济思想的重要内容之一，也是我国今后经济发展的大逻辑。在"十四五"时期，我国步入了全面建设社会主义现代化强国的新发展阶段。为此，我国在分析和研究国际环境发生深刻变化的同时，也要认清国内经济发展呈现出的阶段性特征，适应和引领"新常态"，加快经济发展方式的转变与经济结构调整，并坚持党的集中统一领导、统筹兼顾和稳中求进，努力促进中国经济的高质量发展。

4.1 经济发展"新常态"的提出及其内涵

习近平总书记深入分析了国内外宏观经济形势，以及中国经济发展趋势、阶段性特征、潜在增长率的变化。2014 年 5 月，他到考察河南时提出中国经济发展正处于"新常态"阶段，即"我国发展仍处于重要战略机遇期，我们要增强信心，从当前我国经济发展的阶段性特征出发，适应新常态，保持战略上的平常心态"。[①] 这是习近平总书记站在经济发展战略的高度，用"新常态"来描述中国经济增长所处发展阶段呈现出的新特征的理论创新观点。从此以后，经济"新常态"就陆

---

① 习近平：《深化改革发挥优势创新思路统筹兼顾 确保经济持续健康发展社会和谐稳定》，载于《人民日报》2014 年 5 月 11 日。

续出现在了中央全会与中央经济工作会议等党的重要文献之中。同年7月，习近平总书记在中央政治局会议上对中国经济新常态做了阐释，即"发展必须是遵循经济规律的科学发展，必须是遵循自然规律的可持续发展，必须是遵循社会规律的包容性发展"。[①] 同年10月，党的十八届四中全会指出，我国要"适应经济发展新常态，创新宏观调控思路和方式，积极破解经济社会发展难题，着力保障和改善民生，……有效应对各种风险挑战"。[②] 2014年11月，习近平总书记第一次向国际社会全面阐释了中国的"新常态"。这就是"中国经济呈现出新常态，有几个主要特点。一是从高速增长转为中高速增长；二是经济结构不断优化升级，第三产业、消费需求逐步成为主体，城乡区域差距逐步缩小，居民收入占比上升，发展成果惠及更广大民众；三是从要素驱动、投资驱动转向创新驱动"。[③] 同年12月，他又在中央经济工作会议上从九个方面首次系统阐述了经济的"新常态"，[④] 并对未来经济工作提出了稳中求进的工作总基调。一是在消费的个性化与多样化渐成主流背景下，要通过创新以确保产品的质量与安全，从而释放消费潜力并使其发挥基础性作用；二是把握好各种投资机会，如基础设施的互联互通以及新的技术、产品和商业模式等，并使其继续发挥关键作用；三是高水平引进来和大规模走出去，培育新的比较优势以使出口继续发挥经济的支撑作用；四是在生产小型化和智能化以及专业化的背景下要升级优化产业结构；五是在劳动力要素规模驱动减弱的背景下，经济增长将以创新作为新引擎；六是创新供给侧以满足消费者在产品、服务等方面的个性化与高质量要求，并营造统一和有序以及透明的市场环境；七是由于资源与环境的约束，经济发展方式必须转向低碳、绿色和循环以打造新的经济增长点；八是建立和健全化解各类经济风险的体制与机制；九是全面把握与平衡总供求之间关系的新变化，科学进行宏观调控以形成经济发展

99

---

① 《习近平在2014年7月29日中央政治局会议上的讲话》，载于《人民日报》2014年7月30日。

② 《中国共产党第十八届中央委员会第四次全体会议公报》，中国政府网，http://www.gov.cn/xinwen/2014-10/23/content_2769791.htm。

③ 习近平：《谋求持久发展共筑亚太梦想——在亚太经合组织工商领导人峰会开幕式上的演讲》，载于《人民日报》2014年11月9日。

④ 习近平：《把握新发展阶段，贯彻新发展理念，构建新发展格局》，载于《求是》2021年第9期。

新模式。习近平总书记还进一步提出了新常态下我国经济正在发生的"四个转向",即"增长速度正从百分之十左右的高速增长转向百分之七左右的中高速增长,经济发展方式正从规模速度型粗放增长转向质量效率型集约增长,经济结构正从增量扩能为主转向调整存量、做优增量并举的深度调整,经济发展动力正从传统增长点转向新的增长点。……认识新常态,适应新常态,引领新常态,是当前和今后一个时期我国经济发展的大逻辑"。[①] 习近平总书记的以上论述进一步揭示了中国经济在"三期叠加"(经济的增长速度换挡期、结构调整阵痛期和前期刺激政策消化期)背景下实现转型升级的发展趋势,即在"三期叠加"形势下经济迈进新常态且发展模式正在改变。所谓经济增速换挡期是由经济发展的客观规律所决定,主要是针对其总量与数量而言;经济结构调整的阵痛期是发展方式加快转变的主动选择,是针对经济发展的质量和效益而言;前期刺激政策消化期是化解多年来积累的深层次矛盾的必经阶段,是针对宏观调控的方向和手段而言。这三者结合就勾勒出了我国经济与社会发展的主要特征和面临的挑战,也明确了对经济形势应该"怎么看"和下一步"怎么干"。这是党中央在科学分析全球经济发展的周期性规律和中国经济发展新的阶段性特征,以及二者相互作用的基础上作出的重大战略判断,符合我国经济发展实际,也是对我国经济发展提出的新要求。

在国际上,"新常态"一词最早是在 2009 年由美国太平洋基金管理公司的总裁埃里安提出,其含义和我们现在意识中的认识有所不同,即它是描述 2008 年金融危机与经济危机之后欧美发达国家经济再也回不到以前的状态,是与其经济衰退相联系的。它的内容可概括为"低增长、高失业以及投资的低回报",因而多少带有消极的意味。而在中国,我们从习近平总书记对经济新常态逐步深入的阐述可知,"新常态"描述的是经济结构转型升级的新阶段,是和以往不同的、进入更高层次之后的相对稳定状态,其显著特征是经济增长速度明显放缓,本质则是经济增长动力的转换,即从传统增长源泉转向新增长源泉,是经济发展方式的转变,人们由此更多看到的是方向和希望。

---

① 中共中央文献研究室:《习近平关于社会主义经济建设论述摘编》,中央文献出版社 2017 年版,第 79~80 页。

4.2　转变经济发展方式的提出及其原因

4.2.1　经济增长与经济发展及其相互关系

1. 经济增长和经济发展的不同含义

经济增长是指一个国家或地区在一定时期内经济规模在数量上的扩大。单纯经济增长观主要关注和研究经济总量的增长、经济增长的决定因素以及经济增长的阶段，认为经济增长的因素主要有人力资源、资本、技术以及社会资本等，把发展与进步视同经济增长并把其具体指标作为发展的衡量尺度。经济发展甚至社会发展仅仅被归结为国内生产总值的增长。在这种发展观的指导下，人们关心的主要是经济增长和GDP，并以此当作一国经济发展水平优劣的唯一衡量标准。这在实践中导致一些误区，其弊端日益突出。为此，有的经济学家开始将经济增长和经济发展进行区分，并关注经济结构变革和满足人的基本需要。因此，经济发展既包括了一个国家或地区在一定时期内经济规模在数量上的扩大，也包括经济结构的优化、经济效益的提高、生态环境的良好以及人民生活水平的提升等。经济增长偏重数量的概念；经济发展则既包括财富"量"的增加，也强调经济"质"的提高，内涵比经济增长更广泛、更深刻，是一个量变与质变相统一的概念。由此诞生的经济社会协调发展观认为，发展是一个经济与社会协调发展的系统工程，促进发展需要更广的目标与更多的手段。人们的目光除了盯住国内生产总值，还应当追求平等与可持续发展，并着眼于包括公共部门、社区、家庭和个人发展等在内的一个有机整体。

有些经济学家还将公平与正义纳入经济学研究范畴，认为经济指标只是发展的目标之一。发展还应包括人人有条件接受教育、拥有良好的居住条件、享受医疗卫生等健康服务、不受压迫、实现经济与政治权利平等等内容。2007年，亚洲开发银行率先提出"包容性增长"，其内涵既包括经济增长，也包括教育和医疗等的协同发展。

101

2. 经济增长和经济发展之间的互为条件与相互促进

经济增长是经济发展的手段，即一个国家或地区只有通过一定的经济增长，在增加经济总量和为经济发展奠定了一定物质基础之后，才能有条件提高经济发展的质量和效益。不过，在现实经济生活中，并不是所有的经济增长都能带来经济发展。如果只注重经济增长而忽视经济发展，就可能导致"有增长无发展"，即只有经济总量的增加而没有实际经济效益，也不能带来居民生活质量的普遍提高。例如，在第二次世界大战结束后，经济增长成为世界各国的共识，人类创造了前所未有的经济增长奇迹。但由于单纯追求经济增长，不注重发展的效益，即忽视保护环境、节约能源资源，不重视社会公平，从而导致一些国家或地区出现经济结构失衡、社会发展滞后、生态环境恶化、能源和资源紧张，以及高增长下的社会动荡、政治腐败、两极分化和社会对立等问题。这不仅没有给广大人民带来更多实惠，也未能实现经济持续发展与社会的真正进步。因此，只有实现经济与社会全面协调发展才是真正的发展。

中国在改革开放初期，由于生产力水平和经济总量低，社会物资匮乏，其最迫切的任务是满足人民的基本物质文化需要。因此，当时的人们把速度看得很重，更多地追求总量增长。经过 40 多年的发展，中国经济总量现在已位居世界第二，如果再沿用过去粗放型的经济增长已难以为继。为此，中国必须转变原先那种单纯追求经济增长的发展方式。

4.2.2 转变经济发展方式的提出

经济发展方式是指一国或地区实现经济总量增长与质量提高的途径和方法。一国的经济发展方式是在一定历史条件下形成的，并受其经济体制和经济发展水平制约，具有一定的历史延续性；同时它还具有一定的时代特征与可跨越性特点。

新中国成立 70 多年，尤其是改革开放 40 多年来，我国经济与社会发展取得了举世瞩目的成就。自党的十八大以来，我国的国内生产总值已从 54 万亿元提高到 2022 年的 121 万亿元，稳居世界第二；对世界经济增长的贡献率超过 30%；社会养老保险和基本医疗保险的覆盖人数分别超过 10 亿和 13 亿。① 但是，由于经济发展方式还没有实现根本性转变，尤其是随着经济快速发展和对外开放水平的不断提高，我国经济生活中出现了一系列比较突出的问题，如环境资源代价过大、自主创新能力不强、经济结构不合理、投资和消费以及内需与外需之间的不平衡、收入差距悬殊等。这都严重影响国民经济的健康持续发展和全面建成社会主义现代化强国目标的顺利实现。

2008 年，冲击全球的国际经济与金融危机曾使我国转变经济发展方式问题凸显。这场危机从表面上看是对中国经济增长速度的冲击，而实质上是对粗放发展方式的冲击。国际经济与金融危机形成的倒逼机制，客观上为我国加快转变经济发展方式提供了机遇和动力。其实，党的十七大报告就曾提出过经济发展方式转变的问题。2010 年，胡锦涛在中央党校的讲话中指出，我国要"把加快经济发展方式转变作为深入贯彻落实科学发展观的重要目标和战略举措，……不断提高经济发展质量和效益，不断提高我国经济的国际竞争力和抗风险能力"。② 2012 年，党的十八大报告也指出，中国要继续完善社会主义市场经济体制，力促经济发展方式加快转变。实现这一目标的关键是经济体制改革的全面深化，主攻方向则是推进经济结构的战略性调整。

2015 年，习近平总书记在党的十八届五中全会上指出，我国的"十三五"时期是转方式、调结构的重要窗口期，即"我们不仅要全面建成小康社会，而且要考虑更长远时期的发展要求，加快形成适应经济发展新常态的经济发展方式"。③ 2020 年 6 月，他到宁夏考察时又讲道："要坚持不懈推动高质量发展，加快转变经济发展方式，加快产业转型升级，加快新旧动能转换，推动经济发展实现量的合理增长和质的稳步提升。"④ 在"十四五"时期，我国经济发展方式转变的方向：一是做到投资有效益、产品有市场、企业有利润、员工有收入和政府有税收，

① 《中华人民共和国 2022 年国民经济和社会发展统计公报》，国家统计局网，http：//www. stats. gov. cn/sj/zxfb/202302/t20230228_1919011. html。
② 《胡锦涛在省部级干部落实科学发展观研讨班上讲话》，中国经济网，http：//www. ce. cn/xwzx/gnsz/szyw/201002/03/t20100203_20917209. shtml。
③ 中共中央文献研究室：《习近平关于社会主义经济建设论述摘编》，中央文献出版社 2017 年版，第 86 页。
④ 《宁夏：守好"三条生命线"引领高质量发展》，光明网，https：//news. gmw. cn/2020－06/30/content_33950119. htm。

以实现经济的更高质量、更有效率和更公平以及更可持续的发展；二是继续扩大投资并发挥其关键作用，也促进消费使其发挥基础性作用；三是积极推动区域协调发展，即推动京津冀协同发展、"一带一路"建设、长江经济带和粤港澳大湾区建设、长三角一体化发展以及黄河流域生态保护和高质量发展等；四是以结构的深度调整和实体经济的振兴为主线，构建新的产业体系以建设制造业强国；五是盯准国际科技创新前沿，通过实施创新驱动战略以打造新的产品和产业群；六是在民生与生态文明等领域补齐短板以解决经济和社会发展的不平衡性问题。

4.2.3　经济发展方式转变的原因

1. 适应世界经济形势变化和增强抗风险能力

外部需求不仅受进口国消费市场等经济因素影响，往往还受其政治等非经济因素影响。随着中国商品市场竞争力的增强、市场占有率的提高，国际贸易保护主义日渐增多，与世界主要国家的贸易摩擦也越来越频繁。2008 年的国际金融危机和经济危机是经济虚拟化、全球性经济失衡与世界金融体系缺陷等原因相互作用的结果。危机之后全球需求结构出现的重大变化，使得过度依赖外部需求的国家和地区的经济受到严重影响，国际市场的风险、外部需求的脆弱性凸显。也就是说，那种经济增长主要依赖国际市场、投资率偏高和消费率偏低以及对外贸易顺差偏大的旧发展模式已难以持续。例如，金融危机之前，我国对外贸易以出口导向型为主。随着加入 WTO，出口对我国经济的拉动作用越来越大。2001～2008 年，我国出口年增长率均在 20% 以上，其中 2003 年和 2004 年分别达到了 34.66% 和 35.32% 的超高水平。危机爆发后，中国出口高速增长的时代结束，例如，2009 年的出口增长率大幅下滑至 −16%，2012 年和 2013 年的出口年增长率分别为 4.9% 和 6%，2014 年增长 4.9%，其对 GDP 增长的贡献率仅为 1.3%（胡家勇，2016）。2017 年，我国尽管出口有所回升，达到 153321 亿元，增长了 10.8%[①]，

---

① 《中华人民共和国 2017 年国民经济和社会发展统计公报》，国家统计局网站，http://www.stats.gov.cn/tjsj/zxfb/201802/t20180228_1585631.html。

但出口仍是近年来拉动经济"三驾马车"中最低、最不稳定的因素。因此，自2009年进入新常态以来，我国的出口增长从强势变为弱势，出现大量过剩产能。在面临世界百年未有之大变局和新冠肺炎疫情大流行的背景下，国际形势的不稳定性和不确定性明显增加，经济全球化遭遇逆流，排外主义、单边主义和保护主义等都会造成外部需求的下降。为此，中国必须适应全球需求结构变化和加快经济发展方式转变，积极构建新发展格局，努力减少外需的过高比重，积极扩大内需尤其是消费需求的比重。正如习近平总书记到宁夏考察时所讲："要把握扩大内需这一战略基点，以供给侧结构性改革为主线，着力打通生产、分配、流通、消费各个环节。"① 只有这样，我国才能使投资、消费、出口协同拉动经济增长，从而不断提高国民经济素质和增强抗风险能力。

2. 提升经济可持续发展能力的需要

在传统经济发展方式下，资源投入多，能源消耗大，产出相对较低，生态环境压力很大，发展与环境之间存在两难困境，发展的可持续程度较差。大量资源消耗和温室气体排放，既成为制约经济发展的主要瓶颈，也带来很大的国际压力。出现这种情况，固然与国家所处工业化、城镇化发展阶段有关，但经济结构不合理特别是经济增长过于粗放则是重要原因。传统经济发展模式与资源环境之间的矛盾越来越突显且难以为继。因此，当今世界已迎来低碳、循环和绿色的经济发展新时代。在此背景下，转变经济发展方式既是提高可持续发展能力的时代要求，也是为增强国际话语权、增强自身竞争力而采取的主动行为。2022年1月，习近平总书记在中共中央政治局第三十六次集体学习时讲到，我国"要紧紧抓住新一轮科技革命和产业变革的机遇，推动互联网、大数据、人工智能、第五代移动通信（5G）等新兴技术与绿色低碳产业深度融合，建设绿色制造体系和服务体系，提高绿色低碳产业在经济总量中的比重"；这是"促进人与自然和谐共生的迫切需要，是主动担当大国责任、推动构建人类命运共同体的迫切需要"。②

---

① 《宁夏：守好"三条生命线"引领高质量发展》，光明网，https：//news. gmw. cn/2020－06/30/content_33950119. htm。

② 《习近平谈治国理政》（第4卷），外文出版社2022年版，第372~374页。

3. 抢占国际经济竞争制高点的必然要求

进入 21 世纪以来，国际经济发展面临新的重大转型，国际经济竞争将更加激烈，国际分工程度将更高。尽管中国的经济总量已经很大，但从总体上讲其科技含量则不高，企业的创新能力较弱，产业结构也不尽合理。在国际市场上，我国主要依靠成本优势尤其是劳动力成本优势，大多数产业在国际产业链中处于底部，以加工组装为主，产品附加值较低，高端产品和产品高附加值部分的竞争力较弱。因此，中国只有加快转变其经济发展方式、提升科技创新能力以及优化升级产业结构，即推动其向高端化、绿色化、智能化和融合化方向发展，才能进一步增强其国际竞争力和抢占制高点。

4. 收入分配合理化和社会和谐稳定的需要

在经济持续较快发展过程中，由于多种原因造成了城乡居民和不同社会群体收入差距日渐拉大的趋势，形成了国民收入分配不尽合理的状况。这既引发了大量社会矛盾，也不利于实现社会公平正义与社会和谐稳定。为此，习近平总书记指出："在依法保护合法收入的同时，要防止两极分化、消除分配不公。"[1] 因此，我国必须加快转变经济发展方式，缩小悬殊的收入分配差距，努力增加居民收入以实现内需的扩大，从而形成经济增长与合理分配以及社会和谐之间的良性互动。

5. 全面建设社会主义现代化强国和满足人民群众美好生活的需求

随着经济与社会的发展，人民群众日益渴望干净的水、新鲜空气和优美环境等。习近平总书记指出："我国已进入新发展阶段，推进'双碳'[2] 工作是破解资源环境约束突出问题、实现可持续发展的迫切需要，是顺应技术进步趋势、推动经济结构转型升级的迫切需要，是满足人民群众日益增长的优美生态环境需求。"[3] 因此，为全面建设社会主义现代化强国和满足人民群众的美好生活需求就必须转变经济发展方

---

[1] 《习近平谈治国理政》（第 4 卷），外文出版社 2022 年版，第 145 页。

[2] "双碳"即为碳达峰与碳中和的简称。

[3] 《习近平谈治国理政》（第 4 卷），外文出版社 2022 年版，第 371 ~ 372 页。

式，即在优化结构和提高效益、降低消耗与保护环境的基础上，实现国民经济的又好又快发展。

4.3　新常态新阶段的经济高质量发展

中国经济发展在进入新时代新阶段之后，其基本特征就如习近平总书记所讲："已由高速增长阶段转向高质量发展阶段，正处在转变发展方式、优化经济结构、转换增长动力的攻关期。"[①] "十四五"时期，我国经济社会发展的主题就是推动高质量发展。所谓"高质量发展"就是能够很好满足人民日益增长的美好生活需要的发展，是体现新发展理念的发展，是创新成为第一动力、协调成为内生特点、绿色成为普遍形态、开放成为必由之路、共享成为根本目的的发展。习近平总书记指出："高质量发展是'十四五'乃至更长时期我国经济社会发展的主题，关系我国社会主义现代化建设全局。高质量发展不只是一个经济要求，而是对经济社会发展方方面面的总要求；不是只对经济发达地区的要求，而是所有地区发展都必须贯彻的要求；不是一时一事的要求，而是必须长期坚持的要求。"[②] 他在党的二十大报告中又强调："高质量发展是全面建设社会主义现代化国家的首要任务。"[③]

在新常态背景和经济发展新阶段，中国面临的已不是原先那种加快投资、简单纳入全球产业链的分工体系以及扩大出口等机遇，而是要提高其科技创新能力、扩大内需和力促经济发展方式的转变。而调整优化经济结构则是转变经济发展方式和实现中国经济高质量发展的战略重点。

4.3.1　新常态新阶段经济结构性减速的原因

我国经济旧常态的高速增长逐渐下行，除了国际大环境的外部因素，更重要的是内部结构性因素导致。这表现为以下几个方面。

---

① 《习近平谈治国理政》（第 3 卷），外文出版社 2020 年版，第 23 页。

② 《习近平参加青海代表团审议》，新华网客户端，www.xinhuanet.com，2021 年 3 月7 日。

③ 习近平：《高举中国特色社会主义伟大旗帜　为全面建设社会主义现代化国家而团结奋斗——在中国共产党第二十次全国代表大会上的报告》，人民出版社 2022 年版，第 28 页。

1. 要素生产率的变化

自改革开放以来，我国全要素生产率年均增长为 4% 左右，对 GDP 贡献率约为 40%。西方发达资本主义国家的全要素生产率尽管年均增长仅有 1%～2%，但对 GDP 增长的贡献率却高达 80%～90%。自从 2008 年世界金融与经济危机以来，中国的全要素生产率年均增速持续下降（段文斌，2018）。具体讲，一是传统劳动力优势减弱。改革开放以来，农村大量剩余劳动力转移到城市。大量廉价劳动力从低生产率部门转移到高生产率部门。这都为我国尤其是东部发达地区的经济发展提供了丰富的劳动力资源。但近年来，中国劳动适龄人口增长放缓，老龄化趋势明显，全社会整体工资水平有所上升，东部企业面临用工难问题。二是投资回报率降低。我国在 1978～2009 年，主要依靠凯恩斯理论的投资拉动。然而，凯恩斯动力只适用于短期。它扭曲市场信号，造成虚假繁荣，忽视结构转型，无法解决深层次的经济问题。政府过去的大量投资过度集中到基础设施建设上，如交通、房地产业等。现今的投资空间有限，回报率也呈现递减趋势。资产负债率的提高与资产负债表的恶化，都容易发生系统性金融风险。三是技术进步的缓慢。在改革开放以前，我国的科技水平与西方发达国家相比差距较大。改革开放之后，通过先进技术和设备的引进并进行模仿创新，我国企业的技术水平很快得以提高，并极大缩短了和发达国家的距离。近年来，随着科技水平与世界前沿水平的接近，中国要想使科技进步持续促进经济增长并实现新突破，就必须摆脱跟随式创新而致力于自主性创新。而这种自主研发式创新的过程是缓慢的，经济出现下滑也是不可避免的。

2. 经济结构调整的阵痛

旧常态时期，我国的产业从低效率的农业生产逐步转移到高效率的制造业，尽管处于中低端，但效率仍是提高的。如今，为顺应世界发展潮流以及应对国际竞争需要，一方面我国制造业逐步向中高端转移，尽管中高端制造业具有高效率，但实现这一转移过程较为缓慢，还需要企业的转型升级；另一方面，我国人口、资源等开始向第三产业转移，但我国服务业发展仍处于低端水平阶段，其劳动生产率仍低于从事多年的传统制造业。因此，在结构调整、转型升级的接口阶段，经济发展速度有所降低不可避免。

3. 资源与环境日益加大的制约

中国由于人口多，各类资源的人均占有量都低于国际平均水平。过去，我国经济呈粗放式增长，高消耗、高污染、低效率。在经济发展的同时没有处理好与生态环境的关系，以无节制消耗资源、破坏生态平衡为代价换取经济发展，导致能源、资源、环境问题日益突出，环境承载力也已达上限，难以承受经济的持续高速增长。

综上所述，中国目前的劳动年龄人口日益减少且人口抚养比不断提高，储蓄率与投资率处于下降趋势，实体经济和制造业大而不强，资源与环境约束严重。在经济发展方式转变和结构调整的阵痛期，我国经济的潜在增长率趋于下降。

4.3.2　新常态新阶段的经济结构调整

中国经济由于原来是高投资推动的粗放型模式，因此经济发展中累积了一系列内在的结构性矛盾。所以，在经济发展的新常态新阶段，调整经济结构对加快转变经济发展方式和促进经济高质量发展具有决定性意义，同时也是提升国民经济整体素质、赢得国际经济竞争主动权的战略重点和根本途径。这主要包括调整需求结构和产业结构以及要素投入结构，同时也包括对收入分配、城乡和地区等结构的调整，而其中的关键则在于促进经济增长要实现"三个转变"，即一是由原来主要靠投资与出口拉动转变为由消费、投资和出口三者之间的协同拉动；二是由过去主要靠第二产业拉动转变为由第一、第二和第三产业的共同拉动；三是由过去主要靠消耗物质资源转变为依靠技术进步和劳动者素质提升以及创新管理等。

1. 需求结构的优化

在经济发展的新常态新阶段，我国将形成高品质消费主导的新需求结构和提质增效的新供给结构。

一个国家的社会总需求有国内和国外两部分需求。国外需求即为出口需求。它受进口国与国际经济和政治等因素的影响较大，易产生波动。国内需求则包括投资需求和消费需求。投资需求是发展中国家工业化进程中十分重要的因素。投资需求的强弱不仅影响经济总量的多少，还对经济发展速度起着至关重要的作用。有效需求不足时，刺激投资需求是拉动经济增长的有效手段之一。但是，投资需求为中间需求，即它既是本期需求又是下期的供给。如果过分依靠投资的扩大来保持经济增长，那么宏观经济就有可能会失衡，因而不利于国民经济的可持续发展。消费需求是投资需求与最终需求的归宿。消费需求的规模扩大及其结构升级是经济增长的原动力。消费需求与投资需求对经济的发展具有互补性，即在预防投资过热时，刺激消费需求可使经济继续保持快速发展。中国作为发展中国家和人口大国，通过扩大其国内消费需求以推进经济发展有着得天独厚的有利条件。当经济发展到一定阶段，居民的消费需求必将向更高水平转变。城乡居民消费结构的升级可为国内消费需求的扩大提供坚实基础。

长期以来，我国拉动经济增长的"三驾马车"（投资、出口和消费）对经济增长的贡献是不均衡和不协调的，即投资与出口的贡献较突出，消费需求则相对不足，消费比重偏低。同时，我国还存在比较突出的消费结构性不足问题。这主要是因为农民和城市低收入者的消费能力不强。消费需求与投资需求的失衡导致居民的生活质量没有能够随着经济的快速增长而同步提升，从而导致生产能力相对过剩，转而加大了对外需的依赖。为使国民经济持久稳定发展，我国必须转变经济发展方式，加快需求结构调整，把经济发展植根于国内需求尤其是居民消费需求的扩大，使经济增长转变为依靠消费和投资以及出口的三者协同拉动，并向以消费为主导的经济发展模式转型。

第一，扩大消费需求和消费结构升级。消费需求是产业发展的出发点和归宿。自1978年改革开放以来，中国的消费结构已历经3次升级：一是在20世纪80年代从"衣、食"升级到包括自行车、手表和缝纫机在内的"老三样"；二是在20世纪90年代从"老三样"升级到包括彩电、冰箱与洗衣机在内的"新三样"；三是在2000年以后又升级为电脑、汽车和住房等。中国的主导产业也与此同时从轻纺工业发展到家电产品等，后又升级到通信、汽车、住房以及基础设施等。在40余年的经济高速发展过程中，我国呈现了以产业升级驱动经济增长以及以消费升级驱动产业升级的特征。在经济发展的新常态新阶段，随着城乡居民人均收入水平的提高，我国又出现了新一轮的消费结构升级，显现出从低品质需求向高品质需求的转变，即居民对"吃穿住行用"的需求量相对减少，而个性化、智能化和多样化的消费逐渐成为主流，对"康学乐安美"（健康、学习、快乐、安全、美丽）的需求占比越来越高，同时对教育、医疗与养老等的消费需求日益增长。所以，消费对经济增长的贡献率也因此得以提升。另外，我国在"十三五"期间虽然取得了脱贫攻坚的历史性成就，绝对贫困人口实现了全面脱贫，但相对贫困依然存在，目前在不同消费层次上还存在数量比较大的潜在与现实需求。为扩大居民消费需求，我国既要刺激有购买能力者的消费欲望，也要设法提高有消费欲望但无支付能力者的购买能力。收入决定消费需求的强弱。因此，我国必须通过促进就业以提高中低收入者的劳动收入；通过收入分配结构的调整以提高国民收入中劳动者报酬的比重；开辟多种渠道以增加农民收入和开拓农村市场特别是农村消费市场；加快完善社会保障体系以解除居民消费的后顾之忧；加快产业结构和产品结构的升级以提高供给体系质量等。数据显示，2013～2016 年，我国最终消费支出对经济增长的年均贡献率是 55%（宁吉喆，2017），2019 年则为 57.8%。[①] 2020 年上半年，由于新冠肺炎疫情的影响，我国居民在居家隔离期间的消费受挫，但全年最终消费支出占 GDP 的比重仍达到 54.3%（刘尧飞、管志杰，2021）。由此可见，消费正逐渐成为我国经济增长的主要推动力和经济稳定运行的"压舱石"。社会主义的本质是要实现共同富裕。为此，我国要以有效的制度安排实现广大人民的共建和共享。

第二，投资结构的优化，即投资总占比的减少和其内部结构的升级。从长期看，尽管经济增长对投资的依赖程度有所降低，但由于我国的人均资本存量与发达国家相比仍然偏低，因此投资仍是经济增长的重要来源。在经济发展新常态新阶段，投资对经济增长的重要作用不会改变，但其导向则发生了变化。我国过去的投资结构主要是以利润较大的工业投资项目、一般性基础设施、交通部门以及房地产等为主。现在则由原来的非民生性转向了民生性投资，实现由拉动供给要素的投资转向改善民生的投资，如科教文卫、推动基本公共服务城乡和区域均等化等

---

① 《中华人民共和国 2019 年国民经济和社会发展统计公报》，国家统计局网，http://www.stats.gov.cn/xxgk/sjfb/zxfb2020/202003/t20200302_1767765.html。

社会基础设施，即政府投资要重点支持"三农"发展和民生、自主创新与技术改造、节能环保等领域以及欠发达地区；投资基础设施互联互通和一些新技术、新产品、新业态、新商业模式等。这不仅可以增强居民短期消费预期，还可以促进服务业的发展；加大对设备更新改造的投资，可以提高企业的劳动生产率和国际竞争力；投资于节能环保产业，改善生态环境，可以提高经济发展质量。另外，在传统意义上，基础设施和公共服务领域的投资一直被政府垄断，但随着市场的不断发展完善以及现代科技尤其是信息技术的发展，可实现社会资本的进入，即通过政府和社会资本合作（Public-private Partnership，PPP）投融资模式，引导社会资本参与重大项目投资建设、技术改造和关键基础设施建设，加强政府公共投资与民间投资的合作，实现投资主体多元化。

第三，转变对外经济发展方式。随着我国经济实力增强和对外贸易占世界份额不断上升，针对中国的经贸摩擦和各种保护主义措施不断升级，单纯依靠量的扩张来推动出口贸易发展已难以为继，必须更多依靠质的提高。我国的进口贸易早已超越了以往较长时期调剂余缺的功能，在促进技术进步和产业升级、缓解能源资源约束、提高人民生活水平等方面发挥着日益重要的作用。相对于"引进来"，"走出去"仍然是发展对外经济的"短腿"。因此，我国要把握好对外开放的新特点，通过调整进出口贸易结构和对外投资与合作方式创新，带动国内产品与服务出口以缓解内需不足和产能过剩，同时也积极利用国际自然资源以及高水平的人力和技术资源等。

在新常态新阶段背景下，我国对外开放将具有新的特点，即通过与有关国家和地区的互利共赢合作，"一带一路"建设将成为新的经济增长点；通过从政策沟通、道路联通、贸易畅通、货币流通和民心相通的战略高度，将为中西部的发展提供机遇，为东部地区的产业转移和产能过剩提供广阔的消化空间。这有助于冲破发达国家的经济"包围圈"，构建对外开放新格局；通过推动全球的经济治理以构建公正平等与合作共赢的国际经济新秩序；自贸区建设将在投资自由化、贸易市场化、金融国际化和行政法治化等方面先行试水，为我国应对国际贸易新规则积累经验；人民币被纳入特别提款权（Special Drawing Right，SDR），既提升了SDR在国际货币体系中的地位，也增强了人民币在国际上的影响力，进一步加快人民币国际化的进程，这将有助于资本输出和在全球配置资源，但同时也对我国金融体系提出了更高要求；对外开放新格局将协同推进经贸合作、人文交流，形成深度融合的互利合作格局；我国还将积极承担国际责任，参与打击国际恐怖主义活动的国际行动，维护世界和平与稳定等。

第四，加快推进环境保护和生态文明建设。习近平总书记指出："推动经济社会发展绿色化、低碳化是实现高质量发展的关键环节。"[1]过去我国 GDP 数字的快速增长是单纯的计算经济增长水平。倘若扣除生态恶化、环境污染造成的经济损失，经济的增长必定要大打折扣。目前，我国的生态环境形势依然严峻，部分地区生态环境恶化，这已经成为广大群众反映强烈、影响科学发展的突出问题和引起国际社会广泛关注的敏感问题。"十四五"规划提出，我国要进一步优化国土空间的开发保护格局，力促生产生活方式的绿色转型，以使能源资源得到更加合理配置，利用效率大幅度提升，努力降低单位国内生产总值能源消耗与二氧化碳排放，持续减少主要污染物排放总量和提高森林覆盖率，从而使得生态环境和城乡人居环境持续改善，生态安全屏障更加牢固。[2]习近平总书记强调："实现碳达峰碳中和是一场广泛而深刻的经济社会系统性变革"[3]；"要把碳达峰、碳中和纳入生态文明建设整体布局，拿出抓铁有痕的劲头，如期实现 2030 年前碳达峰、2060 年前碳中和的目标"。[4] 因此，我国要继续大力推进资源节约型、环境友好型社会建设，通过传统制造业绿色改造，倡导清洁生产、发展低碳经济、开发现代能源，实现低碳循环发展以及人与自然的和谐共存；对于已经造成的污染要加大环境治理力度，建立严格的环境保护制度；将环境生态的保护纳入 GDP 核算体系之中，充分调动各地实施绿色发展的积极性，以推动我国走出一条生产发展、生活富裕和生态良好的文明发展之路。正如习近平总书记所讲："要严把新上项目的碳排放关，坚决遏制高耗能、

---

① 习近平：《高举中国特色社会主义伟大旗帜　为全面建设社会主义现代化国家而团结奋斗——在中国共产党第二十次全国代表大会上的报告》，人民出版社 2022 年版，第 50 页。

② 《中华人民共和国国民经济和社会发展第十四个五年规划和 2035 年远景目标纲要》，中国政府网，http：//www. gov. cn/xinwen/2021 - 03/13/content_5592681. htm。

③ 习近平：《高举中国特色社会主义伟大旗帜　为全面建设社会主义现代化国家而团结奋斗——在中国共产党第二十次全国代表大会上的报告》，人民出版社 2022 年版，第 51 页。

④ 《习近平主持召开中央财经委员会第九次会议》，中国政府网，http：//www. gov. cn/xinwen/2021 - 03/15/content_5593154. htm。

高排放、低水平项目盲目发展。要下大气力推动钢铁、有色、石化、化工、建材等传统产业优化升级，加快工业领域低碳工艺革新和数字化转型。"[1]

2. 产业结构的升级

产业结构是指一个国家或地区的生产要素在各产业部门之间的比例构成以及它们之间相互依存、相互制约的关系，或者说是其资金、人力资源、各种自然资源和物质资料在国民经济各部门之间的配置状况及其相互制约的方式。

产业结构的形成取决于多种因素。一个国家或地区在一定时期的产业结构取决于它的自然资源禀赋、所处发展阶段、科技发展水平以及经济体制等。改革开放以来，中国的产业结构随消费结构升级、主导产业更替而逐步优化；随对外开放进程、国际产业转移而发生变革，逐步形成了庞大的产业基础和明显的制造优势。

产业结构调整过程是主导产业不断更替的过程，呈现了大国工业化进程的轻工业—重化工业—技术型产业逐步升级的规律。我国的产业结构虽然在不断优化升级，但不合理的状况依然存在，突出表现为：农业基础仍然薄弱，"靠天吃饭"的局面还没有得到根本性改变；工业是大而不强，缺乏核心技术与自主知识产权以及世界知名品牌；服务业尤其是现代服务业发展滞后，其数量和质量都不能满足消费需求的新变化。长期以来中国的经济发展主要由第二产业带动。第二产业尽管对经济发展的贡献率一直比较大，但却"大而不强"。传统色彩浓厚的第一产业和发展滞后的第三产业尤其是现代服务业对国民经济发展的带动作用也不突出、不协调。产业结构的这种不合理既加大了资源与环境的压力，影响经济效益的提高，也不利于就业压力的缓解并影响经济的稳定性。

转变经济发展方式就要加快产业结构优化升级，改变经济增长主要由第二产业带动的不均衡局面，促使经济增长转变为第一、第二以及第三产业的共同拉动，以形成强大的工业体系、现代的农业体系和先进的服务业体系。为此，我国必须选择正确的产业发展战略，优化生产要素

---

[1] 《习近平谈治国理政》（第4卷），外文出版社2022年版，第374页。

在各产业部门之间的比例关系，使产业结构由原来的劳动密集型向资金密集型与知识密集型产业转变，并提高资源配置效益，使其成为经济发展的重要推动力。具体讲，一是推进工业化与信息化相融合以提升和改造传统产业，即支持企业在技术、材料和设备等方面进行创新并加快建设产业信息系统，推广集成制造、敏捷制造、柔性制造、精密制造等先进制造，实现重点产业合理布局、集约发展。二是加快发展战略性新兴产业以培育新的经济增长点，如发展信息网络、新能源与新材料、节能环保、新医药与生物育种等产业，加强研究和开发利用空间和海洋等资源。三是将产业结构调整的突破口放在服务业的发展上，即坚持市场化、产业化和社会化发展方向，发展面向民生、生产和农村的服务业，发挥其对加快转变经济发展方式的重要作用。不过，我国在进入中等发达国家之前，制造业不能过早让位于服务业而退出主战场，否则其潜力就不能得以充分发挥。在新常态新阶段背景下，中国经济发展的着力点还是必须放在实体经济上。正如习近平总书记所讲："制造业是实体经济的基础，实体经济是我国发展的本钱，是构筑未来发展战略优势的重要支撑"；"实体经济是一国经济的立身之本，是财富创造的根本源泉，是国家强盛的重要支柱"。① 四是加快转变农业发展方式，即通过建立保障国家粮食安全与促进现代农业发展等的体系，并鼓励科技和经营机制等的创新以建设社会主义新农村和实现乡村全面振兴。而乡村的全面振兴，则需要立足当地特色资源并关注市场需求，坚持科技兴农和发展优势产业，如因地制宜地发展乡村旅游、休闲农业等新产业、新业态，积极贯通产加销并融合农文旅，力促一二三产业融合发展，努力打造一批特色农业产业集群以使农民能够更多分享产业的增值收益。五是通过公共文化服务体系建设与发展经营性文化产业，建立门类较齐全的文化产品市场和要素市场，培养一批有实力的文化骨干企业，以推进中华文化产品与服务的出口并增强其国际竞争力。习近平总书记强调，在"十四五"时期，我们要"加强社会主义精神文明建设，繁荣发展文化事业和文化产业，不断提高国家文化软实力，增强中华文化影响力，发挥文化引领风尚、教育人民、服务社会、推动发展的作用"；"衡量文化产业发展质量和水平，最重要的……是看能不能提供更多既能满足人民

---

① 刘志强、邱超奕：《在高质量发展之路上勇立潮头（这十年，总书记这样勉励企业高质量发展）》，载于《人民日报》2022 年 8 月 15 日。

文化需求、又能增强人民精神力量的文化产品"。①

3. 努力改善要素的投入结构

要素的投入结构能反映一国创新能力的强弱，并会影响其经济发展质量和国际竞争力。长期以来，中国的经济增长主要靠物质要素的大量投入，而科技进步与劳动力素质的提高以及经营管理的创新等都对经济增长的贡献不大。我国的劳动生产率与国际先进水平相比还有较大差距。例如，1996～2015年，我国的劳动生产率年均增速是8.6%，美国为1.6%，世界平均水平是1.3%。但在2015年，中国和美国的单位劳动产出则分别为7318美元和98990美元左右，世界平均水平则约为18487美元（段文斌等，2018）。我国建立在物质资源耗费较大、劳动力成本较低基础上的产品成本比较优势，尽管使部分产品在国际市场上具有较强的竞争力，但那些科技含量较高、品牌优势突出的产品并没有形成整体竞争优势。我国主要依靠要素与投资驱动推高经济增长的做法，既使得经济增长"大而不强，快而不优"，且关键领域的核心技术受制于人，产业也处于国际产业链的中低端，对外依存度高，形成"增长速度崇拜"和"要素驱动依赖"。因此，中国经济发展新常态的核心就是要实施创新驱动以提高劳动生产率，通过转换增长动力实现经济的高效率与高质量增长。

从唯GDP到注重经济发展质量和效益的提高离不开创新驱动。习近平总书记指出："在激烈的国际竞争中，惟创新者进，惟创新者强，惟创新者胜"；"抓创新就是抓发展，谋创新就是谋未来。适应和引领我国经济发展新常态，关键是要依靠科技创新转换发展动力"②。2014年6月9日，他在中国科学院和中国工程院院士大会上说道："老路走不通，新路在哪里？就在科技创新上，就在加快从要素驱动、投资规模驱动发展为主向以创新驱动发展为主的转变上。"③ 目前我国已经进入要素投入结构改善阶段，即由原来依靠物质资源消耗转向主要依靠科技

---

① 《习近平谈治国理政》（第4卷），外文出版社2022年版，第310～311页。

② 《习近平以创新点燃改革引擎》，新华网客户端，https://baijiahao.baidu.com/s? id =1608648354250543257&wfr = spider&for = pc。

③ 习近平：《在中国科学院第十七次院士大会、工程院第十二次院士大会上的讲话》，中国政府网，http://www.gov.cn/govweb/xinwen/2014－06/09/content_2697437.htm。

创新与劳动者素质提高以及经营管理创新的发展阶段。为此，我国要发挥社会主义制度集中力量办大事、科技人员数量多以及国内市场规模大等优势，抓住新一轮科技革命的机遇，不断提高劳动生产率，逐步形成以科技创新为基础的竞争新优势，为经济发展方式的转变和发展模式的转型提供坚实基础。

4. 注重协调发展，加强薄弱领域

社会与经济发展中的"短板"决定了一国发展水平的高低。在经济发展新常态新阶段，我国为增强发展后劲必须注重协调发展。一是注重区域协调。过去，我国东部地区是政策的"先得者"，中西部地区以及一些老工业基地在一定程度上未受到重视。"十四五"时期，为促进区域协调发展，我国要鼓励东部发达地区加快建设现代化并发挥其辐射带动作用；推进西部大开发形成新格局和中部崛起开创新局面；推动东北振兴取得新突破；重点实施新的区域发展战略，即"一带一路"建设、京津冀协同发展、长江经济带和粤港澳大湾区建设、长三角一体化发展，并且在保护生态环境的前提下发展各地的比较优势。二是注重城乡协调发展，即推进新型城镇化，加大农村基础设施建设和公共服务的倾斜力度，健全城乡融合发展的体制与机制，推进其要素的平等交换和基本公共服务均等化；深化户籍制度改革，促进进城务工者顺利进城落户，并享有和城市居民同等的住房、教育和医疗等权利。三是注重物质文明和精神文明相协调，即"两种文明两手抓，两手都要硬"。要实现中华民族伟大复兴的中国梦，就必须有物质财富与精神财富的极大丰富，并能够以辩证、全面和平衡的观点正确处理两者之间的关系。党的十八届五中全会把国民素质与社会文明程度的显著提高作为"十三五"时期我国经济与社会发展的主要目标之一。2021 年，我国的"十四五"规划又提出，要坚持马克思主义在意识形态领域的指导地位，努力建设社会主义精神文明，积极培育和践行社会主义核心价值观，推动形成适应新时代新阶段要求的思想观念与精神面貌、文明风尚和行为规范，[1]以引导广大人民群众树立和坚持正确的历史观、民族观和文化观，从而增强民族自信心。

117

---

[1] 《中华人民共和国国民经济和社会发展第十四个五年规划和 2035 年远景目标纲要》，中国政府网，http://www.gov.cn/xinwen/2021 - 03/13/content_5592681.htm。

4.3.3 坚持党对经济工作的集中统一领导

党的二十大报告指出："坚持党的全面领导是坚持和发展中国特色社会主义的必由之路，中国特色社会主义是实现中华民族伟大复兴的必由之路。"[1] 历史的经验证明，中国共产党既能打天下也能治天下。中国共产党曾经领导了新中国的经济建设，尤其是领导了 40 多年的改革开放并取得经济发展的"中国奇迹"。因此，坚持党的全面领导是中国特色社会主义制度的最本质特征与最大优势，是中国特色社会主义政治经济学的核心特征，也是我国经济实现高质量发展的根本保证。

在现代社会，生产活动的日益复杂使其只有在良好组织下才能顺利有序进行。经济体量越大，掌舵和领航也就更重要。因此，中国的经济社会高质量发展只有在党的领导下才能保证正确的前进方向。在我国社会主义现代化建设的征程中，坚持党对经济工作的领导要一以贯之，并主要体现在管全局、抓大事与协调各方等方面。我国历年的中央经济工作会议都先后多次强调要加强党的领导，如"在经济工作中……要改进工作方法，提高党对经济工作的领导艺术和水平"[2]；要"加强和改善党对经济工作的领导，不断提高驾驭市场经济和应对复杂局面的能力"[3]；"必须加强和改进党对经济工作的领导，着力提高推动科学发展、维护社会和谐稳定能力和水平"。[4]

坚持党对经济工作的集中统一领导也是习近平经济思想的重要特征。自党的十八大以来，以习近平同志为核心的党中央不断加强党对经济工作的领导能力，因而办成了许多大事，解决了许多难题。习近平总书记强调："坚持党的领导，发挥党总揽全局、协调各方的领导核心作用，是我国社会主义市场经济体制的一个重要特征"；"党的坚

① 习近平：《高举中国特色社会主义伟大旗帜　为全面建设社会主义现代化国家而团结奋斗——在中国共产党第二十次全国代表大会上的报告》，人民出版社 2022 年版，第 70 页。

② 《中央经济工作会议在京举行》，载于《人民日报》，1994 年 12 月 2 日。

③ 《中央经济工作会议在北京召开》，载于《人民日报》，2003 年 11 月 30 日。

④ 《中央经济工作会议在北京举行》，载于《人民日报》，2011 年 12 月 15 日。

强有力领导是政府发挥作用的根本保证"①;"要加强党领导经济工作制度化建设……提高党领导经济工作法治化水平……增强党领导经济工作专业化能力等"。② 2017 年,在党的十九大报告中,习近平总书记讲道:"坚持党对一切工作的领导。党政军民学,东西南北中,党是领导一切的。……提高党把方向、谋大局、定政策、促改革的能力和定力,确保党始终总揽全局、协调各方。"③

2019 年 9 月,中共中央政治局进行集体学习。习近平总书记在主持会议时指出:"70 年来,正是因为始终在党的领导下,集中力量办大事,国家统一有效组织各项事业、开展各项工作,才能成功应对一系列重大风险挑战、克服无数艰难险阻,始终沿着正确方向稳步前进。"④ 2020 年初,他在主持召开的中共中央政治局常委会上又讲道:"这些年,面对严峻复杂的国内外形势,面对各种风险挑战,我们都能够笃定前行,从根本上讲就是牢牢把住了党的领导这一条,就是因为党中央有权威。"⑤ 2021 年 7 月 1 日,习近平总书记在庆祝中国共产党成立 100 周年大会上强调,在"新的征程上,我们必须坚持党的全面领导,不断完善党的领导,增强'四个意识'、坚定'四个自信'、做到'两个维护',牢记'国之大者',不断提高党科学执政、民主执政、依法执政水平,充分发挥党总揽全局、协调各方的领导核心作用!"⑥ 党的二十大报告再次强调,我们要"坚决维护党中央权威和集中统一领导,把党的领导落实到党和国家事业各领域各方面各环节,使党始终成为风雨来袭时全体人民最可靠的主心骨,确保我国社会主义现代化建设正确方向"。⑦

---

① 《正确发挥市场作用和政府作用推动经济社会持续健康发展》,载于《人民日报》,2014 年 5 月 28 日。

② 《习近平关于社会主义经济建设论述摘编》,中央文献出版社、党建出版社 2017 年版,第 321~323 页。

③ 《习近平谈治国理政》(第 3 卷),外文出版社 2020 年版,第 16 页。

④ 《习近平:继续沿着党和人民开辟的正确道路前进不断推进国家治理体系和治理能力现代化》,载于《人民日报》,2019 年 9 月 25 日。

⑤ 《中共中央政治局常务委员会召开会议中共中央总书记习近平主持会议》,载于《人民日报》,2020 年 1 月 8 日。

⑥ 《习近平谈治国理政》(第 4 卷),外文出版社 2022 年版,第 9 页。

⑦ 习近平:《高举中国特色社会主义伟大旗帜　为全面建设社会主义现代化国家而团结奋斗——在中国共产党第二十次全国代表大会上的报告》,人民出版社 2022 年版,第 26 页。

4.3.4　统筹兼顾并实现稳中求进

1. 统筹兼顾

以辩证思维统筹做好各项工作是我们党的重要经验，也是处理各种矛盾与问题的科学有效方法。胡锦涛提出："科学发展观，第一要义是发展，核心是以人为本，基本要求是全面协调可持续，根本方法是统筹兼顾"；"统筹城乡发展、区域发展、经济社会发展、人与自然和谐发展、国内发展和对外开放，统筹中央和地方关系，统筹个人利益和集体利益、局部利益和整体利益、当前利益和长远利益，充分调动各方面积极性"。[①] 习近平总书记强调："学习掌握唯物辩证法的根本方法，不断增强辩证思维能力，提高驾驭复杂局面、处理复杂问题的本领。我们的事业越是向纵深发展，就越要不断增强辩证思维能力"；[②] 要善于通过历史看现实、透过现象看本质，把握好全局和局部、当前和长远、宏观和微观、主要矛盾和次要矛盾、特殊和一般的关系，不断提高战略思维、历史思维、辩证思维、系统思维、创新思维、法治思维、底线思维能力，为前瞻性思考、全局性谋划、整体性推进党和国家各项事业提供科学思想方法"。[③] 因此，坚持问题导向并运用辩证思维以统筹做好经济工作也是习近平经济思想的重要方法。以习近平同志为核心的党中央立足系统性与整体性，既能够从整体中把握局部，也注意强弱项、补短板，从而以局部改善来带动经济社会整体发展水平的提高。例如，2017年的中央经济工作会议提出，我国在 2020 年之前要重点打好三大攻坚战，即防范化解重大风险、精准脱贫和污染防治，其前提则是要分清整体和局部、重点和一般。三大攻坚战有着局部性特征，并在一定程度上决定着社会主义现代化强国建设目标的实现。因此，我国就必须以局部的重点突破来带动整体的推进。在这三大攻坚战中，最重要的是防范金

---

① 《胡锦涛文选》（第 2 卷），人民出版社 2016 年版，第 623～625 页。

② 《坚持运用辩证唯物主义世界观方法论提高解决我国改革发展基本问题本领》，载于《人民日报》2015 年 1 月 25 日。

③ 习近平：《高举中国特色社会主义伟大旗帜　为全面建设社会主义现代化国家而团结奋斗——在中国共产党第二十次全国代表大会上的报告》，人民出版社 2022 年版，第 21 页。

融风险，并促成金融与实体经济、房地产以及金融体系内部实现良性循环。因此，金融系统一方要严防严控；实体经济要进一步深化供给侧结构性改革；房地产一端则要完善住房制度，并建立房地产市场能够实现健康发展的长效机制。只有这样，我国的宏观经济杠杆率才能得到有效控制，从而守住不发生系统性金融风险的底线。习近平总书记指出："必须加强党对金融工作的领导，……遵循金融发展规律，紧紧围绕服务实体经济、防控金融风险、深化金融改革三项任务，保障国家金融安全，促进经济和金融良性循环、健康发展。"[1] 在实施精准脱贫和污染防治方面，习近平总书记指出："要注重精准扶贫与经济社会发展相互促进，注重脱贫攻坚与实施乡村振兴战略相互衔接，注重外部帮扶与激发内生动力有机结合，推动实现贫困群众稳定脱贫、逐步致富，确保三年如期完成脱贫攻坚目标任务"[2]；"要把解决突出生态环境问题作为民生优先领域，坚决打赢蓝天保卫战是重中之重"。[3]

2022 年开年，人们还未走出新冠肺炎疫情阴霾，又面临新的传统安全风险。俄乌冲突爆发，本就充满不确定性的国际局势变得更加复杂动荡，国内疫情多点散发，需求收缩、供给冲击、预期转弱三重压力更加突出，经济下行压力进一步加大。面对当今世界正经历的百年未有之大变局和新冠肺炎疫情的全球大流行，习近平总书记提出要以辩证思维看待新发展阶段的新机遇新挑战，即"保护主义、单边主义上升，世界经济低迷，全球产业链供应链因非经济因素而面临冲击，国际经济、科技、文化、安全、政治等格局都在发生深刻调整，世界进入动荡变革期。今后一个时期，我们将面对更多逆风逆水的外部环境，必须做好应对一系列新的风险挑战的准备"。[4] 他还说："进入新发展阶段，国内外环境的深刻变化既带来一系列新机遇，也带来一系列新挑战，是危机并存、危中有机、危可转机。我们要辩证认识和把握国内外大势，统筹中

---

① 《服务实体经济防控金融风险　深化金融改革促进经济和金融良性循环健康发展》，载于《人民日报》2017 年 7 月 16 日。

② 《真抓实干埋头苦干万众一心夺取脱贫攻坚战全面胜利》，载于《人民日报》2018 年 6 月 12 日。

③ 《坚决打好污染防治攻坚战推动生态文明建设迈上新台阶》，载于《人民日报》2018 年 5 月 20 日。

④ 习近平：《在经济社会领域专家座谈会上的讲话》，中国政府网，http://www.gov.cn/xinwen/2020－08/25/content_5537101.htm。

华民族伟大复兴战略全局和世界百年未有之大变局，深刻认识我国社会主要矛盾发展变化带来的新特征新要求，深刻认识错综复杂的国际环境带来的新矛盾新挑战，增强机遇意识和风险意识，准确识变、科学应变、主动求变，勇于开顶风船，善于转危为机，努力实现更高质量、更有效率、更加公平、更可持续、更为安全的发展。"① 党的二十大报告又强调，我国要"统筹发展和安全，全力战胜前进道路上各种困难和挑战"；② 要"全面加强国家安全教育，提高各级领导干部统筹发展和安全能力"。③

2. 稳中求进

坚持稳中求进工作总基调是我国治国理政的重要原则，也是实现经济高质量发展的重要方法。2011 年，为了应对国际金融危机和经济危机，我国首次提出要"稳中求进"，并将其提到"治国理政重要原则"的新高度。"稳"和"进"是辩证统一关系，即"稳"为整体稳定，"进"则是局部突破，二者之间互为条件，其结果就是整体性推进的实现和经济社会发展整体水平的提高。习近平总书记指出："要更好把握稳和进的关系，稳是主基调，要在保持大局稳定的前提下谋进。"④ 其中，所谓"稳"，就是要稳住经济运行以确保增长、就业以及物价等不出现大的波动，金融也不会出现系统性风险；"进"就是要调整经济结构和促使发展方式转变以实现经济发展的提质增效。在 2017 年的中央经济工作会议上，习近平总书记强调，"稳中求进"工作总基调是治国理政的重要原则，必须长期坚持，其中"稳"和"进"是辩证统一的，要作为一个整体来把握，并把握好工作节奏和力度；要统筹各项政策，加强政策协同。为此，我国的经济工作在求"稳"的同时，也不放松对"进"的追求。例如，在经济体制改革方面要以完善产权制度和要素市场化配置为重点，推进基础性关键领域的改革取得新突破；在结构

---

① 习近平：《在经济社会领域专家座谈会上的讲话》，中国政府网，http：//www. gov. cn/xinwen/2020 – 08/25/content_5537101. htm。

② 习近平：《高举中国特色社会主义伟大旗帜 为全面建设社会主义现代化国家而团结奋斗——在中国共产党第二十次全国代表大会上的报告》，人民出版社 2022 年版，第 27 页。

③ 习近平：《高举中国特色社会主义伟大旗帜 为全面建设社会主义现代化国家而团结奋斗——在中国共产党第二十次全国代表大会上的报告》，人民出版社 2022 年版，第 53 页。

④ 《中共中央召开党外人士座谈会》，载于《人民日报》2017 年 7 月 25 日。

性政策方面要大力发展实体经济，强化科技创新的自立自强，并发挥好消费作用和推动各种投资合理增长；在社会政策方面要关注民生改善问题，推进基本公共服务的均等化。

面对新冠肺炎疫情对经济社会造成的较大冲击，我国更需要运用系统思维与统筹方法来应对并能够稳中求进。只有这样，我国才能充分发挥社会主义制度的优势并有效调动和配置各方资源，分清轻重缓急以实现重点突破和兼顾其他，从而形成上下一心与全国一盘棋，统筹实现疫情防控与经济社会高质量发展的双重目标。正如习近平总书记在省部级主要领导干部学习贯彻党的十九届五中全会精神专题研讨班开班式上所讲："随着我国社会主要矛盾变化和国际力量对比深刻调整，……必须增强忧患意识、坚持底线思维，随时准备应对更加复杂困难的局面。……要坚持政治安全、人民安全、国家利益至上有机统一，既要敢于斗争，也要善于斗争，全面做强自己，特别是要增强威慑的实力。"[1] 从而实现稳中求进。2022 年 10 月，党的二十大报告强调，由于中国式现代化是人口规模巨大的现代化，因此，我们必须"从国情出发想问题、作决策、办事情，既不好高骛远，也不因循守旧，保持历史耐心，坚持稳中求进、循序渐进、持续推进"。[2]

综上所述，新常态新阶段的中国经济高质量发展，就是要在中国共产党的坚强领导下，坚持统筹兼顾和稳中求进的工作总基调，立足新发展阶段，贯彻新发展理念，积极构建新发展格局，并通过全面深化改革，使内生的消费需求和技术创新能力成为产业升级与经济增长的双引擎，在维持经济中高速发展的基础上提高其发展质量，努力实现国家经济治理能力的现代化和中华民族伟大复兴的中国梦。

---

① 《习近平谈治国理政》（第 4 卷），外文出版社 2022 年版，第 172 页。

② 习近平：《高举中国特色社会主义伟大旗帜　为全面建设社会主义现代化国家而团结奋斗——在中国共产党第二十次全国代表大会上的报告》，人民出版社 2022 年版，第 22 页。

第5章 新发展理念引领经济发展新常态新阶段

　　理念是行动与实践的引领和先导。在经济发展速度趋缓、结构调整以及动力转换的新常态阶段，党的十八届五中全会提出了新发展理念，即创新、协调、绿色、开放和共享，回答了中国在未来要实现什么样的发展以及怎样实现发展的问题。这是自党的十八大以来以习近平同志为核心的党中央把握世界发展大势，着眼于中国发展全局而作出的战略抉择，是对当代中国经济与社会发展实践经验的总结和升华，也是对其规律的新认识。新发展理念从"以人民为中心"的根本立场出发，以经济建设为中心。它为解决经济新常态下中国经济发展面临的一些根本性问题提供了行动指南，也是"十四五"时期乃至在更长时期内中国经济社会发展思路的集中体现与新蓝图。新发展理念将引导新发展阶段的中国经济向着更高质量和更有效率、更加公平与更具持续性的方向发展。

5.1　创 新 发 展

5.1.1　创新的内涵

　　创新是国家振兴之源、强盛之基，也是历史进步之动力。创新发展主要是解决发展的动力问题，旨在推动经济实现中高速增长和迈向中高端水平。"创新"一词的含义最早是由美国经济学家熊彼特在20世纪初提出来的。他在1912年出版的《经济发展理论》一书中，明确将经济发展与企业家的创新视为同一物，并将"创新"定义为企业家对生产要素执行的新组合。他认为，创新具体包括以下情况：生产一种新产品或一种产品的新特性；采用新的生产方法和开辟新的市场；掠取或者控制原材料或半制成品的一种新的供应来源；实现一种工业上的新组织①。熊彼特的论述表明了企业家的经营型创新活动对于经济发展的重要性，这是值得借鉴的，但他的论述里也有不合理成分。

以习近平同志为核心的党中央提出的创新发展理念博采众长，是对西方传统创新理论的借鉴和超越。如熊彼特认为，创新是企业家对生产要素实现的新组合，即企业家是创新主体。经济发展就是在企业家创新精神引导下，整个资本主义社会不断实现生产要素"新组合"的过程，从而否定了其他类型创新对于经济发展的驱动作用。这被看作是资本主义发展的"灵魂"。由此我们可以看出，西方的创新概念强调经济价值的实现，忽视了社会整体价值的创造；强调科学技术的作用，忽略了体制机制的功能；强调企业家作用，忽视了人民大众的贡献，即把其他社会阶层的创造性劳动排斥到创新以外；突出市场的资源配置功能，没有考虑到国家的规划引领作用。而我国提出的创新发展理念则赋予了创新更加深刻与丰富的内涵，即在借鉴熊彼特理论的同时又突破了其局限，承认创新是一种劳动，认为这种劳动除了有熊彼特讲的企业家的经营型创新以外，还有许多类型的创新，如科技型、产品型、服务型、战略型、管理型、文化型、制度型和组织型等一系列创新。因此，从中国的改革实践来说，创新即为创造新价值的各种活动。这包括三个方面：一是能创造新价值；二是创造的新价值是具有正外部性的社会价值；三是创新活动既包括技术创新本身以及与之相关的融资、研发、知识产权保护、创新成果的示范与推广应用等，也包括理论、制度、科技和文化等各方面的创新。它是经济与社会发展的第一动力。正如习近平总书记所讲："创新发展注重的是解决发展动力问题。我国创新能力不强，科技发展水平总体不高，科技对经济社会发展的支撑能力不足，科技对经济增长的贡献率远低于发达国家水平，这是我国这个经济大个头的'阿喀琉斯之踵'。"②

125

---

① ［美］熊彼特：《经济发展理论》，何畏等译，商务印书馆 1990 年版，第 73～74 页。

② 《习近平谈治国理政》（第2卷），外文出版社 2017 年版，第 198 页。

5.1.2 创新发展的重要性

创新既是引领经济社会发展的第一动力，也是引领经济新常态的良策。它将决定经济发展的速度和规模、结构和质量以及效益。放眼全球，大国崛起与衰落更替的历史实质上就是一部浩瀚的创新史。习近平总书记面对当今的国际局势，立足于国家前途命运的战略高度，提出"创新是一个民族进步的灵魂，是一个国家兴旺发达的不竭动力，也是中华民族最深沉的民族禀赋。在激烈的国际竞争中，惟创新者进，惟创新者强，惟创新者胜"。[①] 党的二十大报告也指出，我们要"坚持创新在我国现代化建设全局中的核心地位"。[②] 中国的创新发展是在全球科技和经济竞争日趋激烈与本国创新能力较弱的背景下，为解决发展的动力源泉问题而提出的。

党的十八届五中全会公报把创新放在新发展理念之首，提出要将理论和制度、科技与文化等方面的创新贯穿于党和国家的工作之中，以塑造若干依靠创新驱动和发挥先发优势的引领型发展。这既是对党的十八大以来提出的转变经济发展方式和实施"双创"、依靠创新来建立新的经济发展动力等思想的深化，也是在"十四五"时期和未来中国发展战略与政策的基本导向。

1. 解决资源有限性和需求无限性之间矛盾的关键是创新

在当今世界，随着人口日益增加与需求的不断扩大，以及人们对产品和服务质量的要求不断提升，资源有限性与需求无限性之间的矛盾越加突出，即经济发展面临的突出矛盾已是供需之间的矛盾，而解决此问题的关键就是创新。中国虽已是制造业大国和贸易第一大国，但并非制造和贸易强国。在日用高科技领域，中国也依然缺乏最前沿的技术与革命性创新。国人因而纷纷奔赴海外购买马桶盖、奶粉、电饭煲和保健品等，这就给中国提出了迫在眉睫的现实创新要求。

---

① 习近平：《在欧美同学会成立 100 周年庆祝大会上的讲话》，载于《人民日报》2013年 10 月 22 日。

② 习近平：《高举中国特色社会主义伟大旗帜 为全面建设社会主义现代化国家而团结奋斗——在中国共产党第二十次全国代表大会上的报告》，人民出版社 2022 年版，第 35 页。

2. 适应和引领时代发展大势需要创新

世界新一轮的科技革命与产业变革目前正蓄势待发。许多国家都在强化其创新部署和寻找科技创新突破口以抢占发展先机。创新驱动成为其调整经济结构和推动经济健康持续发展的决定性力量。例如，美国提出"再工业化"战略以向实体经济回归和重塑其竞争优势；德国提出了高科技战略计划——"工业 4.0"战略，目的是通过激发创新活力与科技进步以创造新产业和新业态，促成经济发展的新优势。我国在创新底子薄与力量相对不足的情况下，把创新置于发展全局的核心位置，以顺应国际创新发展趋势，实现由后发到先发、从跟跑到领跑。习近平总书记指出："新一轮科技革命带来的是更加激烈的科技竞争，如果科技创新搞不上去，发展动力就不可能实现转换，我们在全球经济竞争中就会处于下风。"① 2014 年 5 月，他在上海调研考察时又说："谁牵住了科技创新这个牛鼻子，谁走好了科技创新这步先手棋，谁就能占领先机、赢得优势。"② 在 2016 年的二十国集团工商峰会开幕式上，他提出了一系列有关创新的观点，如中国由于经济发展的许多领域是大而不强、不优，长期以来主要是依靠劳动力、资源和资本等要素的投入来支撑经济增长与规模扩张。这种方式的不可持续使得我国经济发展正面临着动力转换、方式转变以及结构调整等的重任；建设创新型国家与世界科技强国是发展的迫切要求和必由之路；要在新的起点上坚定不移实施创新驱动发展战略以释放更强的增长动力；推广发展理念、体制机制、商业模式等全方位、多层次、宽领域的大创新，在推动发展的内生动力和活力上来一个根本性转变，从而实现经济发展从量的增长向质的提升转变③。

3. 实现国家长治久安与民族的永续发展需要创新

当今世界各国之间的竞争主要是综合国力尤其是创新能力的竞争。纵观世界经济发展史，西方发达国家利用蒸汽和电气革命以及新型信息

---

① 《习近平谈治国理政》（第 2 卷），外文出版社 2017 年版，第 198 页。

② 中央文献研究室：《习近平关于科技创新论述摘编》，中央文献出版社 2016 年版，第 29 页。

③ 习近平：《中国发展新起点，全球增长新蓝图——在二十国集团工商峰会开幕式上的主旨演讲》，载于《人民日报》2016 年 9 月 4 日。

技术等跃升为世界强国。中国则因为错过了前两次工业革命而由世界上曾经的经济大国沦为了落后挨打的半殖民地和半封建社会。习近平总书记指出："只有把核心技术掌握在自己手中，才能真正掌握竞争和发展的主动权，才能从根本上保障国家经济安全、国防安全和其他安全。"[1]2020 年 10 月，党的十九届五中全会公报指出，我国要将创新放置于现代化建设全局中的核心地位，把科技的自立自强作为经济社会发展的重要支撑；要面向世界科技前沿、经济主战场和国家重大需求以及人民生命健康等，努力实施科教兴国、人才强国和创新驱动发展等战略，努力把我国建设成为科技强国。[2] 因此，我国必须吸收古今中外的经验与教训，立足新时代和面对新挑战，以创新的发展理念实施创新驱动发展战略，以提高国际竞争力和实现中华民族的永续发展。

5.1.3 创新发展的途径

习近平总书记在 2015 年党的十八届五中全会上讲道："我们必须把创新作为引领发展的第一动力，把人才作为支撑发展的第一资源，把创新摆在国家发展全局的核心位置，不断推进理论创新、制度创新、科技创新、文化创新等各方面创新，让创新贯穿党和国家一切工作，让创新在全社会蔚然成风。"[3]

1. 作为引领的理论创新

理论作为对实践的概括和升华，是以其前瞻性的视野引领社会实践的发展方向与趋势。理论创新是"脑动力"的创新，是引领经济社会发展变化的先导。2020 年 8 月，习近平总书记在经济社会领域专家座谈会上讲道："理论源于实践，又用来指导实践。改革开放以来，我们及时总结新的生动实践，不断推进理论创新，……这些理论成果，不仅有力指导了我国经济发展实践，而且开拓了马克思主义政治经济学新境

---

① 中央文献研究室：《习近平关于科技创新论述摘编》，中央文献出版社 2016 年版，第36 页。

② 《中共中央关于制定国民经济和社会发展第十四个五年规划和二〇三五年远景目标的建议》，载于《人民日报》2020 年 11 月 4 日。

③ 《习近平谈治国理政》（第 2 卷），外文出版社 2017 年版，第 198 页。

界。时代课题是理论创新的驱动力。……新时代改革开放和社会主义现代化建设的丰富实践是理论和政策研究的'富矿'。"①

2. 作为关键的制度创新

这是"原动力"创新。它包括经济制度与政治制度的创新，其实质是通过制定和完善有利于创新发展的制度体系，以激发微观主体的内生创新动力，提高经济运行效率，实现国家治理的现代化。制度创新实现的途径包括以下几个方面：一是简政放权，优化发展和投资环境，提高政府办事效率，释放市场活力；二是明确划分政府和市场界限，要同时发挥好市场配置资源的决定性作用与政府的公共服务和管理职能；三是坚持公有制为主体，进行混合所有制改革；四是完善各类国有资产管理体制，分类推进国有企业改革，完善现代企业制度，要在关系国家安全与国民经济命脉的关键领域和重要行业做强、做优和做大国有企业，以维护国家经济安全和人民利益；五是"打虎拍蝇"，杜绝腐败。

3. 作为抓手的科技创新

科技创新是"主动力"创新和全面创新的重中之重。因为科技创新能够大幅度提高劳动生产率，促进经济的提质增效和转型升级，是国家竞争力的核心。面对世界百年未有之大变局和新冠肺炎疫情的深远影响，科技创新已成为国际战略博弈的主战场，围绕科技制高点的竞争也空前激烈。但我国急需的关键技术与核心技术既引不进也买不来，因此只能是自主科技创新。习近平总书记指出："我们国家进入科技发展第一方阵要靠创新，一味跟跑是行不通的，必须加快科技自立自强步伐。"② 党的二十大报告也强调，我们要"坚持科技是第一生产力、人才是第一资源、创新是第一动力，深入实施科教兴国战略、人才强国战略、创新驱动发展战略，开辟发展新领域新赛道，不断塑造发展新动能新优势"。③ 为此，一是要加强科学研究，尤其是基础科学研究，即

---

① 习近平：《在经济社会领域专家座谈会上的讲话》，中国政府网，http://www.gov.cn/xinwen/2020－08/25/content_5537101.htm。

② 《科学成就离不开精神支撑，习近平谈科学家精神》，求是网客户端，https://baijiahao.baidu.com/s?id=1712875264295560063&wfr=spider&for=pc。

③ 习近平：《高举中国特色社会主义伟大旗帜　为全面建设社会主义现代化国家而团结奋斗——在中国共产党第二十次全国代表大会上的报告》，人民出版社 2022 年版，第 33 页。

"加强基础研究，突出原创，鼓励自由探索"，[1] 并深化财政科技经费分配使用机制改革，努力提升科技投入效能，从而激发创新活力。二是要加强科学研究和技术发展的联动，既要推动科学研究对技术发展的智力支持与理论指导，也要重视技术发展对科学研究的实践要求和导向。三是重视科学技术创新向实践的转化，以提升科技创新效益。四是企业作为创新的关键与核心，要建立市场导向以提高其自主创新与研发能力，尤其要提高其科技成果的转化率，同时要加强对企业的知识产权保护，对中小企业也一视同仁，以促使我国制造业向产业链条的中上游移动。党的二十大报告强调，我国要"加强企业主导的产学研深度融合，强化目标导向，提高科技成果转化和产业化水平。强化企业科技创新主体地位，发挥科技型骨干企业引领支撑作用，营造有利于科技型中小微企业成长的良好环境，推动创新链产业链资金链人才链深度融合"。[2] 五是要推进有特色高水平大学与科研院所建设，实施国家级重大科技项目和组建国家级实验室，并牵头组织国际大科学计划和大科学工程。正如党的二十大报告所讲，我国将"健全新型举国体制，强化国家战略科技力量，优化配置创新资源，优化国家科研机构、高水平研究型大学、科技领军企业定位和布局，形成国家实验室体系，统筹推进国际科技创新中心、区域科技创新中心建设，……提升国家创新体系整体效能"。[3] 六是深化科技体制与科技评价改革，并加大多元化科技投入和加强知识产权法治保障，以形成支持全面创新的基础制度。七是积极扩大国际科技交流与合作以建设国际化科研环境，从而形成具有全球竞争力的开放创新生态。

4. 调整和创新经济结构

经济结构包括产业、城乡和区域以及分配等结构。在产业结构方面，第三产业将成为总体产业的主体，战略性新兴产业将成为产业增量的主体；在城乡和区域结构方面，要努力缩小城乡差距，提高城镇化水平，做到城乡的一体化融合发展，破除二元制以使农民工成为一种职业

---

① ③ 习近平：《高举中国特色社会主义伟大旗帜 为全面建设社会主义现代化国家而团结奋斗——在中国共产党第二十次全国代表大会上的报告》，人民出版社2022年版，第35页。
② 习近平：《高举中国特色社会主义伟大旗帜 为全面建设社会主义现代化国家而团结奋斗——在中国共产党第二十次全国代表大会上的报告》，人民出版社2022年版，第35~36页。

而非身份，同时加快中西部发展战略；在分配结构方面，要缩小收入差距，确保农民产权和保护农民土地安全，保护劳动者权益，实现城乡社会保障一体化和基本公共服务均等化。

5. 作为精神动力的文化创新

文化创新是"软实力"的创新。它作为国家发展的精神支柱，有助于促进人的全面发展和培植民族凝聚力。文化创新要着力解决三个问题：一是马克思主义中国化问题，即将马克思主义基本原理与中国具体实践相结合，并坚持和巩固马克思主义在意识形态领域中的指导地位。二是传统文化的现代化问题，即在深入研究和挖掘优秀传统文化的基础上，着力解决传统文化与当代中国实际相结合的方式和路径，推陈出新以体现当今的时代精神。三是域外文化的本土化问题，即在坚持以我为主和为我所用的原则下博采众长，以促进民族文化的繁荣与发展。与此同时，我国还要"培育创新文化，弘扬科学家精神，涵养优良学风，营造创新氛围"。[1]

6. 作为根本的人才创新

习近平总书记指出："我国要实现高水平科技自立自强，归根结底要靠高水平创新人才。"[2] 党的二十大报告也强调："教育、科技、人才是全面建设社会主义现代化国家的基础性、战略性支撑"；"我们要坚持教育优先发展、科技自立自强、人才引领驱动，加快建设教育强国、科技强国、人才强国，……着力造就拔尖创新人才，聚天下英才而用之"。[3] 因此，实现经济与社会创新发展的第一资源是人才。在创新理念之下，每个创新者既是创新活动的主体，也是创新活动的受益者。亿万个创新者的微创新会引爆社会创新指数的增长。首先，实施人才强国战略，突出"高精尖缺"导向，打造具有世界水平的科学家、工程师和高水平创新团队；培养若干高技能人才、能工巧匠以及大国工匠。其

---

[1] 习近平：《高举中国特色社会主义伟大旗帜　为全面建设社会主义现代化国家而团结奋斗——在中国共产党第二十次全国代表大会上的报告》，人民出版社 2022 年版，第 35 页。

[2] 《习近平谈治国理政》（第 4 卷），外文出版社 2022 年版，第 202 页。

[3] 习近平：《高举中国特色社会主义伟大旗帜　为全面建设社会主义现代化国家而团结奋斗——在中国共产党第二十次全国代表大会上的报告》，人民出版社 2022 年版，第 33 ~ 34 页。

次，实施开放型创新人才引进政策，聚天下英才而用之，即要在世界范围内吸引人才、留住人才和用好人才。最后，完善人才评价和激励机制，赋予其更大的领导力，提高科研人员的成果转化收益分享比例等。习近平总书记强调："在人才评价上，要'破四唯'和'立新标'并举，加快建立以创新价值、能力、贡献为导向的科技人才评价体系"。[①]

5.2 协 调 发 展

协调发展主要是着重解决经济发展中的不平衡性问题以增强其整体性。改革作为一项复杂而艰巨的系统工程，涉及经济、政治、文化、教育与科技、社会和生态等方面。中国在经历了 40 多年的改革开放之后，经济与社会发展正面临一系列不平衡和不协调以及不可持续等问题。这就需要立足高远、统筹兼顾和补齐短板，以确保社会主义现代化建设的协调发展与顺利实现。

5.2.1 协调发展的内涵

协调发展既是一种理念也是推动科学发展的有效方法。这意味着不能再像以前那样单纯追求经济发展和一味追求 GDP 增长，而应该统筹兼顾，谋求经济、政治、社会、文化和生态的"五位一体"共同发展，而不能有"短板"，正所谓"补阙挂漏，俾臻完善"。习近平总书记指出，我们必须"注重发展的整体效能，否则'木桶效应'就会愈加显现，一系列社会矛盾会不断加深"。[②] 由此，协调发展作为一个整体与系统，就必须兼顾社会的各个领域和各个方面。它强调的是环环相扣、牵一发而动全身的协调联动性，目的是促进经济与社会和谐有序与可持续性发展，以及最终实现人的全面发展。这具体表现在以下几个方面。

1. 社会有机体内部各系统的协调发展

随着经济全球化的迅猛发展，各个国家、地区以及行业之间的关联

---

① 《习近平谈治国理政》（第 4 卷），外文出版社 2022 年版，第 200 ~ 201 页。

② 《十八大以来重要文献选编》（中），中央文献出版社 2016 年版，第 825 ~ 826 页。

与互动越来越紧密。社会主义现代化强国的建设需要经济持续健康发展、人民民主不断扩大、文化软实力显著增强、人民生活水平全面提高、资源节约型和环境友好型社会建设取得重大进展。这涉及经济、政治、文化、社会和生态领域的"五位一体"建设。为此，我们要有大局观念与整体思维，协同推进各项工作以达到"双赢"或"多赢"的目的。

2. 社会空间上各区域的协调发展

我国在不同发展阶段所采取的区域发展战略是不同的。自改革开放以来，东部地区基于其地理位置优势实现了优先发展。进入 21 世纪后，为了缩小区域发展差异，我国实行了西部大开发、中部崛起和振兴东北老工业基地等战略，力争实现从非均衡向均衡的发展、从局部开放到全国开放的转换。党的十八大以来，我国又实行了新的区域发展与开放举措，即京津冀协同发展、长江经济带发展战略、粤港澳大湾区建设、长江三角洲区域一体化发展、成渝双城经济圈、黄河流域生态保护和高质量发展以及"一带一路"倡仪等。我国已进入陆海内外联运、东西双向开放、全国区域大协调发展的新阶段。

3. 社会各个组成部分之间的协调发展

我国要建成社会主义现代化强国，就必须实现城乡协调发展，即把工业和农业、城市与乡村、城镇居民与农村村民作为一个整体来统筹谋划，通过体制改革与政策调整来促进城乡在规划建设、产业发展、市场信息、政策措施、生态环境保护以及社会事业发展等的统筹协调，以改变长期形成的城乡二元结构，实现城乡在政策上的平等、发展上的互补和待遇上的一致，从而使城市与农村能够"比翼双飞"。

4. 社会各主体之间的协调发展

社会各主体之间的协调发展即通过生产力的大发展来满足广大人民对教育、就业、收入、公共服务以及社会保障的新要求和新期望，进而实现更高质量的就业、全面覆盖的社会保障以及缩小的收入差距等，努力向更高水平的小康社会迈进。这就要求协调社会各主体之间的发展，加大对贫困地区教育、公共卫生服务和社会保障的投入，从而实现协调发展和共同富裕。

5.2.2 发展中存在的不协调

第一，经济与社会发展的不协调，即目前中国的各项改革正处于过渡时期，民主法治建设虽有很大进步，但执法不严、违法不究现象以及贪污腐败问题等仍然存在。

第二，经济与资源环境发展的不协调，即在过去多年的经济快速发展中，一些地方政府因一味追求 GDP 增长，为了政绩而放低审批条件以扩大招商引资，导致在相当长一段时间内的经济发展都是高投入、高污染和高产出，以牺牲环境与资源来换取经济的发展。这种粗放型发展模式使得环境不堪重负，严重影响了经济的持续发展与人民的生活水平和质量。

第三，城乡发展的不协调，即目前我国的城乡二元结构仍然存在，农村发展相对滞后，城乡之间还有较大差距，如 2022 年的城乡居民人均可支配收入比值仍为 2.45。[①] 全国还有 2.5 亿城镇外来常住人口的基本社会公共服务供给不足。城乡二元结构使得有些地方"城市像欧洲、农村像非洲"。目前，我国的城乡义务教育一体化发展虽取得了较大进展，但在一些偏远的山区和农牧区还没有彻底解决。校舍简陋、硬件设施缺乏以及师资短缺等问题都阻碍着城乡义务教育一体化的发展。教育事业的均等化已成为社会普遍关切的问题。

第四，区域发展的不协调，即不同区域之间由于自然条件和资源禀赋以及历史基础的不同而存在较大发展差距，公共服务也没有实现均等。数据显示，我国东部地区的 GDP 占比已由 2000 年的 66.76% 逐步下降到 2019 年的 55.12%，但仍是区域经济发展的关键增长极；中部地区、西南地区和西北地区的 GDP 占比分别由 2000 年的 14.24%、7.71%、4.27% 上升到 2019 年的 20.71%、12.60%、6.82%，但东西失调问题还没有得到根本解决（孙久文、蒋治，2021）。总的来说，我国的区域发展不均衡问题还比较严重。

第五，物质文明与精神文明的不协调，即改革开放 40 多年来，我

---

① 《中华人民共和国 2022 年国民经济和社会发展统计公报》，国家统计局网站，http://www.stats.gov.cn/sj/zxfb/202302/t20230228_1919011.html。

国物质文明抓得比较硬，而精神文明抓得则比较软。有些地方把 GDP
增长作为其发展的硬指标，而把人们精神世界的丰富作为软约束，因此
在发展中只注重经济实力的提高，而忽视思想文化建设和社会文明程度
的提升，导致人们的精神生活出现了一些问题，如传统价值观的失落、
拜金主义与功利主义的盛行等。

第六，经济建设与国防建设的不协调，即目前我国的军民融合还落
后于主要发达国家，存在的问题主要包括军工企业相对独立封闭，不适
应开放式发展；军工企业和民用企业的技术资源交流较少，阻断了两者
之间的横向协同与互动等。为此，我国必须努力"推进体制和机制改
革、体系和要素融合、制度和标准建设，加快形成全要素、多领域、高
效益的军民融合深度发展格局，逐步构建军民一体化的国家战略体系和
能力"。[1]

为了实现协调发展，我国正积极补齐短板并努力挖掘发展潜力以增
强经济发展后劲。正如习近平总书记所讲："从当前我国发展中不平衡、
不协调、不可持续的突出问题出发，我们要着力推动区域协调发展、城
乡协调发展、物质文明和精神文明协调发展，推动经济建设和国防建设
融合发展。"[2]

5.2.3　协调发展的实现路径

协调发展强调的是区域协同和城乡一体、物质文明与精神文明的并
重以及在协调发展中拓展新空间等，以增强经济与社会发展的系统性与
整体性。正如党的二十大报告所讲，我们要"深入实施区域协调发展
战略、区域重大战略、主体功能区战略、新型城镇化战略，优化重大
生产力布局，构建优势互补、高质量发展的区域经济布局和国土空间
体系"。[3]

---

① 《习近平谈治国理政》（第 2 卷），外文出版社 2017 年版，第 412 页。

② 《习近平谈治国理政》（第 2 卷），外文出版社 2017 年版，第 206 页。

③ 习近平：《高举中国特色社会主义伟大旗帜　为全面建设社会主义现代化国家而团结
奋斗——在中国共产党第二十次全国代表大会上的报告》，人民出版社 2022 年版，第 31 ～
32 页。

1. 推动区域之间的协调发展

党的二十大报告指出，我们要"推动西部大开发形成新格局，推动东北全面振兴取得新突破，促进中部地区加快崛起，鼓励东部地区加快推进现代化"。[①] 在"十四五"时期，我国将统筹东中西和协调南北方，在实施西部大开发、振兴东北老工业基地、中部崛起以及促进东部率先发展等战略的同时，着重实施新的区域发展战略，即京津冀协同发展、"一带一路"和长江经济带建设、粤港澳大湾区、长三角一体化发展、黄河流域生态保护和高质量发展，以及高标准、高质量建设雄安新区和建设成渝地区双城经济圈等，从而构建区域协调发展的新格局。一是打破生产要素跨区域流动的限制，一方面做好中西部农村人口转移到东部城市的就业问题；另一方面要利用东部的资本、技术和人才优势为西部发展创造有利条件。二是打破区域垄断，进一步加强全国统一市场的形成。三是发挥政府作用，加大对西部地区的转移支付力度，重点加大对老少边穷和人口状况恶化等地区的转移支付。四是强化政府对西部政策性金融的扶持，加大银行对中西部和东北地区的支持力度。五是加快建立全国统一的社会保障体系，增强对中西部偏远地区的公共服务等。就如习近平总书记所说："要增加社会急需的公共产品和公共服务供给，缩小城乡、地区公共服务水平差距。"[②]

2. 加快统筹城乡之间的协调发展

2015 年 5 月，习近平总书记在浙江调研时提出，要把解放和发展农村生产力、改善和提高农民生活水平作为根本的政策取向，加快形成以工促农、以城带乡、工农互惠、城乡一体的工农城乡关系。[③] 力促以工促农和以城带乡、工农互惠以及城乡融合的新型工农城乡关系的形成。我国目前已开始进入以工促农和以城带乡的城乡融合发展新阶段，并将以更大力度支持农业农村的发展。一是健全城乡融合发展的体制机

① 习近平：《高举中国特色社会主义伟大旗帜 为全面建设社会主义现代化国家而团结奋斗——在中国共产党第二十次全国代表大会上的报告》，人民出版社 2022 年版，第 32 页。

② 中共中央文献研究室：《习近平关于社会主义经济建设论述摘编》，中央文献出版社 2017 年版，第 121 页。

③ 《习近平在浙江调研时强调 干在实处永无止境 走在前列要谋新篇》，共产党员网，https：//news. 12371. cn/2015/05/27/VIDE1432727703333655. shtml。

制，以工业反哺农业和城市支持农村，力促城乡之间要素的平等交换与合理配置，推进基本公共服务均等化，以形成两者之间的良性互动和协调发展。二是实施以人为核心的新型城镇化建设。这就要深化户籍制度改革并完善相关的配套措施，重点解决好农业转移人口在就业、住房、教育和社会保障等方面的问题，让农民工享有基本的公共服务和市民化，如消除对农民进城务工的限制与歧视性规定，完善统一开放和竞争有序以及城乡一体的劳动力市场；落实"三挂钩"，即财政转移支付和农民工的市民化挂钩、城镇建设用地新增指标和农民工的落户数额挂钩、中央基建投资安排和农民工的市民化挂钩，从而使农民工在进城之后能够住得下、留得住且过得好；引导农民工参与所在城市的社区管理及其文体活动等，这样可为其搭建沟通交流的平台；按照设施齐全和服务完善、环境优美与管理规范的要求推进新型农村社区建设，即完善其学校、便民服务中心、综合文化站和卫生室等公共设施；鼓励企业家到农村投资兴业和引导乡村贤达返乡创业等以推动现代都市农业的大发展。三是给予农民以土地的使用权和收益权、处分权与发展权等以保障其权益。四是加快实现城乡基本公共服务均等化，如增加农村教育经费和提高其师资水平以及改善中小学的办学条件；发挥中心城区的强校优势，建立城市帮扶农村的教育联盟和一对一的结对帮扶，以帮助农村贫困地区提高办学质量；提高农村的医疗卫生水平，尽快构建覆盖城乡居民的社会保障体系。五是加大城镇棚户区和危房改造力度，做好土地征收、补偿安置等工作，确保改造后的建设符合安全标准。

3. 人与自然之间的协调发展

习近平总书记强调："我国建设社会主义现代化具有许多重要特征，其中之一就是我国现代化是人与自然和谐共生的现代化，注重同步推进物质文明建设和生态文明建设。"[1] 为此，我国推进经济与社会发展必须充分考虑资源和环境的承受力，重视经济增长与环境资源的"双指标"，同时还要既满足当代人的物质与文化需求，也为子孙后代留下充裕的发展空间与条件，并把生态文明建设作为衡量经济发展的重要指标，走新型工业化道路，以使人民群众能够在良好的生态环境中生产和

---

① 《习近平谈治国理政》（第 4 卷），外文出版社 2022 年版，第 362 页。

生活，并实现经济与社会的可持续性发展。

4. 物质文明和精神文明之间的协调发展

物质文明和精神文明协调发展，即"身"和"心"的平衡发展。马克思主义经济学认为，未来的共产主义社会是生产力高度发达和人的精神生活高度发展的社会。习近平总书记也指出，物质文明的发展会对精神文明提出更高要求，尤其是经济的多元化会导致文化生活的多样化。[①] 因此，只有把精神文明建设好，人民多样化的精神文化需求才能得到满足。自改革开放以来，我国实行物质与精神文明"两手抓、两手都要硬"的方针，并推动两者之间的协调发展。2015 年 2 月，习近平在会见第四届全国文明城市、文明村镇、文明单位和未成年人思想道德建设工作先进代表时强调："人民有信仰，民族有希望，国家有力量"；"实现中华民族伟大复兴的中国梦，物质财富要极大丰富，精神财富也要极大丰富。我们要继续锲而不舍、一以贯之抓好社会主义精神文明建设，为全国各族人民不断前进提供坚强的思想保证、强大的精神力量、丰润的道德滋养"。[②] 党的二十大报告指出，物质文明与精神文明相协调是中国式现代化的特征之一。物质富足和精神富有是我国社会主义现代化的根本要求。我们要"不断厚植现代化的物质基础，不断夯实人民幸福生活的物质条件，同时大力发展社会主义先进文化，加强理想信念教育，传承中华文明，促进物的全面丰富和人的全面发展"。[③] 因此，我国社会主义现代化强国建设与中华民族伟大复兴中国梦的实现就需要物质财富与精神财富的极大丰富，并要以辩证、全面和平衡的观点正确处理两者的关系。这样两轮驱动，双翼共振，共同促进"硬实力"和"软实力"的增强。为此，一是要用中国梦和社会主义核心价值观来凝聚共识和汇聚力量。二是弘扬中华民族的优秀传统文化以滋养核心价值观。因为，优秀传统文化是几千年来形成的中国人的"根"与"魂"，是精神命脉。坚持传承和弘扬传统文化以引导人民树立和坚持正确的历史观、民族观、文化

---

① 《习近平与"十三五"五大发展理念·协调》，共产党员网，https：//news. 12371. cn/2015/11/02/ARTI1446428089295642. shtml。

② 《文明之光闪耀新时代》，人民网客户端，https：//baijiahao. baidu. com/s？id = 1725953077096331465&wfr = spider&for = pc。

③ 习近平：《高举中国特色社会主义伟大旗帜　为全面建设社会主义现代化国家而团结奋斗——在中国共产党第二十次全国代表大会上的报告》，人民出版社 2022 年版，第 23 页。

观，增强民族自信心。三是扶持优秀文化作品的创作并推动中国文化走出去，以提高其在国际文化市场中的占有率，建设社会主义文化强国。

5. 经济建设与国防建设之间的融合发展

中国共产党历来重视处理好经济建设与国防建设之间的关系，即在革命战争年代和社会主义建设时期，一直到改革开放的新时期，我国先后提出过军民兼顾和军民结合、寓军于民以及军民融合等思想，并探索出了一条经济建设和国防建设之间协调发展的道路。现阶段的中国是以经济建设为中心，但当今世界并不安宁，只有强大的国防才能保障经济建设的顺利进行，因而这是唇齿相依的两个方面，我国必须协调好经济发展与国防建设之间的关系才能实现长治久安。2013 年 3 月，习近平总书记在全国人大解放军代表团会议上提出，要统筹经济建设与国防建设以实现富国和强军的统一；坚持需求牵引与国家主导，以形成在基础设施和重要领域军民之间的深度融合发展新格局。[①] 2015 年 3 月，习近平总书记又在全国人大解放军代表团会议上指出，我们将军民融合发展上升为国家战略是长期探索经济建设与国防建设之间协调发展规律的一个重大成果；要通过改革创新来解决制约军民融合发展的体制性障碍、结构性矛盾和政策性问题，以形成统一领导、军地协调以及顺畅高效的组织管理体系，国家主导、需求牵引和市场运作相统一的工作运行体系，系统完备、衔接配套以及有效激励的政策制度体系。[②] 2018 年 4 月，习近平总书记出席全国网络安全和信息化工作会议时指出，网信军民融合既是军民融合的重点和前沿领域，也是其最具活力与潜力的领域；要抓住信息技术变革和新军事变革的历史新机遇，努力把握网信军民融合的规律和工作机理，以推动形成全要素和多领域以及高效益的军民深度融合发展新格局。[③] 由习近平总书记的论述可以看出，经济建设与国防建设的融合发展要实现军民之间的协同创新以增强其包容性。为此，我国在发挥市场机制的前提下，一是要加强军工企业、民用企业和高校之间的合作，以培育军民两用技术和开放性产业链；二是要培养军

---

① 《习近平谈治国理政》，外文出版社 2014 年版，第 221 页。

② 《习近平在出席解放军代表团全体会议时强调深入实施军民融合发展战略努力开创强军兴军新局面》，共产党员网，https://news. 12371. cn/2015/03/12/VIDE1426161903190127. shtml。

③ 《习近平谈治国理政》（第 3 卷），外文出版社 2020 年版，第 308 页。

民融合人才，以促进信息和技术、人才和资本、设施和服务等要素的融合；三是要提高海洋强国、航天强国以及网络强国的建设水平，以带动形成经济与科技发展的制高点。

"千钧将一羽，轻重在平衡"，"一花独放不是春，万紫千红春满园"。在建设社会主义现代化强国新阶段，中国将在协调发展中拓宽新的发展空间，在补齐短板中增强其发展的后劲，从而实现区域与城乡、物质文明和精神文明、经济建设与国防建设等相互之间的协调发展。

5.3 绿色发展

人与自然和谐共生是中国式现代化的特征之一。绿色发展就是要解决人与自然之间的和谐共生问题，旨在建设天蓝、地绿、水清的"美丽中国"。

绿色发展是现今科技革命与产业变革的趋势和方向，也是我国传统经济发展模式的"软肋"。为此，习近平总书记提出，我们要"像保护眼睛一样保护生态环境，像对待生命一样对待生态环境，推动形成绿色发展方式和生活方式，协同推进人民富裕、国家强盛、中国美丽"。[1]2015年10月，党的十八届五中全会把绿色发展列为新发展理念之一，首次将生态环境质量的总体改善作为全面建成小康社会的重大目标与价值追求。习近平总书记强调，要"加快生态文明建设，加强资源节约和生态环境保护，做强做大绿色经济"[2]。新时代新阶段中国特色社会主义建设的基本方略之一是坚持人与自然和谐共生、建设绿色美丽中国。中国未来的经济发展将在绿色发展理念的引领下走向可持续性发展。正如党的二十大报告所讲，我们要"坚持可持续发展，坚持节约优先、保护优先、自然恢复为主的方针，像保护眼睛一样保护自然和生态环境，坚定不移走生产发展、生活富裕、生态良好的文明发展道路，实现中华民族永续发展"[3]。

---

① 《习近平谈治国理政》（第2卷），外文出版社2017年版，第209～210页。
② 中共中央文献研究室：《习近平关于社会主义经济建设论述摘编》，中央文献出版社2017年版，第118页。
③ 习近平：《高举中国特色社会主义伟大旗帜　为全面建设社会主义现代化国家而团结奋斗——在中国共产党第二十次全国代表大会上的报告》，人民出版社2022年版，第23页。

5.3.1 绿色发展的内涵

绿色发展是指以资源节约、环境友好和生态保护为主要特征的发展理念、路径和模式，其核心思想是保护好人类赖以生存和发展的自然资源以实现其可持续利用；保护好与人类息息相关的自然环境以使其优雅美丽；保护好与人类共同演进的生态系统以实现其持续稳定与服务功能的增强。它体现了对环境的整治与对生态的保护，同时也是一种思想理念和生活方式。绿色发展包括绿色经济、绿色社会（绿色社区、机关和学校等）、绿色政治（绿色考核）、绿色文化（尊重、顺应和保护自然的文化）等，具体包括以下几个方面。

1. 经济层面

绿色发展要求实现资源要素配置的绿色重组以形成新的绿色生产函数，其走向既要能够反映生态价值的优化配置，也要使绿色化配置程度不断提升，以此推动人类生产与消费活动中绿色要素的不断增加与积累，并最终迈入绿色时代以实现人类的永续发展。

2. 发展阶段层面

由于自然系统的承受度和容纳度是有限的，因此原来粗放型的传统经济发展模式有可能超过自然系统的安全阈值。绿色发展就是要充分发挥人的主观能动性、国家战略的宏观指导性、地方创新的积极性、企业创新的主体性以及全民参与的广泛性，通过制度安排、文化培育和国际合作等方式，加快转变经济发展模式，努力减少资源消耗和环境污染以实现经济社会的又好又快发展。

3. 发展愿景层面

绿色发展是要实现人与自然的"天人合一"与"天人互益"，从而实现人类源于自然、顺其自然、益于自然和反哺自然的美好愿景。它强调通过对生态环境的有序利用、治理和投入，实现天人互益的人与自然关系以及"前人栽树，后人乘凉"。人与自然既共生和共处，也能够共存和共荣。

141

5.3.2 绿色发展的必要性

随着人口膨胀、环境污染、生态恶化以及能源短缺等全球性问题的出现，人们日益强烈地意识到在经济发展过程中所面临的困境，也意识到必须处理好发展与环境之间的协调关系。在此背景下，可持续发展观应运而生。联合国环境与发展委员会在 1987 年发表其研究报告——《我们共同的未来》，并提出了"可持续发展"这一概念，其含义为"既满足当代人的需求，又不危及后代人满足其需求的发展"。这标志着可持续发展思想的形成，其核心是发展，但要求是在提高人口素质、保护环境以及资源永续利用等的前提下推动经济与社会的可持续与绿色发展。

党的二十大报告指出："大自然是人类赖以生存发展的基本条件。尊重自然、顺应自然、保护自然，是全面建设社会主义现代化国家的内在要求。"[1] 因此，我国的绿色发展主要是为了解决突出的生态环境问题，以平衡经济社会的发展需求与资源环境约束强化之间的矛盾，实现经济与环境效益的有机统一。目前，我国的环境状况还没有实现根本好转。

1. 严重的雾霾与空气污染

2012 年"雾霾"成了年度关键词，而与其相关的污染物主要是 $PM_{2.5}$ 和 PM_{10}。$PM_{2.5}$ 为可入肺的细微颗粒物，主要源于燃烧的化石燃料。PM_{10} 是飘浮在空气中、可吸入的固态与液态颗粒的总称，主要源于污染源的直接排放。$PM_{2.5}$ 占 PM_{10} 的 70% 左右。两者在进入人体之后，易引发与呼吸道相关的疾病。如果人体长期处于高浓度的颗粒物环境中，则会出现高血压与脑出血等。从 2015 年冬季以来，中国的东北、京津冀及其周边等地区都出现过大范围的雾霾天气。这给百姓的生产与生活，尤其是给身体健康带来严重影响。近年来，我国的空气质量虽然得到明显改善，主要污染物的浓度正在逐步下降，但 $PM_{2.5}$ 和 PM_{10} 仍是

---

① 习近平：《高举中国特色社会主义伟大旗帜　为全面建设社会主义现代化国家而团结奋斗——在中国共产党第二十次全国代表大会上的报告》，人民出版社 2022 年版，第 49 ~ 50 页。

空气污染物的主要成分。数据显示，2022 年，在监测的 339 个地级及以上城市中，全年空气质量达标的城市占 62.8%，未达标的城市占 37.2%；细颗粒物（PM$_{2.5}$）年平均浓度 29 微克/立方米，比上年下降 3.3%。① 但这和欧盟标准相比仍有很大的改善空间。

2. 严重的水和土壤污染

数据显示，2016 年，我国地表水监测断面的重污染比例约是 10%，按功能计算达标的主要江河湖流约为 60%，城市存在大量的黑臭水体；土壤污染的总超标率是 16.1%，耕地土壤点位的超标率为 19.1%，重化工业废弃产地的土壤污染严重；约有 12% 的危险化学品企业距饮用水水源保护区不足 1 公里，区域性、布局性和结构性的环境风险日益显现（吴晓青，2016）。2022 年，全国 3641 个国家地表水考核断面中，全年水质优良（Ⅰ～Ⅲ类）断面比例为 87.9%，Ⅳ类断面比例为 9.7%，Ⅴ类断面比例为 1.7%，劣Ⅴ类断面比例为 0.7%。② 在防治土壤污染方面，我国一直在稳步推进净土保卫战，2020 年，受污染耕地的安全利用率约为 90%；污染地块的安全利用率约为 93% 以上。③ 尽管目前我国的污染防治力度不断加大，水和土壤污染治理有了明显改善，但其成效还不稳固，生态保护仍任重道远。

3. 资源能源的过度消耗与巨大的污染物排放

能源和生态安全是关系我国社会经济发展的基础性与战略性问题。煤炭是我国的主体能源。它在一次能源中的消费比例一直在 60% 以上，但我国的煤炭资源保障能力不足且绿色程度较低。与此同时，矿山环境治理作为目前生态环境治理的主体还需要进一步加大力度以保障新发展阶段的"绿水青山"，从而提升能源和生态安全的保障程度。目前我国为完成工业化和城镇化任务，基础设施的完善还需要消耗资源能源和排放温室气体、污染物。为此，我国要努力降低资源消耗与环境污染以构建资源高效利用的政策体系。

---

① ② 《中华人民共和国 2022 年国民经济和社会发展统计公报》，国家统计局网，http://www.stats.gov.cn/sj/zxfb/202302/t20230228_1919011.html。

③ 周友亚、易志坚：《深入开展土壤污染防治行动的建议》，载于《中国环境报》2021 年 2 月 5 日。

4. 新污染物的危害

所谓"新污染物"是指由人类活动造成、还缺乏法律法规与标准加以明确规定的污染物。自 2010 年起，中国的化工产值居世界首位，成为世界上化学品生产与消费的大国。这给国人生产与生活提供更加丰富和优质服务的同时，也带来日益增多的新污染物。常见的新污染物种类包括全氟类化合物、溴化阻燃剂、内分泌干扰物、饮用水消毒副产物等，另外还有微塑料、个人洗护用品、药品、人造纳米材料、防污涂料、汽油添加剂以及添加剂等。这些都严重威胁着人体健康和生态环境。

目前，我国在经历了 40 多年的快速发展之后，其生态环境已无法再支撑粗放型的经济发展方式，因而加快绿色发展与改善生态环境质量就比以往任何时候都更加迫切。习近平总书记指出："保护生态环境就是保护生产力、改善生态环境就是发展生产力。"[①] 因此，经济发展必须和生态保护相统一，要走出一条经济、生态和社会等效益相协调的可持续发展之路。2013 年 4 月，习近平总书记到海南考察时提出，老百姓的生态需求是其最基本的民生需求，即"良好生态环境是最公平的公共产品，是最普惠的民生福祉"。[②] 生态环境如果被污染，那么人民生活所需的食物和水、燃料与木材以及纤维等都会无法获得，也不会有大气、水和粮食以及木材与能源等的安全，从而会危及人民生命财产安全。同年 9 月，习近平总书记出访哈萨克斯坦。他在纳扎尔巴耶夫大学回答学生提问时谈到了发展经济与保护环境之间的关系，即"我们既要绿水青山，也要金山银山。宁要绿水青山，不要金山银山，而且绿水青山就是金山银山"（"学习笔记"小组，2016）。2021 年 4 月，习近平总书记在参加首都义务植树活动时强调，加强生态文明建设是贯彻新发展理念和推动经济社会高质量发展的必然要求，同时也是人民群众追求高品质生活的共识与呼声。在新发展阶段，我们必须牢固树立绿水青山就是金山银山的理念，坚定不移走生态优先和绿色发展之路，努力增加森林面积并提高生态系统的碳汇增量，从而为实现碳达峰、碳中和目标以

---

① 《习近平谈治国理政》，外文出版社 2014 年版，第 209 页。

② 《十八大以来重要文献选编》（上册），中央文献出版社 2014 年版，第 629 页。

及为维护全球生态安全作出中国贡献。① 由此，中国的发展就是要实现"无山不绿，有水皆清，四时花香，万壑鸟鸣，替河山装成锦绣，把国土绘成丹青"的绿色目标。

5.3.3　绿色发展的实现路径

恩格斯曾指出，我们"决不像站在自然界之外的人似的去支配自然界——相反，我们连同我们的肉、血和头脑都是属于自然界和存在于自然界之中的；我们对自然界的整个支配作用，就在于我们比其他一切生物强，能够认识和正确运用自然规律"②。在我国，自党的十八大以来，"绿水青山就是金山银山"的观念日益深入人心，并成为全党和全社会的思想指引与行动指南。党的二十大报告又再次强调，我们"必须牢固树立和践行绿水青山就是金山银山的理念，站在人与自然和谐共生的高度谋划发展"。③

以习近平同志为核心的党中央从中国特色社会主义事业"五位一体"总布局的战略高度和实现中华民族伟大复兴中国梦的历史维度，从最开始的顶层设计到全面部署，从最开始仅有严格的制度到更严厉的法治手段重拳出击，强力推进绿色低碳发展。

1. 完善促进绿色生产和低碳消费的法律制度与政策

党的十八届三中全会明确要求"纠正单纯以经济增长速度评定政绩的偏向"。中组部在 2013 年的《关于改进地方党政领导班子和领导干部政绩考核工作的通知》中规定，各类考核考察要加大资源消耗与环境保护等指标的权重，而不能仅仅把地区生产总值和经济增长率作为政绩评价的主要指标。国家自 2015 年以来先后出台了《生态文明体制改革总体方案》《生态环境监测网络建设方案》《生态环境损害赔偿管理规定》《生态保护红线生态环境监督办法（试行）》等，提出要实行地方党政

---

① 《习近平在参加首都义务植树活动时强调：倡导人人爱绿植绿护绿的文明风尚　共同建设人与自然和谐共生的美丽家园》，中国政府网，http://www.gov.cn/xinwen/2021-04/02/content_5597550.htm。

② 《马克思恩格斯文集》（第 9 卷），人民出版社 2009 年版，第 560 页。

③ 习近平：《高举中国特色社会主义伟大旗帜　为全面建设社会主义现代化国家而团结奋斗——在中国共产党第二十次全国代表大会上的报告》，人民出版社 2022 年版，第 50 页。

领导干部自然资源资产的离任审计和生态环境保护责任的终身追究制度；对造成生态环境损害的企业将实行赔偿制度；建立全国统一的实时在线环境监控系统并实现数据的互联共享。2014 年修订、2015 年实施的《中华人民共和国环境保护法》被誉为"史上最严"的环保法；2016 年 1 月实施修正了的《中华人民共和国大气污染防治法》；2018年，修订了《中华人民共和国水污染防治法》；2019 年，《中华人民共和国土壤污染防治法》正式实施。这都为打赢污染防治攻坚战提供了法律保障。另外，为实现生态环境保护，各级地方政府可推行河长制与湾长制，并实现多污染物的联合防治、联防联控和流域共治。2018 年，我国实施生态保护修复重大工程、大规模国土绿化行动以及市场化与多元化的生态补偿机制。习近平总书记指出，"十四五"时期，我国生态文明建设已进入以降碳为重点战略方向和实现生态环境质量改善由量变到质变的关键时期。我们要完整、准确、全面贯彻新发展理念，努力形成节约资源与保护环境的空间格局、产业结构、生产和生活方式，努力建设人与自然和谐共生的现代化。[①] 2021 年 3 月 15 日，他在中央财经委员会第九次会议上还讲到，实现碳达峰和碳中和是一场广泛而深刻的经济社会系统性变革，我国要把两者纳入生态文明建设的整体布局，以抓铁有痕的劲头如期实现 2030 年前碳达峰和 2060 年前碳中和目标。[②]同年，"十四五"规划进一步提出，我国要努力完善生态保护补偿机制和实施生态保护补偿条例，并建立生态产品的价值实现机制，以推动经济社会发展的全面绿色转型和建设"美丽中国"，[③] 从而使人民群众能够享受到山清水秀天蓝地绿的良好生态环境。

2. 推动绿色生产和发展绿色金融

构建市场导向的绿色技术创新体系，以改变过去产业结构偏重与能源结构偏煤的旧发展模式，推动传统制造业和工业园区的绿色低碳化升级与循环化改造。德国的研究表明，企业为绿色技术创新投入 1 万欧

---

① 《习近平谈治国理政》（第 4 卷），外文出版社 2022 年版，第 362 ~ 363 页。

② 《习近平主持召开中央财经委员会第九次会议》，中国政府网，http：//www.gov.cn/xinwen/2021 - 03/15/content_5593154.htm。

③ 《中华人民共和国国民经济和社会发展第十四个五年规划和 2035 年远景目标纲要》，中国政府网，http：//www.gov.cn/xinwen/2021 - 03/13/content_5592681.htm。

元，就可以节省生产成本约 20 万欧元（张志勤，2013）。鉴于绿色低碳技术创新具有一定的风险性，因此为了引导资本向其投资，可采用灵活的风险投融资工具与风险分担机制、建立绿色低碳发展基金和绿色低碳标签制度等，以促进企业改造其工艺技术装备和强化消费者对绿色低碳产品的信心。绿色金融也可以促进节能环保与清洁能源等产业的发展壮大，培育节能低碳环保的新市场，从而打造一批龙头骨干企业。为此，党的二十大报告强调，我国要"完善支持绿色发展的财税、金融、投资、价格政策和标准体系，发展绿色低碳产业，健全资源环境要素市场化配置体系，加快节能降碳先进技术研发和推广应用"。[①]

3. 构建清洁低碳与安全高效的能源体系

"十四五"时期，我国将推动能源革命，构建清洁低碳、安全高效的现代能源体系，以提高其能源供给保障能力和维护国家的能源安全。这包括推动能源结构优化升级、构建现代能源储运网络和智慧能源系统等。能源发展的重点工程包括高效智能电力系统、煤炭清洁高效利用、可再生能源、核电、非常规油气、清洁能源消纳和存储、能源输送通道以及能源关键技术装备等。党的二十大报告强调，我国将努力"完善能源消耗总量和强度调控，重点控制化石能源消费，逐步转向碳排放总量和强度'双控'制度。推动能源清洁低碳高效利用，推进工业、建筑、交通等领域清洁低碳转型。……加快规划建设新型能源体系"，[②] 以确保能源安全。

4. 推动绿色消费

倡导简约适度以及绿色低碳的生活方式。每一个人都要从自身做起，从身边的小事做起，在衣、食、住、行和旅游等方面奉行节约优先的理念，努力降低能耗、物耗并在生产和生活系统实现循环链接。正如习近平总书记所讲，我们"要大力宣传绿色文明，增强全民节约意识、

---

① 习近平：《高举中国特色社会主义伟大旗帜　为全面建设社会主义现代化国家而团结奋斗——在中国共产党第二十次全国代表大会上的报告》，人民出版社 2022 年版，第 50 页。

② 习近平：《高举中国特色社会主义伟大旗帜　为全面建设社会主义现代化国家而团结奋斗——在中国共产党第二十次全国代表大会上的报告》，人民出版社 2022 年版，第 51 ~ 52 页。

环保意识、生态意识，倡导简约适度、绿色低碳的生活方式，把建设美丽中国转化为全体人民自觉行动"。①

绿色发展是一场涉及人们价值理念、生产和生活方式的伟大变革。它将超越旧的发展模式，改变原来经济腿长和环境腿短的缺陷并塑造新的发展观和政绩观，以引领和改变人们的生产与生活方式。在山水林田湖草这一生命共同体中，相关各方要打造你中有我、我中有你的共生格局，以实现山清水秀和鸟语花香以及人与自然和谐相处的"绿色奇迹"。这样，人民群众才能呼吸着新鲜空气、喝着干净水和吃着安全放心食物，并为中华民族赢取可持续发展的光明之未来。习近平总书记强调："人类可以利用自然、改造自然，但归根结底是自然的一部分，必须呵护自然，不能凌驾于自然之上。我们要解决好工业文明带来的矛盾，以人与自然和谐相处为目标，实现世界的可持续发展和人的全面发展。"②

5.4 开放发展

5.4.1 开放发展理念提出的背景和意义

开放发展主要是解决发展的内外联动问题，旨在进一步提升开放型经济水平。它是基于中国对外开放中面临的矛盾与问题，准确把握当今世界和我国发展大势而提出的。

1. 对国内外发展趋势的把握

近些年来，中国对外开放的环境已发生深刻变化并面临新的局势。一是国际环境复杂多变和挑战多发，地区冲突与动荡频发，恐怖主义和难民潮此起彼伏。在全球新冠肺炎疫情大流行的背景下，世界经济复苏乏力，贸易保护主义和单边主义抬头，逆全球化兴起。由此，世界各国

---

① 《习近平谈治国理政》（第4卷），外文出版社2022年版，第366页。
② 习近平：《携手构建合作共赢新伙伴同心打造人类命运共同体》，载于《人民日报》2015年9月29日。

既需要合作应对各种问题与挑战，相互之间也存在如科技创新、重新打造国际贸易规则、建立新型国际关系等方面的激烈竞争。中国只有进行更高质量的对外开放才能顺应和平、发展以及合作共赢的世界潮流，并有效应对区域贸易协定和贸易壁垒带来的挑战。二是从国内看，在新常态和新发展阶段，经济的高质量发展需要高水平的对外开放。开放发展所倡导的是基于国内外形势，以新的思路来发展更高水平与更高层次的开放型经济。正如习近平总书记所说："我们将坚定不移扩大对外开放，实现更广互利共赢。奉行互利共赢的开放战略，不断创造更全面、更深入、更多元的对外开放格局，是中国的战略选择。中国对外开放不会停滞，更不会走回头路。"① 2018 年 11 月，他又强调："中国开放的大门不会关闭，只会越开越大。中国推动更高水平开放的脚步不会停滞！中国推动建设开放型世界经济的脚步不会停滞！中国推动构建人类命运共同体的脚步不会停滞！"② 2022 年 4 月 21 日，在博鳌亚洲论坛 2022 年年会开幕式上，习近平总书记发表主旨演讲强调，中国将继续建设开放型世界经济和把握经济全球化发展大势，并努力加强宏观政策协调以维护全球产业链供应链稳定，从而促进全球平衡、协调和包容发展。③ 为此，我国要立足国际和国内两种资源与市场，以对外开放促进国内的改革、发展和创新，同时助推经济全球化向着更加开放、普惠和共赢的方向发展，让世界各国人民都能共享发展成果。

2. 对经济与社会发展规律认识的深化

习近平总书记曾一语道破世界经济发展的规律，即各国经济"相通则共进，相闭则各退"。④ 当今世界，在生产国际化程度不断提高和世界各国经济联系日益密切的背景下，经济全球化已成为不可逆转的时代潮流。世界银行在 2008 年发布的报告显示，全世界有 13 个经济体曾出现过持续 25 年以上的经济高速增长（任理轩，2015），其共同特征就是对外开放。中国经过 40 多年的改革开放，也从一个贫穷落后的农业国家

---

① 习近平：《中国发展新起点，全球增长新蓝图——在二十国集团工商峰会开幕式上的主旨演讲》，载于《人民日报》2016 年 9 月 4 日。

②④ 习近平：《在首届中国国际进口博览会开幕式上的主旨演讲》，中国政府网，http：//www. gov. cn/xinwen/2018 – 11/05/content_5337572. htm。

③ 《习近平在博鳌亚洲论坛 2022 年年会开幕式上的主旨演讲》，中国政府网，http：//www. gov. cn/xinwen/2022 – 04/21/content_5686424. htm。

转变为世界第二大经济体。世界上许多国家之所以受益于对外开放合作，是因为这符合经济发展规律，即对外开放能够深化分工、发挥各自优势和扩大市场，从而为世界各国的经济发展提供重要动力。经济全球化发展到今天，世界经济已逐渐融为一体。全球化的形式与内容也面临新的调整。只有用新的方法和思路打开国门参与全球合作，充分利用国际和国内两个市场，才能获得经济发展所必需的资金、技术、资源、市场和人才等。为此，习近平总书记提出要在更大范围和更宽领域以及更深层次上提升我国的开放型经济，以实现经济高质量发展和创造更多社会财富。

5.4.2　开放发展的含义

我国的开放发展主要是解决内外联动问题，其目标为提高开放型经济的质量与层次。它包括主动、双向、公平、全面和共赢等的开放，以推动发展更加包容、普惠和平衡的经济全球化。

1. 主动开放

顺应中国已深度融入经济全球化的发展趋势，把开放作为其内在要求，积极主动地扩大对外开放。正如习近平主席所讲："开放带来进步，封闭必然落后""中国的发展离不开世界，世界的繁荣也需要中国""我们改革的脚步不会停滞，开放的大门只会越开越大"。[①]

我国主动对外开放，就是要确定与其他国家进行经济合作的基本准则——既符合我国利益又能促进共同发展以实现互利与共赢；积极参与全球经济治理和公共产品的供给以提高在其中的话语权；实现对外开放和维护国家经济安全的有机统一。近年来，中国在传统的货物贸易领域多次下调进口商品关税，2018年首创以进口为专题的中国国际进口博览会，推动二十国集团合作的加强，"一带一路"建设，筹建亚洲基础设施投资银行等，这些都充分体现中国向世界主动开放市场的诚意。例如，我国推进"一带一路"建设，以改善沿途各国的发展环境为出发点和以基础设施建设等为载体，将更多的国家和资源吸引到国际公共产

---

① 习近平：《开放的大门只会越开越大》，载于《人民日报》2019年11月5日。

品建设中来。这既为沿途国家的经济发展创造了良好条件，也为拉动全球经济增长提供了新动能。中国倡议建立亚投行，就是要主动承担更多的国际责任，推动现有国际经济体系的完善并提供国际公共产品等，以打造推动世界各国包容互惠发展的新公共平台。

2. 双向开放

坚持引进来和走出去并重。这是我国统筹利用国内外两个市场与两种资源的重要途径。这就要求促进国内国际要素的有序流动、资源的高效配置和市场的深度融合。一是为加快经济发展方式转变，要注重提高外资引进的质量，即在吸引外资的同时，也注重吸收创新的技术、先进的管理经验以及高素质人才等，努力在全球价值链分配中处于优势地位。二是为适应对外开放从贸易大国向贸易强国与投资大国目标的转变，要支持企业扩大对外投资，推动装备、技术和服务走出去，并促进对外投资与贸易以及外资的使用等能够持续、健康和平衡发展。

3. 公平开放

推进形成内外资公平竞争的发展环境，这就要改变原来依靠土地和税收优惠等招商引资方式，通过营造法治化、便利化和国际化以及公平竞争的氛围，为外资企业提供可预期的营商环境。就像习近平总书记所强调的，"中国将尊重国际营商惯例，对在中国境内注册的各类企业一视同仁、平等对待"。[①]

4. 全面开放

通过扩大范围和拓宽领域的全方位开放，打造陆海内外联动与东西双向互济的开放新格局，并协同推进战略互信、经贸合作和人文交流。一是坚持"走出去"战略，统筹多边与区域的开放合作，对发达国家和发展中国家的开放并重以扩大各方利益交汇点；实施自由贸易区战略和"一带一路"建设，促进国与国之间基础设施建设达到互联互通，以实现陆海内外的联动。到 2020 年 11 月，中国已签署自由贸易协定 19

151

---

① 习近平：《在首届中国国际进口博览会开幕式的主旨演讲》，中国政府网，http://www.gov.cn/xinwen/2018－11/05/content_5337572.htm。

个，与 26 个自贸伙伴的贸易覆盖率从 27% 提高到 35% 左右，[①] 形成了立足周边和辐射"一带一路"沿线以及面向全球的开放新格局。二是随着经济全球化的发展，中国将从原来制造业中的实物贸易扩大到服务贸易（如金融、保险、电信、教育、咨询、建筑、交通和旅游等），以实现多领域的对外开放。目前，我国在 WTO 对服务贸易定义的 160 个部门中已开放近 120 个，相比加入时商定的数目多了 20 个，[②] 在海运和内水运输方面的开放已超过发达国家。三是改变目前东部地区对外开放领先而西部地区落后、沿海地区领先而内陆地区落后的局面，逐步实现沿海和内陆以及沿边三者之间的协同发展。

5. 共赢开放

加强世界各国之间的交流与合作并实现互利共赢。世界各国之间的经贸往来已日益频繁，其产业链、供应链和价值链涉及大部分国家，相互影响的利益交融关系越加明显。

面对经济全球化在形式与内容上的新变化，开放发展要更加注重包容、普惠和共赢。中国开放发展的宗旨就是要向世界学习并为世界发展做贡献。因此，共赢开放就是要全球合作与反对贸易保护主义，维护并加强多边贸易体制，在合作中共同繁荣；要将区域自由贸易安排作为贸易体制的辅助，而不是新的壁垒。这就要求开展全方位与多层次的国际合作以实现互利共赢，积极推动人类命运共同体的构建，为世界经济可持续发展贡献"中国智慧"。习近平总书记在党的十九大报告中曾再次发出倡议，即"各国人民同心协力，构建人类命运共同体，建设持久和平、普遍安全、共同繁荣、开放包容、清洁美丽的世界"。[③] 党的二十大报告也强调："中国始终坚持维护世界和平、促进共同发展的外交政策宗旨，致力于推动构建人类命运共同体";[④] "构建人类命运共同体是世界各国人民前途所在。……只有各国行天下之大道，和睦相处、合作

① 陈淑梅：《签署 RCEP：从自由贸易协定到经济伙伴关系协定》，载于《中国社会科学报》2020 年 12 月 15 日。

② 《WTO 总干事：中国是全球贸易一体化推动增长发展的教科书案例》，载于《新民晚报》2021 年 12 月 13 日。

③ 《习近平谈治国理政》（第 3 卷），外文出版社 2020 年版，第 46 页。

④ 习近平：《高举中国特色社会主义伟大旗帜　为全面建设社会主义现代化国家而团结奋斗——在中国共产党第二十次全国代表大会上的报告》，人民出版社 2022 年版，第 60 页。

共赢，繁荣才能持久，安全才有保障"。[①] 由于中国的努力，构建人类命运共同体已被写入联合国决议并被广大成员国所认可。

5.4.3　开放发展面临的机遇和挑战

当今世界正经历着新一轮的大发展和大变革。世界各国之间的经济联系日益密切，其产业合作与竞争的态势正发生重大调整。这为中国提升其在全球产业价值链中的地位创造了良好机遇，即以现代信息技术为代表的新科技革命将促进产业结构的优化升级，高端产业正加速转移，高端人才也加速回流，低成本的海外并购，能够参与全球的基础设施建设和治理体系变革等。但是，目前世界经济增长格局正发生重大变化，中国的开放发展也面临新挑战，即资本开放程度的提高和跨境流动的加速增大了金融风险；竞争的加剧和外需不足以及人口红利的消失等都抑制出口的增长；随着我国经济的崛起，新一轮保护主义经贸规则的压力扑面而来等。

面对世界经济发展的复杂局面，习近平总书记围绕我国和平发展战略与外交方针，以其广阔的国际视野，广泛与世界各国深入交往，先后开展了一系列重大经济外交活动和参与了一系列国际重要经济会议，并阐述了其促进区域合作与世界经济增长、完善全球经济治理等主张，如秉持正确义利观，完善全球治理机制以构建人类命运共同体，提出"建设丝绸之路经济带"和"21世纪海上丝绸之路"的倡议等。他还强调，中国的经济外交工作须发挥其比较优势以在国际竞争中扬长补短。党的十九大报告指出，我国要打造面向全球的贸易和投融资、生产与服务网络以及国际经济合作与竞争的新优势，以高水平开放推动经济实现高质量发展。[②] 面对当今世界的"逆全球化"与疫情肆虐，习近平总书记在2021年1月25日召开的世界经济论坛"达沃斯议程"对话会上讲道："中国始终支持经济全球化，坚定实施对外开放基本国策。中国将继续促进贸易和投资自由化便利化，维护全球产业链供应链顺畅稳定，推进

153

---

① 习近平：《高举中国特色社会主义伟大旗帜　为全面建设社会主义现代化国家而团结奋斗——在中国共产党第二十次全国代表大会上的报告》，人民出版社2022年版，第62页。

② 《习近平谈治国理政》（第3卷），外文出版社2020年版，第27页。

高质量共建'一带一路'。"[1]

5.4.4　开放发展的路径选择

对外开放作为我国的基本国策，是国家繁荣发展的必由之路。面对当今纷繁复杂的世界局势与全球新冠肺炎疫情，习近平总书记多次强调中国对外开放的决心，提出要在新发展格局的构建中打造对外开放新高地。例如，他在 2022 年 4 月主持十九届中央政治局第三十八次集体学习时讲道："我们持续扩大对外开放，着力构建以国内大循环为主体、国内国际双循环相互促进的新发展格局，建设更高水平开放型经济新体制。"[2]

1. 发展的内外联动

深度融入世界经济，发展更高层次的开放型经济，就是要解决发展的内外联动问题，即充分利用"两种资源、两个市场"，并在供给和需求两侧同时发力。在供给侧，我国要利用全球的人才、技术与管理等高端生产要素促进企业的科技创新，以提升其产品质量和品牌以及在全球产业价值链中的地位。在需求侧，我国则要努力扩大国际市场份额以支撑企业创新和产业结构升级，并加速升级出口结构。正如党的二十大报告所讲，要"依托我国超大规模市场优势，以国内大循环吸引全球资源要素，增强国内国际两个市场两种资源联动效应，提升贸易投资合作质量和水平"。[3]

2. 完善对外开放的区域布局、贸易布局和双向投资布局

一是开放发展与区域经济的协调发展相结合。我国的对外开放是从沿海起步，并从沿海和沿江，再到内陆和沿边的逐步推移。"十四五"规划提出，要优化区域开放的布局，并鼓励各地方立足其比较优势进一步扩大开放，强化区域之间的开放联动，以构建陆海内外联动、东西双

---

① 《习近平在世界经济论坛"达沃斯议程"对话会上的特别致辞》，中国政府网，http：//www. gov. cn/xinwen/2021 – 01/25/content_5582475. htm。

② 《习近平谈治国理政》（第 4 卷），外文出版社 2022 年版，第 218 页。

③ 习近平：《高举中国特色社会主义伟大旗帜　为全面建设社会主义现代化国家而团结奋斗——在中国共产党第二十次全国代表大会上的报告》，人民出版社 2022 年版，第 32 页。

向互济的开放格局。① 党的二十大报告也强调，我们要"优化区域开放布局，巩固东部沿海地区开放先导地位，提高中西部和东北地区开放水平。加快建设西部陆海新通道。加快建设海南自由贸易港，实施自由贸易试验区提升战略，扩大面向全球的高标准自由贸易区网络"。② 为此，我国既要支持沿海地区参与国际经济合作与竞争，也要加快开放内陆与沿边地区并使其成为开放新高地，同时还要使沿海、内陆和沿边之间分工协作与互动发展，从而形成陆海内外联动、东西双向互济的开放格局以及区域的协调发展。二是建设贸易强国。2017 年，党的十九大报告指出，我国要"拓展对外贸易，培育贸易新业态新模式，推进贸易强国建设"。③ "十四五"规划提出要立足国内大循环，协同建设强大的国内市场和贸易强国，以使中国能够成为全球资源要素的强大引力场，进而促使内需与外需、引进外资和对外投资之间的协调发展，从而培育参与国际合作与竞争的新优势。④ 党的二十大报告又强调，我们要"稳步扩大规则、规制、管理、标准等制度型开放。推动货物贸易优化升级，创新服务贸易发展机制，发展数字贸易，加快建设贸易强国"。⑤ 为此，我国的贸易结构要实现由过去的大进大出转变为优质优价与优进优出，即从产品的质量、品牌和服务等入手培育竞争新优势，并以此取代原来以价格竞争为主要特征的传统竞争优势，从而实现由贸易大国向贸易强国的转型。三是在引进国外资金与技术的同时也大力支持企业扩大其对外投资，并为国际产能和装备制造合作搭建金融服务平台和提供良好服务。正如党的二十大报告指出的，我国要"深度参与全球产业分工和合作，维护多元稳定的国际经济格局和经贸关系"。⑥

3. 培育国际经济合作与竞争新优势，形成对外开放新体制

我国要进一步降低关税，实现高水平的贸易与投资便利化，提高通

①④　《中华人民共和国国民经济和社会发展第十四个五年规划和 2035 年远景目标纲要》，中国政府网，http://www.gov.cn/xinwen/2021-03/13/content_5592681.htm。

②⑥　习近平：《高举中国特色社会主义伟大旗帜　为全面建设社会主义现代化国家而团结奋斗——在中国共产党第二十次全国代表大会上的报告》，人民出版社 2022 年版，第 33 页。

③　《习近平谈治国理政》（第 3 卷），外文出版社 2020 年版，第 27 页。

⑤　习近平：《高举中国特色社会主义伟大旗帜　为全面建设社会主义现代化国家而团结奋斗——在中国共产党第二十次全国代表大会上的报告》，人民出版社 2022 年版，第 32~33 页。

关的便利化水平和发展跨境电子商务等新业态与新模式；提升上海、广东、天津、福建和海南等自由贸易试验区的建设质量以便更大范围推广；实施准入前的国民待遇和精简外商投资准入负面清单，以放宽市场准入条件、减少投资限制和提升其自由化水平；进一步完善公开、透明的涉外法律体系和构建安全的金融体系以防范风险。党的二十大报告强调，我们将"合理缩减外资准入负面清单，依法保护外商投资权益，营造市场化、法治化、国际化一流营商环境"。① 中国通过营造合作共赢的市场与法治环境将会形成有利于培育新竞争优势的制度安排。

4. 打造人类命运共同体，推进"一带一路"建设

今日之世界已成为一个你中有我、我中有你的命运共同体。中国要实现其发展目标，除自身努力外还需要两个重要因素，即持久和平的国际环境与开放包容的国际合作。为此，中国人民既会珍惜也会尽最大努力去维护与保卫和平、安全与稳定，走出一条和平发展之路，推动建立人类命运共同体。习近平总书记提出："人类正处在大发展大变革大调整时期。……中国方案是：构建人类命运共同体，实现共赢共享。"② 一是中国作为大国，将身体力行，率先垂范，勇于推动，敢于担当，践行国家间相互尊重、相互了解和理解，推动各国包容共赢、协调联动，携手构建合作共赢新伙伴。当然，中国会寻求其承担能力与国际责任之间的平衡。二是"一带一路"建设顺应时代潮流，是我国扩大对外开放的重大战略举措。党的二十大报告指出，我国要"推动共建'一带一路'高质量发展"。③中国将坚持共商和共建以及共享之原则，努力实现和沿途国家的共创与共享。推进"一带一路"建设，我国要弘扬开放包容和互学互鉴的精神，坚持以人为本和互利共赢，通过与沿线国家或地区之间的政策沟通、设施联通、贸易畅通、资金融通和民心相通，在文化与旅游、教育和科技、金融、卫生与环保等领域开展广泛合作，以造福当地的居民。例如，在国家层面优化相互的投资环境，包括构建投资与贸易的磋商和保护机制；推动双边或多边谈判，以建立在海关、电子商务和运输物流等领域的合作机制；启动标准一致化的磋商和加强

---

① ③ 习近平：《高举中国特色社会主义伟大旗帜　为全面建设社会主义现代化国家而团结奋斗——在中国共产党第二十次全国代表大会上的报告》，人民出版社 2022 年版，第 33 页。

② 《习近平谈治国理政》（第 2 卷），外文出版社 2017 年版，第 538～539 页。

信息沟通与发布等。这些举措都会给沿线各国人民带来实实在在的利益，为世界经济的可持续发展提供新动力，使经济全球化能够向着更加普惠和共赢的方向发展。目前，在习近平总书记的亲自谋划、部署与推动下，"一带一路"共建已成为有着理念引领、合作机制以及务实项目的重要国际公共产品与全球经济合作平台。到 2023 年 2 月中旬，中国已和 151 个国家、32 个国际组织签署"一带一路"共建的合作文件达 200 余份。2013～2022 年，中国和"一带一路"沿线国家的年度贸易额已从 1.04 万亿美元扩大到 2.07 万亿美元（彭瑶，2023）；在资金融通方面，已逐步建立起多元、稳定与可持续的"一带一路"投融资体系。例如，从亚洲基础设施投资银行的建立到丝路基金，从《"一带一路"融资指导原则》的制定到《"一带一路"绿色投资原则》的颁布等；在民心相通方面，截至 2022 年已有约 30 个共建国家把中文纳入了其国民教育体系（陈尚文、李欣怡，2022）。当前，尽管国际格局正发生严峻复杂变化，但"一带一路"共建仍呈现出强劲韧性与活力。

5.5　共 享 发 展

共享发展主要是解决公平与正义的问题，它在新发展理念中既是经济与社会发展的归宿也是其出发点和落脚点。

5.5.1　共享发展的含义

共享发展包含四个方面，即全民共享、全面共享、共建共享以及渐进共享。这就回答了经济社会发展由谁共享、共享什么、如何共享以及共享的具体步骤等问题。

1. 全民共享

"共享发展是人人享有、各得其所，不是少数人共享、一部分人共享"[1]。恩格斯也提出要实现"所有人共同享受大家创造出来的福利"[2]。

---

[1]　习近平：《在省部级主要领导干部学习贯彻党的十八届五中全会精神专题研讨班上的讲话》，载于《人民日报》2016 年 5 月 10 日。

[2]　《马克思恩格斯选集》（第 1 卷），人民出版社 1995 年版，第 243 页。

据统计，2022 年，我国城镇居民和农村居民的人均可支配收入分别是 49283 元和 20133 元；城镇居民和农村居民的人均消费支出分别是 30391 元和 16632 元。[①] 由数据可见，农村居民的可支配收入与消费水平都比城镇居民要低，收入分配明显不公。除收入差距外，城乡和区域之间的公共服务差距也比较大。这已是新时代中国社会主要矛盾的显著体现。习近平总书记指出，为了落实共享发展，一是要调动人民的积极性、主动性与创造性以做大"蛋糕"；二是要把做大的"蛋糕"分配好以体现社会主义制度的优越性[②]。2021 年 8 月，习近平总书记主持中央财经委员会第十次会议，强调共同富裕是社会主义的本质要求与中国式现代化的重要特征，是全体人民的富裕，而不是少数人的富裕，是人民群众在物质生活与精神生活方面都富裕。[③] 为此，我国要不断缩小收入分配差距和把做大的"蛋糕"分好，让辛勤的劳动者和建设者都过上有尊严和体面的生活，以体现社会主义制度的优越性并实现全体人民的共同富裕。

2. 全面共享

"共享发展就要共享国家经济、政治、文化、社会、生态各方面建设成果，全面保障人民在各方面的合法权益"[④]。目前我国居民的需求已不仅仅局限于对于物质财富的追求，而是更多地向精神领域倾斜。一是经济上的共享，表现为社会财富的合理分配和贫富差距的逐渐缩小。人们在衣食住行等方面的需求不断得以满足，并能够共享经济发展的成果和实现共同富裕。二是政治上的共享，表现为保障人民当家作主和依法享有生存与发展等权利。三是文化上的共享，表现为提升广大人民群众的文化水平以实现物质与精神文明的全面发展，并共享人类文明的先进成果。在"十三五"规划中，我国提出要推进文化事业与文化产业的双轮驱动，实施重大文化工程和文化名家工程，为全体人民提供昂扬向上、多姿多彩和怡养情怀的精神食粮。"十四五"规划中则提出，我

---

① 《中华人民共和国 2022 年国民经济和社会发展统计公报》，国家统计局网，http: // www. stats. gov. cn/sj/zxfb/202302/t20230228_1919011. html。

②④ 习近平：《在省部级主要领导干部学习贯彻党的十八届五中全会精神专题研讨班上的讲话》，载于《人民日报》2016 年 5 月 10 日。

③ 《习近平谈治国理政》（第 4 卷），外文出版社 2022 年版，第 142 页。

国将不断完善公共文化服务体系并提升其服务水平，即坚持为人民服务的方向，优化城乡文化资源配置以推进其服务体系的一体化建设；实施文化惠民工程的创新并广泛开展群众性文化活动；推进公共图书馆、文化馆、美术馆和博物馆等免费开放和数字化发展；建设智慧广电固边工程与乡村工程；推进全民阅读以建设"书香中国"；利用网上和网下讲好中国故事等,① 旨在努力保障人民群众的文化权益。四是社会方面的共享，表现为社会保障体系的健全和基本公共服务的均等化；社会管理制度和体现权利、机会与规则等公平的法律制度的进一步完善，人民群众都能安居乐业。五是生态方面的共享，表现为人和自然之间相处和谐，努力做到节约资源与保护环境，以满足广大人民对清新空气和碧水蓝天的渴求。

3. 共建共享

"共建才能共享，共建的过程也是共享的过程。要充分发扬民主，广泛汇聚民智，最大激发民力，形成人人参与、人人尽力、人人都有成就感的生动局面"。② 因此，"共建"是作为"共享"的基础和前提并能筑牢其根基；"共享"则是作为"共建"的目的与方向并能激活其动力。"共建共享"实现的前提是利益主体的依法共存，即在保护利益主体地位的合法性前提下促进各主体间的交往合作。共享发展理念既要使人人享有，也要使人人参与、人人尽力和人人贡献。马克思历史唯物史观告诉我们：人民群众既是社会认识和实践的主体，也是社会利益享有的主体。在建设社会主义现代化强国这一伟大实践中，人民群众既是权利与义务相统一的共同体，又是实践主体与利益主体相统一的共同体。共建是共享的基础和前提，只有每一位社会成员都自觉成为有用的实践主体，积极地投入到社会主义现代化建设的队伍中，齐心协力、各尽所能创造出一系列丰硕的成果，才能为社会共享提供丰厚的物质基础与精神财富。因此，我们必须坚持人民主体地位并调动其积极性和创造性，以推进经济与社会的和谐发展。当前，我国要统筹做好疫情防控常态化

159

---

① 《中华人民共和国国民经济和社会发展第十四个五年规划和 2035 年远景目标纲要》，中国政府网，http://www.gov.cn/xinwen/2021–03/13/content_5592681.htm。

② 习近平：《在省部级主要领导干部学习贯彻党的十八届五中全会精神专题研讨班上的讲话》，载于《人民日报》2016 年 5 月 10 日。

与经济社会发展的各项工作，任务依然非常艰巨和繁重。因此，为了推动改革的全面深化、坚决打赢疫情防控人民战争，就必须广泛动员、组织和凝聚群众，"紧紧依靠人民"，努力推进经济与社会的健康持续发展。在进入"十四五"时期的新发展阶段，我国更要调动人的积极性、主动性和创造性，为各行各业的劳动者、创新人才、企业家等创造更能发挥作用的环境和舞台。

4. 渐进共享

邓小平指出："社会主义的本质，是解放生产力，发展生产力，消灭剥削，消除两极分化，最终达到共同富裕。"① 在改革开放初期，我国为调动积极性和提高效率，实行了"让一部分人、一部分地区先富起来"。这在当时有其合理性，但经济高速发展到今天，我国产生了收入差距悬殊的问题，为此必须逐步推进经济发展成果的共享。习近平总书记认为："一口吃不成胖子，共享发展必将有一个从低级到高级、从不均衡到均衡的过程，即使达到很高的水平也会有差别。我们要立足国情、立足经济社会发展水平来思考设计共享政策，既不裹足不前、铢施两较、该花的钱也不花，也不好高骛远、寅吃卯粮、口惠而实不至。"② 2021 年 8 月，习近平总书记在主持中央财经委员会第十次会议时强调："我们要实现 14 亿人共同富裕，必须脚踏实地、久久为功，不是所有人都同时富裕，也不是所有地区同时达到一个富裕水准，不同人群不仅实现富裕的程度有高有低，时间上也会有先有后，不同地区富裕程度还会存在一定差异，不可能齐头并进。这是一个在动态中向前发展的过程。"③ 因此，我国将坚持以人民为中心，在促进经济的高质量发展中逐步实现共同富裕。

5.5.2 共享发展与全面建成小康社会的有机统一

共享发展和全面建成小康社会之间是相辅相成的，其中，前者是中

---

① 《邓小平文选》（第 3 卷），人民出版社 1993 年版，第 373 页。

② 习近平：《在省部级主要领导干部学习贯彻党的十八届五中全会精神专题研讨班上的讲话》，载于《人民日报》2016 年 5 月 10 日。

③ 《习近平谈治国理政》（第 4 卷），外文出版社 2022 年版，第 146～147 页。

国共产党人"为人民服务"这一宗旨的体现，也回答了"发展目标是什么""发展成果如何共享"等问题，从而找到了发展的归宿；全面建成小康社会强调的是要解决发展起来之后出现的发展短板问题，以实现经济与社会发展的更有质量和更公平。

1. 共享发展理念是全面建成小康社会的价值引领与导向

这一理念既是全面建成小康社会的出发点与落脚点，也是其价值引领。它有助于为小康社会的全面建成制定明确的目标和方向并作出科学的顶层设计。物质财富是人类生存和发展的首要条件，也是促进社会再生产的内在驱动力。物质财富分配不均会降低资源的配置效率和导致经济发展缓慢。或者说，如果人民的利益诉求被忽视，那么经济与社会发展就会缺乏生命力与可持续性。邓小平曾经提出要让一部分人和一部分地区先富起来，并通过先富带后富而最终实现共同富裕。中国小康社会的建设也经历了从"全面建设"到"全面建成"以及从先富到共富的"共享"发展过程。进入新时代新阶段，我国将更加注重广大群众的利益诉求以使经济与社会发展成果能够惠及全体人民。

2. 全面建成小康社会是践行共享发展理念的路径

从两者之间的逻辑关系来看，前者是战略目标，后者则是战略指引。小康社会的全面建成就成为推动实现共享发展的途径，而这一过程中的最关键领域是地域之间发展的不平衡、不全面，特别是农村地区和西部地区贫困人口的脱贫问题。全面建成小康社会的重点就是"全面"，即逐步缩小贫困地区与发达地区的差距，让大多数人能够共享经济与社会发展的成果，使其有更多的获得感，衡量标准则是生活水平和质量的普遍提高。因此，中国小康社会全面建成的关键就在农村。为此，一是努力推进城乡之间的融合发展，以解决两者的发展不平衡问题；二是精准扶贫，即针对不同贫困区域的环境和贫困农户的状况，运用科学有效的程序对扶贫对象进行精确识别、帮扶和管理；三是从解决好人民群众普遍关心的突出问题出发，创造新的经济增长点，提高长期经济增长潜力。而新的经济增长点就蕴含在解决好人民群众普遍关心的突出问题当中。到 2020 年，中国实现了第一个百年奋斗目标，即全面建成小康社会。在新发展阶段，我国正朝着全面建成社会主义现代化强

161

国的第二个百年奋斗目标前进。

5.5.3 共享发展的核心与实质就是"以人民为中心"

践行共享发展理念就是要"以人民为中心",努力推进社会公平与共同富裕的实现。这也是改革开放与建设社会主义现代化的根本目的。习近平总书记指出:"要坚持以人民为中心的发展思想,这是马克思主义政治经济学的根本立场。要坚持把增进人民福祉、促进人的全面发展、朝着富裕方向稳步前进作为经济发展的出发点和落脚点。"① 2021年,我国的"十四五"规划提出,要坚持"以人民为中心"和努力维护人民群众的根本利益……不断增进民生福祉和实现人民对美好生活的向往。② 党的二十大报告也强调,我们要"坚持以人民为中心的发展思想。维护人民根本利益,增进民生福祉,不断实现发展为了人民、发展依靠人民、发展成果由人民共享,让现代化建设成果更多更公平惠及全体人民"。③

1. 发展为了人民

马克思认为:"过去的一切运动都是少数人的或者为少数人谋利益的运动。无产阶级的运动是绝大多数人的、为绝大多数人谋利益的独立的运动。"④ 坚持发展为了人民,是共享发展的出发点,也是"以人民为中心"思想的集中体现。为此,我国在制定发展目标时要广泛听取群众呼声,充分考虑人民群众的各种需求且兼顾社会各阶层利益。

2. 发展依靠人民

人民群众是历史的创造者和推动经济与社会进步的决定力量。中国自新中国成立以来之所以能取得如此大的成就,就是中国共产党一直坚

---

① 习近平:《在中共中央政治局第二十八次集体学习时强调:立足我国国情和我国发展实践,发展当代中国马克思主义政治经济学》,载于《人民日报》2015 年 11 月 25 日。

② 《中华人民共和国国民经济和社会发展第十四个五年规划和2035 年远景目标纲要》,中国政府网,http://www.gov.cn/xinwen/2021 –03/13/content_5592681.htm。

③ 习近平:《高举中国特色社会主义伟大旗帜　为全面建设社会主义现代化国家而团结奋斗——在中国共产党第二十次全国代表大会上的报告》,人民出版社 2022 年版,第 27 页。

④ 《马克思恩格斯文集》(第 2 卷),人民出版社 2009 年版,第 42 页。

持群众路线，尊重并保护人民的根本利益，从而依靠人民群众中蕴藏的巨大改革动力和从人民群众的实践中汲取智慧与力量。

3. 发展成果由人民共享

这是中国特色社会主义的终极目标。习近平总书记指出："广大人民群众共享改革发展成果，是社会主义的本质要求，是我们党坚持全心全意为人民服务根本宗旨的重要体现。改革发展搞得成功不成功，最终的判断标准是人民是不是共同享受到了改革发展成果。"[①] 党的二十大报告强调，全体人民共同富裕是中国特色社会主义的本质要求，也是中国式现代化的特征之一。我们要"把实现人民对美好生活的向往作为现代化建设的出发点和落脚点，着力维护和促进社会公平正义，着力促进全体人民共同富裕"。[②]

5.5.4 共享发展需要作出有效的制度安排

党的十八届五中全会强调，要作出更有效的制度安排，为坚持共享发展理念提供实现路径。为此，我国要坚持社会主义的基本经济制度，努力构建初次分配、再分配以及三次分配之间协调配套的基础性制度安排，加大对税收、社会保障和转移支付等的调节力度并提高其精准性，以缩小收入分配差距并使发展成果惠及广大人民群众。

1. 坚持和完善基本经济制度

我国实现共享发展的基础是社会主义制度，即坚持与完善社会主义初级阶段的基本经济制度，尤其是要坚持公有制的主体地位和国有经济的主导作用。一是要坚持"两个毫不动摇"的政策主张，杜绝以发展混合所有制经济为目标的国有企业改革在实践中沦为私有化的可能性。二是要以按劳分配为主体与多种分配方式并存，加快形成体现公平正义要求、符合共享发展方向的收入分配格局。为此，我国要构建以"提

---

① 《中共中央召开党外人士座谈会征求对中共中央关于制定国民经济和社会发展第十三个五年规划的建议的意见》，载于《人民日报》2015 年 10 月 31 日。

② 习近平：《高举中国特色社会主义伟大旗帜 为全面建设社会主义现代化国家而团结奋斗——在中国共产党第二十次全国代表大会上的报告》，人民出版社 2022 年版，第 22 页。

低、扩中、调高"为导向的收入分配调节体系,以形成"橄榄型"的收入分配新格局。三是要坚持按照社会主义市场经济的要求做强做优做大国有经济,不断提升其对于社会主义的意义与价值。

2. 保障与改善民生

习近平总书记指出,中国要"把改革方案的含金量充分展示出来,让人民群众有更多获得感"①。为此,我国要以保障改善民生为出发点与落脚点,在就业、教育、卫生、社会保障等各方面加大投入,让改革发展成果更多、更公平、更实在地惠及人民群众。具体讲:一是要着力解决结构性和摩擦性失业,落实好高校毕业生就业促进计划和创业引领计划,统筹做好国有企业改革、化解过剩产能企业职工下岗再就业问题;二是缩小城乡居民收入差距,取缔非法和不合理(垄断和权力寻租)等收入,并努力实现"两个同步",即居民收入和经济增长、劳动报酬与劳动生产率提高两者之间的同步;三是大力发展教育事业,继续推行科教兴国战略和人才强国战略,不断深化教育领域的各项改革,全面实施素质教育,解决好贫困家庭学生的学费问题;四是全面深化医药卫生体制改革和公立医院综合改革,加大重大疾病防治和职业病防治力度,倡导健康生活方式,提高全民健康水平;五是建立公平的社会保障制度,实施全民参保计划,搞好合作医疗并健全政府保障和市场配置相结合的制度,满足困难家庭基本需求。习近平总书记强调,我们要坚持"以人民为中心"的发展思想,"在发展中保障和改善民生,把推动高质量发展放在首位……要以更大的力度、更实的举措让人民群众有更多获得感";②"在幼有所育、学有所教、劳有所得、病有所医、老有所养、住有所居、弱有所扶上持续用力,人民生活全方位改善"。③

综上所述,新发展理念是以习近平同志为核心的党中央把握世界大势和着眼于中国发展全局而作出的重要战略抉择。习近平总书记认为:"这五大发展理念,是'十三五'乃至更长时期我国发展思路、发展方

---

① 《习近平主持召开中央全面深化改革领导小组第十次会议强调:科学统筹突出重点对准焦距,让人民对改革有更多获得感》,载于《人民日报》2015年2月28日。

② 《习近平谈治国理政》(第4卷),外文出版社2022年版,第142~143页。

③ 习近平:《高举中国特色社会主义伟大旗帜 为全面建设社会主义现代化国家而团结奋斗——在中国共产党第二十次全国代表大会上的报告》,人民出版社2022年版,第10页。

向、发展着力点的集中体现，也是改革开放 30 多年来我国发展经验的集中体现，反映出我们党对我国发展规律的新认识。"[1] 创新、协调、绿色、开放和共享是一个有着内在联系的整体并相互贯通和促进，因此要统一贯彻而不能相互替代或顾此失彼。2021 年 7 月 1 日，习近平总书记在庆祝中国共产党成立 100 周年大会上指出，在新的征程上，我们要"立足新发展阶段，完整、准确、全面贯彻新发展理念，构建新发展格局，推动高质量发展，推进科技自立自强……坚持在发展中保障和改善民生，坚持人与自然和谐共生，协同推进人民富裕、国家强盛、中国美丽"。[2] 党的二十大报告也强调："贯彻新发展理念是新时代我国发展壮大的必由之路。"[3] 为此，"十四五"时期，我国要将新发展理念贯穿于经济社会发展的全过程和各个领域，积极构建新发展格局，力争在经济质量和效益显著提升的基础上实现健康持续的高质量发展。

165

---

① 习近平：《关于〈中共中央关于制定国民经济和社会发展第十三个五年规划的建议〉的说明》，载于《人民日报》2015 年 11 月 4 日。

② 习近平：《在庆祝中国共产党成立 100 周年大会上的讲话》，载于《求是》2021 年第 14 期。

③ 习近平：《高举中国特色社会主义伟大旗帜　为全面建设社会主义现代化国家而团结奋斗——在中国共产党第二十次全国代表大会上的报告》，人民出版社 2022 年版，第 70 页。

第6章　新发展格局构建中的供给侧结构性改革

供给侧结构性改革是我国在面临国际和国内环境都发生了深刻变化，传统经济发展模式已难以为继以及经济发展进入新常态的背景下，集中全党和全国人民的智慧，对经济发展思路和工作着力点作出的重大调整。"十四五"时期，我国畅通国内经济循环新发展格局的构建，既要通过需求侧管理以扩大总需求，也要深化供给侧结构性改革这条主线，通过供给侧结构性改革和需求侧管理的动态协同，来提高供给体系与国内需求的适配性，以形成需求牵引供给和供给创造需求的高水平动态平衡。这是"十四五"乃至更长时期我国经济工作的重要任务，旨在培育经济增长新动力和实现经济高质量发展。

6.1　供给侧结构性改革的提出及其原因

6.1.1　供给侧结构性改革的提出

理论来源于实践。供给侧结构性改革产生的前提背景是经济新常态。习近平总书记指出："党中央提出供给侧结构性改革，是在综合分析世界经济长周期和我国经济发展新常态的基础上，对我国经济发展思路和工作着力点的重大调整，是化解我国经济发展面临困难和矛盾的重大举措，也是培育增长新动力、形成先发新优势、实现创新引领发展的必然要求和选择。"[①]　"从全球看，世界经济复苏乏力，美国、欧洲、

[①]　中共中央文献研究室：《习近平关于社会主义经济建设论述摘编》，中央文献出版社2017年版，第107页。

日本等主要经济体推出多轮量化宽松货币政策，但世界经济尚未从国际金融危机阴影中走出来。究其原因，就是没有对症下药，对复杂的结构问题仅仅使用解决总量问题的药方，原有矛盾没解决，又产生了不少新风险"。[1]

改革开放 40 多年来，中国的经济发展创造了"高增长奇迹"。数据显示，我国国内生产总值由 1978 年的 0.4 万亿元增长到了 2022 年的 121 万亿元，经济总量位居世界第二，仅次于美国。2022 年的工业增加值达到 40 万亿元，是多年位居全球第一的制造业大国。[2] 不过，我国经济仍有"大而不强"的"虚胖"和"大而不优"的质量等问题。这既无法满足广大群众对高质量生活的需要，也无法在日益激烈的国际竞争中占据有利地位。

在新常态背景下，中国经济要想实现由创新驱动的高质量发展就必须解决好供给和需求的"结构性失衡"问题。因此，习近平总书记在 2015 年时提出，中国要"在适度扩大总需求的同时，着力加强供给侧结构性改革，着力提高供给体系质量和效率，增强经济持续增长动力，推动我国社会生产力水平实现整体跃升"。[3] 这是我国在宏观经济调控方面首次提出要从需求侧转向供给侧。同年 12 月，中央经济工作会议从理论思考到具体实践都对供给侧结构性改革做了全面阐述，也从顶层设计、政策措施直至重点任务等做了全链条部署。2016 年，"十三五"规划纲要提出，我国要以供给侧结构性改革为主线，努力扩大有效供给与满足有效需求。正如习近平总书记所讲："当前和今后一个时期，制约我国经济发展的因素，供给和需求两侧都有，但矛盾的主要方面在供给侧"[4]；"如果只是简单采取扩大需求的办法，不仅不能解决结构性失衡，反而会加剧产能过剩、抬高杠杆率和企业成本，加剧这种失衡。基于这个考虑，我们强调要从供给侧、结构性改革上想办法、

---

① 中共中央文献研究室：《习近平关于社会主义经济建设论述摘编》，中央文献出版社 2017 年版，第 104～105 页。

② 《中华人民共和国 2022 年国民经济和社会发展统计公报》，国家统计局网，http://www.stats.gov.cn/sj/zxfb/202302/t20230228_1919011.html。

③ 《习近平主持召开中央财经领导小组第十一次会议》，新华网客户端，https://baijia-hao.baidu.com/s? id=1731178031178988966&wfr=spider&for=pc。

④ 习近平：《在重庆调研时的讲话》，载于《人民日报》2016 年 1 月 7 日。

定政策"。① 因此,"推进供给侧结构性改革是我国经济发展进入新常态的必然选择,是经济发展新常态下我国宏观经济管理必须确立的战略思想"。② 习近平总书记后来又在不同场合多次论述这一问题,系统回答了为什么要进行这一改革、改革改什么、怎样改等重大理论与现实问题,从而为在新阶段推动经济实现更高质量发展提供了理论指导与行动指南。2021 年,《中华人民共和国国民经济和社会发展第十四个五年规划和 2035 年远景目标纲要》又提出,要提升供给体系的适配性,即深化供给侧结构性改革,以提高供给适应、引领和创造新需求的能力。由此可见,供给侧结构性改革是中国"十三五"和"十四五"时期解决经济发展问题的主线,也是其宏观经济政策的主基调。党的十九大报告还把供给侧结构性改革的深化确定为建设现代化经济体系的"第一举措",并且"必须把发展经济的着力点放在实体经济上,把提高供给体系质量作为主攻方向,显著增强我国经济质量优势"。③

6.1.2 供给侧结构性改革的原因

从经济调节的角度讲,市场调节和政府宏观经济调控都是要协调供给与需求以实现两者的平衡。政府往往依据经济体制与宏观经济形势的发展和变化而决定宏观调控政策是以供给侧还是以需求侧为重点。在改革开放之前实行计划经济体制时,我国的经济调节主要是放在供给侧,即政府下达指令性计划,企业为生产而生产,其结果是产品供不应求的"短缺经济"和百姓生活的贫困。1978 年改革开放以来,在一定程度上说主要是需求侧改革,即进一步完善由消费、投资和出口这"三驾马车"协同拉动经济增长的需求以及通过财政和货币政策调节总需求等的机制。

自 2015 年以来,我国之所以提出供给侧结构性改革,其原因就在于对经济发展下行的判断。对处于转型期的中国来讲,尽管其经济发展

---

① 中共中央文献研究室:《习近平关于社会主义经济建设论述摘编》,中央文献出版社 2017 年版,第 115 页。

② 习近平:《在十八届中央政治局第三十八次集体学习时的讲话》,载于《人民日报》2017 年 1 月 23 日。

③ 习近平:《决胜全面建成小康社会 夺取新时代中国特色社会主义伟大胜利》,人民出版社 2017 年版,第 30 页。

持续增长与向好的基本面没有变、潜力足与回旋余地大的特征以及经济结构优化升级的趋势也没有变，但在前进的道路上还必须破除长期积累的一些突出矛盾与问题，例如，经济发展的增速与质量、经济结构的失衡、工业品价格和企业盈利以及财政收入的下滑、概率上升的经济风险等。我国的经济下行虽然仍存在有效需求的不足，但矛盾的主要方面是在供给侧，特别是存在于供给侧的结构性问题，即有效供给不足和无效产能的同时并存。

1. 存在过剩、落后和污染等的无效产能

从供给侧看，我国在 30 多年投资持续扩张的背景下，资本与技术等过度进入中低端产业而导致其产能过剩，例如，我国工业企业的产能利用率平均在 79%，2022 年是 75.6%。① 煤炭、钢铁、水泥、电解铝和平板玻璃以及船舶制造等行业的产能利用率约为 75%，其中有些行业甚至低于 70%（按国际标准衡量，产能利用率低于 75% 即为严重过剩）。目前，产能过剩还传向了新兴产业，如光伏、风电、汽车产业、电脑和手机等，未来机器人和无人机也有出现过剩的可能，因为许多省市都把它们作为新的经济增长点而大力扶持，从而掀起一轮新的生产热潮。持续的产能过剩会对企业竞争力产生很大影响。因为同质低附加值产品的大量产能过剩，同类企业之间就会出现严重的恶性竞争。竞争导致的低价格会使许多企业陷入利润不断减少甚至亏损的境地。这样，企业既难以进行技术创新也在国际上会遭到反倾销投诉，从而影响企业的可持续发展。

2. 总供给与总需求结构的失衡

中国经济既有总供给大于总需求的相对生产过剩，也有总供给和总需求结构的失调。这表现为：一方面是有些原材料（如煤炭、粗钢等）和中低端产品的过剩；另一方面则是高科技产品等中高端产品与老年用品的短缺。中国许多消费者之所以每年跑到海外去"扫货"，就是因为这些产品的品质和功能优于或（和）价格低于国内同类产品。数据显示，2016 年，中国内地出境旅游人数约 1.35 亿人次，连续五年位居世

---

① 《中华人民共和国 2022 年国民经济和社会发展统计公报》，国家统计局网站，http：//www.stats.gov.cn/sj/zxfb/202302/t20230228_1919011.html。

界第一；境外消费总额约 2600 亿美元，占总消费额的 21%。① 2019 年，中国公民的出境旅游人数达到 1.55 亿人次。② 中国总供给与总需求的这种结构性矛盾，原因就在于供给不能适应居民消费需求发生的新变化。在解决了温饱问题并进入中等收入阶段以后，我国居民消费需求已上升为对健康和安全以及高品质的关注与追求，但企业的生产和服务却还停留在过去低收入阶段的供给水平上，只追求数量而不重视高质量。这就造成了有效供给不足与国内消费的外流。

3. 企业成本的上升

近年来，中国企业的生产成本上升较快。一是劳动力成本的上升，即由于人口老龄化状况的日益严重，劳动力优势逐渐消失，随之而来的就是劳动力成本的提高。这就挤压了企业的利润空间，进一步阻碍了经济的止跌回升。二是技术创新成本的上升，即我国目前已不再处于依靠借鉴吸收别国技术来谋求发展的阶段，而必须靠自主研发和创新才能具备国际竞争力。三是企业的环境成本上升，即绿色发展背景下企业发展的环境成本必然上升。

4. 仅靠需求侧"三驾马车"（消费、投资和出口）已无法拉动经济增长

一是消费需求对经济增长的贡献率偏低。国家统计局的数据显示，2012 ~ 2017 年，我国的基尼系数顺次分别为 0.474、0.473、0.469、0.462、0.465、0.467。2021 年为 0.466。国际上通常把 0.4 作为贫富差距的警戒线，超过 0.4 就说明贫富差距较悬殊。富有者边际消费倾向低，贫困者则没有能力消费。但与此同时，国内居民对国外消费品消费却大幅度增加，即国内被激发出来的消费需求转向了国外，而没有形成对本国产品的实际需求。二是投资需求不足。2008 年金融危机以来，我国相应出台了各类政策来刺激投资。国内的投资额也由此大幅度增长，但资本的边际产出效率却明显降低，即每增加一单位的 GDP 所需

---

① 《2017 年中国消费者购买奢侈品数量及公民境外消费与出境人数分析》，中国产业信息网，https：//www. chyxx. com/industry/201712/596571. html。

② 《2019 年中国入出境旅游总人数 3 亿人次同比增长 3.1%》，中国新闻网客户端，https：//baijiahao. baidu. com/s？ id = 1660774105220595490&wfr = spider&for = pc。

要的投资呈现出明显上升的趋势。这就在很大程度上削减了企业家对未来的信心，即投资回报率的降低导致企业投资意愿减弱，从而引起投资需求不足。另外，如果不去除低端无效的产能，投资需求即使被拉动起来也有可能进一步加大这类产能的过剩。三是国际上的外需低迷与出口不景气。由于新冠肺炎疫情的全球大流行，世界经济的增长持续放缓，不景气的国际市场使出口的扩大日益困难。面对西方发达国家的再工业化与工业 4.0，我国原来建立在比较优势基础上的出口竞争力显著下降。

综上所述，从中长期来看，我国经济的回升需要供给侧和需求侧共同发力，但更重要的是在供给侧，即决定经济发展速度和结构升级的关键是在总供给一方。这包括总供给潜在能力的增长快慢、总供给和总需求之间结构的匹配与适应程度。总供给增长和结构升级的快慢则主要取决于自主创新和资本形成以及技术进步的速度。这需要依靠个人和企业以及政府的积极性与创造性来推动。因此，供给侧结构性改革包括了生产力和生产关系两个层面上的改革，既要转变经济发展方式也要进行结构性改革。只有这样，再加上短期的宏观经济调控以及需求管理的配合以减轻经济的波动，我国经济就有可能实现可持续性发展，其中长期发展目标也才有可能顺利实现。正如习近平总书记所说，"供给侧结构性改革是稳定经济增长的治本良药"[①]。

6.2 供给侧结构性改革的含义与理论基础

6.2.1 供给侧结构性改革的基本含义

供给侧结构性改革是指在供给侧对经济结构进行调整与改革，增加制度和产品以及服务的有效供给并提高其质量，以适应人民群众消费需求的变化，从而促进经济与社会健康持续发展。2018 年，我国的供给侧结构性改革政策又被概括为"八字方针"，即"巩固、增强、提升、畅通"，其内涵为巩固"三去一降一补"成果、增强微观主体活力和提

---

① 中共中央文献研究室：《习近平关于社会主义经济建设论述摘编》，中央文献出版社 2017 年版，第 105 页。

升产业链水平，同时还要畅通经济循环。

"供给侧结构性改革"虽然是一个新概念，但供给经济学在经济思想史上却一直占据主导地位。如古希腊色诺芬的《经济论》与英国亚当·斯密的《国富论》，其主题都是研究财富如何增加。而增加财富的背后是迅速发展的生产力。这在宏观经济学中即为"总产出"，属于"供给"的范畴。因此，供给理论既非始于19世纪法国的"萨伊定律"，也不是指20世纪70年代兴起于美国的供给学派。

马克思主义政治经济学对生产力发展规律、市场经济与社会再生产过程的分析等具有其显著优势。但在供给侧结构性改革问题的讨论中，国内有些人将其与西方的供给学派相提并论，认为其理论基础是西方供给学派的学说。这是不正确的。一是西方供给学派主张向企业让利，以满足资本追逐剩余价值的需求；我国的供给侧结构性改革则主张提高供给的质量与效率，以满足人民群众对更加美好生活的需求。习近平总书记指出："供给侧结构性改革的根本目的是提高社会生产力水平，落实好以人民为中心的发展思想"；"就是要深入研究市场变化，理解现实需求和潜在需求，在解放和发展社会生产力中更好满足人民日益增长的物质文化需要"。[1] 二是西方供给学派是以私有化和市场化为核心的"新自由主义"，其目的是反对凯恩斯经济学所主张的政府对经济的干预；我国的供给侧结构性改革则是对马克思主义政治经济学社会再生产理论的继承，强调供给与需求的协调和统一，即"既强调供给又关注需求，既突出发展社会生产力又注重完善生产关系，既发挥市场在资源配置中的决定性作用又更好发挥政府作用，既着眼当前又立足长远"；"同西方经济学的供给学派不是一回事，不能把供给侧结构性改革看成是西方供给学派的翻版"。[2]

6.2.2　供给侧结构性改革的理论基础

马克思主义政治经济学是我国供给侧结构性改革的理论基础。它作

---

[1]　中共中央文献研究室：《习近平关于社会主义经济建设论述摘编》，中央文献出版社2017年版，第102、115页。

[2]　习近平：《在省部级主要领导干部学习贯彻党的十八届五中全会精神专题班上的讲话》，载于《人民日报》2016年5月10日。

为马克思主义的三大组成部分之一，既揭示了资本主义社会的特殊经济运动规律，也揭示了人类社会经济发展的一般性规律，同时也是我国进行社会主义经济建设的理论指导和行动指南。

马克思主义政治经济学认为，在物质资料的社会生产过程中，生产力决定生产关系，生产关系对生产力又有反作用。这二者之间是对立统一的关系。社会再生产过程分为四个环节，即生产（供给）和分配、交换与消费（需求）。这四个相互联系、相互促进又相互制约的环节是缺一不可的，即"生产表现为起点，消费表现为终点，分配和交换表现为中间环节"，[①] 否则，社会再生产过程就会中断而无法继续下去。在这四个方面中，生产决定着分配和交换以及消费，而分配、交换与消费则会对生产产生其反作用，即"构成一个总体的各个环节……一定的生产决定一定的消费、分配、交换和这些不同要素相互间的一定关系。当然，生产就其单方面形式来说也决定于其他要素。例如，当市场扩大，即交换范围扩大时，生产的规模就增大，生产也就分得更细。随着分配的变动，例如，随着资本的积聚，随着城乡人口的不同分配等，生产也就发生变动。随后，消费的需要决定着生产。不同要素之间存在着相互作用。每一个有机整体都是这样"。[②] 生产与消费也存在对立统一关系，即"生产直接是消费，消费直接是生产，每一方直接是他的对方"；"没有生产，就没有消费；但是，没有消费，也就没有生产，因为如果这样，生产就没有目的"。[③] 因此，生产决定着消费的对象和方式，消费则为生产提供动力和目的。

马克思主义政治经济学关于社会再生产过程包括四个环节及其相互关系的原理构成了理解市场经济中供给与需求之间关系的理论基础，同时也成为中国特色社会主义政治经济学解释供给侧结构性改革的出发点。这一原理也在中国的供给侧改革和西方供给学派之间划清了界限。为此，我们要高度重视生产在经济与社会发展中的决定性地位，始终把促进生产力发展摆在首要位置。中国供给侧的结构性改革就是要从生产端着手，解放和发展并保护生产力，使其供给能力与质量能够满足人民群众对更加美好生活的新需求。但同时，我们也要重视分配和交换以及

173

---

① 《马克思恩格斯全集》（第 12 卷），人民出版社 1962 年版，第 739 页。

② 《马克思恩格斯文集》（第 8 卷），人民出版社 2009 年版，第 23 页。

③ 《马克思恩格斯全集》（第 12 卷），人民出版社 1962 年版，第 741 页。

消费对生产的反作用，因为这也是社会再生产能够顺利进行下去的必要条件。否则，如果把生产和消费，即供给侧和需求侧割裂开来而只强调供给侧改革，这是片面的。如果没有需求侧改革的配合，供给侧的改革就不会成功，因为消费是生产的最终目的。因此，习近平总书记提出，"我们讲的供给侧结构性改革，既强调供给又关注需求"，[1] 目的就是要在经济发展过程中实现供给和需求之间的动态平衡，以使供给结构能够和人民群众的需求新变化相适应。2020 年，党的十九届五中全会把"形成强大国内市场、构建新发展格局"作为我国"十四五"时期的重大任务，要求将"扩大内需"作为战略基点以培育完整的内需体系，并把扩大内需战略的实施与供给侧结构性改革的深化实现有机结合，以创新驱动和高质量供给来引领和创造新的需求。[2] 这是党中央为应对日益复杂的国内外形势而作出的重大战略部署，也是中国特色社会主义政治经济学的又一创新成果。

6.3　供给侧结构性改革的实现路径

新时代新阶段我国社会主要矛盾的解决既要从供给侧的结构性改革入手，也要从需求侧的改革入手。2021 年 1 月，习近平总书记在省部级主要领导干部学习贯彻党的十九届五中全会精神专题研讨班上讲道："在我国发展现阶段，畅通经济循环最主要的任务是供给侧有效畅通，有效供给能力强可以穿透循环堵点、消除瓶颈制约，可以创造就业和提供收入，从而形成需求能力。"[3]

6.3.1　供给侧的结构性改革

我国的供给侧结构性改革就是要按照新发展理念的要求，适应经济发展新常态，实现宏观政策的稳、产业政策的准、微观政策的活、改革

---

① 《习近平谈治国理政》（第 2 卷），外文出版社 2017 年版，第 252 页。

② 《中共中央关于制定国民经济和社会发展第十四个五年规划和二〇三五年远景目标的建议》，载于《人民日报》2020 年 11 月 4 日。

③ 《习近平谈治国理政》（第 4 卷），外文出版社 2022 年版，第 176 页。

政策的实和社会政策的托底，其重点任务是"三去"（去产能、库存和杠杆）、降成本和增加新供给以补短板；其路径是以市场为导向优化资源配置以形成供求结构的高效对接，从而使经济发展保持中高速和产业迈向价值链的中高端。

习近平总书记指出："供给侧结构性改革，说到底最终目的是满足需求，主攻方向是提高供给质量，根本途径是深化改革。"[1]《中华人民共和国国民经济和社会发展第十四个五年规划和 2035 年远景目标纲要》也提出，要优化提升供给结构，力促农业、制造业和服务业以及能源资源等产业之间的协调发展；要完善产业配套体系，以实现其上下游、产供销之间的有效衔接；要健全市场化、法治化化解过剩产能的长效机制，并完善企业兼并重组的法律法规与配套政策。[2] 为此，供给侧结构性改革要以新发展理念为价值引领，从经济结构的优化调整入手做好"加减乘除"四则运算，其中，"加法就是发现和培育新增长点，减法就是压缩落后产能、化解产能过剩，乘法就是全面推进科技、管理、市场、商业模式创新，除法就是扩大分子、缩小分母，提高劳动生产率和资本回报率，这是调结构这个四则运算的最终目标"[3]。这一四则运算的重点则是"要处理好减法和加法的关系。做减法，就是减少低端供给和无效供给，去产能、去库存、去杠杆，为经济发展留出新空间。做加法，就是扩大有效供给和中高端供给，补短板、惠民生，加快发展新技术、新产业、新产品，为经济增长培育新动力"。[4]

习近平总书记强调："推进供给侧结构性改革，要从生产端入手，重点是促进产能过剩有效化解，促进产业优化重组，降低企业成本，发展战略性新兴产业和现代服务业，增加公共产品和服务供给，提高供给结构对需求变化的适应性和灵活性。简言之，就是去产能、去库存、去

---

① 中共中央文献研究室：《习近平关于社会主义经济建设论述摘编》，中央文献出版社 2017 年版，第 115 页。

② 《中华人民共和国国民经济和社会发展第十四个五年规划和 2035 年远景目标纲要》，中国政府网，http://www.gov.cn/xinwen/2021-03/13/content_5592681.htm。

③ 中共中央文献研究室：《习近平关于社会主义经济建设论述摘编》，中央文献出版社 2017 年版，第 82 页。

④ 习近平：《在十八届中央政治局第三十八次集体学习时的讲话》，载于《人民日报》 2017 年 1 月 23 日。

杠杆、降成本、补短板。"① 因此，我国供给侧结构性改革的重点任务即为"三去一补"，其中最重要的是"补短板"，即提高高端产品与服务的供给能力。因为我国的供给侧是中低端产品与服务过剩，而高端产品与服务供给能力则明显不足。"补短板"的主要手段就是使市场成为优化资源配置的决定因素，即"完善市场在资源配置中起决定性作用的体制机制，深化行政管理体制改革，打破垄断，健全要素市场，使价格机制真正引导资源配置，同时要加强激励、鼓励创新，增强微观主体内生动力，提高盈利能力，提高劳动生产率，提高全要素生产率，提高潜在增长率"。② 因此，供给侧结构性改革最重要的就是使企业加快创新，不断提升技术及其产品与服务质量，打造品牌。

1. 提升质量和打造品牌

新时代新阶段为了促进经济的高质量发展，供给侧结构性改革的重要抓手就是要提高产品和服务质量。许多发达国家都曾在其经济转型时期将质量的提高确定为国家战略，并因此实现了经济崛起。例如，在20世纪，日本实施质量救国；美国颁布《质量促进法案》；德国则实行了"以质量推动品牌建设，以品牌助推产品出口"等。21世纪之后，发达国家又实施新一轮质量振兴计划，希望以此建设"品质一流国家"并实现其经济的跨越式发展，如《德国工业4.0战略》和美国的《先进制造业国家战略计划》以及韩国的《质量经营基础计划》等。

改革开放40多年，中国经济虽然创造了"高增长奇迹"，但仍存在"大而不强"的"虚胖"问题和"大而不优"的质量问题。供给侧与需求侧之间存在结构性矛盾，即人民群众日常生活中需要的相当一部分产品与服务，我国有能力供给但质量不高。这导致消费者缺乏对国内产品与服务的信任。因此，国内有较高消费能力的人不买本国的中低端产品而去大量购买"洋货"；而愿意购买国内产品与服务且能拉动内需的大量消费者却没有足够的支付能力，从而不能形成国内的有效需求。据统计，在新冠肺炎疫情前，我国居民每年从国外购买的高档商品

① 中共中央文献研究室：《习近平关于社会主义经济建设论述摘编》，中央文献出版社2017年版，第101页。

② 中共中央文献研究室：《习近平关于社会主义经济建设论述摘编》，中央文献出版社2017年版，第115~116页。

与日用消费品总额约为 2000 亿美元，在全球出境游客总消费额中所占比例超过了 20%，位居世界第一。美国游客的境外消费额排名第二，是中国游客消费额的一半。[①] 2019 年，中国出境游客的境外消费额超过 1338 亿美元。[②] 这种"需求外溢"与"消费外流"的主要原因就是国内缺乏高品质产品和服务的供给，不能满足居民消费升级的需要且价格偏高。

经济发展的"低质量"既满足不了人民追求更加美好生活的新需求，也无法在国际经济的激烈竞争中占据优势。中国虽然是世界制造业大国，但制造企业的年均质量损失都超过 2000 亿元左右，约占主营业务收入的 2%，超过发达国家水平；体现产品质量的商品平均出口单价分别比德国、日本和美国大约低 76.2%、57.1% 和 31.9%（韩保江，2018）。因此，供给侧结构性改革和现代化经济体系的建设，就是要提升产品与服务的质量以赢得消费者信任。为此，我国可从以下几个方面入手：一是实施标准化战略，建立健全质量分级制度，并加快标准的升级迭代以及国际标准的转化应用；二是转变经济发展方式和优化经济结构以促进资源向优势企业和高质量产品集中；三是加强对产品与服务质量的监管，加大对假冒伪劣产品的处罚力度；四是企业要视产品质量为生命，并向国际先进质量标准看齐；五是企业要重视消费者的维权和消费信息的反馈，以不断提高其产品与服务质量。

在提升质量的同时还要注意品牌的打造。因为品牌是能够带来溢价和增值的无形资产。中国虽然是生产服装、鞋帽和皮包的大国，但缺乏世界知名品牌。其实许多知名品牌的服装与鞋帽以及皮包等都是在中国生产的，而中国企业拿到的只是极低的加工费。其中的主要原因就是企业不注重品牌打造，缺乏做成百年老店的决心和意志。因此，目前的中国企业必须提高供给质量和打造知名品牌。为此，我国通过实施标准化战略，以标准作为质量提升的标尺，以质量作为品牌打造的支撑，在标准和质量以及品牌的融合发展中实现品牌的高端化和知名化。"十四五"时期，我国将开展"中国品牌创建行动"，努力保护和发展"中华

---

① 《2017 年我国境外消费达 2000 亿美元》，中国财经网，http：//finance. china. com. cn/news/20180312/4566299. shtml。

② 《2019 年我国出境游消费超 1338 亿美元增速逾 2%》，央广网客户端，https：//baijia-hao. baidu. com/s? id = 1683032292009100550&wfr = spider&for = pc。

177

老字号"以提升自主品牌的影响力和竞争力,并率先在服装、家纺、化妆品以及电子产品等消费品领域培育若干高端品牌,力争实现由"制造大国"向"质量强国"和"制造强国"的转型。

2. 加快技术、生产模式以及产业组织创新

中国目前绝大多数产品与服务的问题主要是技术水平不高。例如,我国虽是世界最大家电生产国,但和国外同类产品相比,其技术含量较低,汽车工业也是如此。这就使得国内消费者不愿购买国货。为此,我国的供给侧结构性改革就要加快技术、生产模式以及产业组织创新,即"必须牢固树立创新发展理念,推动新技术、新产业、新业态蓬勃发展,为经济持续健康发展提供源源不断的内生动力"[1];"要紧紧围绕经济竞争力的关键、消费升级的方向、供给侧的短板、社会发展的瓶颈制约等问题,统筹部署创新链和产业链,全面提高创新能力,提高科技进步对经济增长贡献率"。[2] 我国要适应品质化、个性化、差异化消费需求而努力创新,以扩大优质消费品和中高端产品的供给,努力提升产品服务质量和客户满意度,从而推动供需协调匹配。

我国偏低的自主创新能力使得关键核心技术仍受制于人,这已成为制约经济实现可持续发展的关键问题。近年来,国家虽然不断加大其科技研发投入(如 R&D 经费已接近发达国家水平,占到国民生产总值的2.05%),但因为来源主要是国家经费而使用效益不高。国际社会一般认为,企业要能够生存,其 R&D 经费的内部支出要占其主营业务收入的20%;要有竞争力,则需达到50%。而在中国,到2019年,全国规模以上工业企业开展 R&D 活动的有12.9万家,占全部规模以上工业企业的比例是34.2%,即中国有65.8%的规模以上企业没有 R&D 活动;拥有研发机构的规模以上工业企业有8.5万家,约占全部规模以上工业企业的比例是22.5%。[3] 因此,供给侧结构性改革的重点也要包括企业技术创新能力的提高。为此,我国要以新一代的信息、生物、新材料和

---

① 习近平:《在省部级主要领导干部学习贯彻党的十八届五中全会精神专题研讨班上的讲话》,人民出版社2016年版,第35页。

② 中共中央文献研究室:《习近平关于社会主义经济建设论述摘编》,中央文献出版社2017年版,第121页。

③ 《中国规模以上工业企业 R&D 活动概况分析:开展 R&D 活动的规模以上工业企业共12.9万家》,产业信息网,https://www.chyxx.com/industry/202107/965559.html。

新能源等技术为核心，把数字化、网络化和智能化以及绿色化等作为优先发展目标，以推进现代产业技术体系创新和培育若干具有创新能力的骨干企业，真正形成大众创业、万众创新的局面，从根本上解决高端产品与服务供给不足问题，同时也为新旧动能转换培育新优势并增强在国际市场上的竞争力。正如习近平总书记所讲："我们必须坚持深化供给侧结构性改革这条主线，继续完成'三去一降一补'的重要任务，全面优化升级产业结构，提升创新能力、竞争力和综合实力，增强供给体系的韧性，形成更高效率和更高质量的投入产出关系，实现经济在高水平上的动态平衡。"①

6.3.2　需求侧的结构性改革

按照马克思主义政治经济学的观点，供给侧改革与需求侧改革分别属于生产力和生产关系两个层面。中国经济的健康持续发展就需要通过这两个方面的改革来实现。2020 年 12 月的中央经济工作会议指出，要紧紧抓住供给侧结构性改革这条主线，同时也"注重需求侧管理"。习近平总书记也强调，我国"要坚持以供给侧结构性改革为主线，坚持深化改革开放，牢牢把握扩大内需这个战略基点，保护和激发市场主体活力，确保宏观政策落地见效，提高产业链供应链稳定性和竞争力"。②因此，我国在进行供给侧改革的同时也要兼顾需求侧，即努力扩大总需求，从而解决供给与需求两侧的失衡问题。

总需求包括由消费、投资和出口组成的"三驾马车"。但在这"三驾马车"中，世界经济的不景气使出口增长困难；国内的投资率一直比较高，要继续大规模增加投资不太可能，因而需求侧的改革主要是消费，即让消费需求的扩大成为经济增长的主动力。中国产能过剩的主要原因是居民消费需求不足。这包括消费能力与消费意愿的不足，其中，前者是由于其收入水平较低，后者则是指居民虽有一定的收入，但消费意愿不强，其原因是在教育、医疗、养老和住房等方面有后顾之忧而有钱不敢花。这些问题的解决都要求必须进行需求侧的改革。

我国消费需求不足的主要原因是居民收入分配差距的日益扩大。数

---

① 《习近平谈治国理政》（第 4 卷），外文出版社 2022 年版，第 176 页。
② 《习近平谈治国理政》（第 4 卷），外文出版社 2022 年版，第 105 页。

据显示，1981～2014 年，我国的基尼系数从 0.28 升高到 0.47；10% 的最高收入组占有总收入份额的 31.4%，接近财富总额的 1/3，10% 的最低收入组仅占 2.1%（郑新业等，2017）。2015 年，在中国居民的人均可支配收入当中，20% 低收入组和 20% 高收入组的人均收入分别是 5221 元和 54544 元，高是低的 10.45 倍左右（马晓河，2018）。2021 年，我国的基尼系数仍高达 0.47，而主要发达国家的基尼指数一般是在 0.24～0.36 之间。中国的少数富人将大量资金用于境外消费，如在国外购买高档商品和不动产。据全美房地产经纪人协会（NAR）统计，2008～2015 年，中国人在美国购买房地产的交易额为 824 亿美元左右，折合人民币是 5000 亿～6000 亿元；2016 年的消费额是 317 亿美元，比 2015 年的 273 亿美元增长约 16%，而这一数字在 2012 年是 120 亿美元。中国购房者已成近几年美国房地产的最大海外买家。美国的亚洲房产科技集团居外 IQI（Juwai IQI）执行主席乔治·奇米尔（Georg Chmiel）认为，在过去的 10 年里，中国买家已成为美国住房市场需求的主要外国来源。[①] 由此可见，中国由于悬殊的收入分配差距，一方面是富人在国外大量花钱而造成资金外流；另一方面则是国内许多低收入家庭因收入不高而没钱消费，即便对普通商品他们也形不成有效的现实需求从而无法拉动内需。中国居民的最终消费率长期低于国际水平，比印度都低 23 个百分点（王炫、邢雷，2017）。因此，我国的需求侧改革必须把重点放在收入分配制度的完善以及社会保障水平的提高方面，目的就是为了提升中低收入阶层的收入水平及其消费能力。

中国居民消费能力的提高，既需要完善教育、医疗、住房和养老等方面的社会保障制度，以使其摆脱后顾之忧，更要改革收入分配制度以缩小悬殊的收入分配差距。国际经验表明，解决过大收入分配差距的办法一般是通过税收制度的改革和社会保障制度的完善。例如，在 2008 年的美国，其收入最高的 50% 人群与余下的 50% 人群所缴纳的个人所得税分别为联邦所征收个人所得税的 97.30% 和 3%，即目前发达国家税收的主要来源是个人所得税，而我国则主要是增值税与企业所得税，如 2014 年的增值税和企业所得税分别为 25.9% 和 20.7%，二者合计达 46.6%，而个人缴纳的所得税仅占 6.2%（王炫、邢雷，2017）。2020

---

① 《美媒：疫情期间中国人在美国购房数量锐减，但近期有所回升》，载于《环球时报》2021 年 7 月 28 日。

年，我国的企业所得税比重是 23.6%，个人所得税比重约为 7.5%，财产税（车船税和车辆购置税、房产税与城镇土地使用税）比重是 6.1%。而 2019 年经济合作与发展组织（OECD）成员国的同口径平均值，企业所得税比重是 13.2%，个人所得税比重约为 32.4%，财产税比重是 7.6%（中国税务学会课题组，2022）。由此可见，我国个人所得税的比重明显偏低，而企业所得税比重则偏高，财产税比重略微偏低。在中国，尽管亿万富豪数量已超过美国，但他们的缴税却极为有限。个人所得税的纳税主体为工薪阶层。中国因没有遗产税和赠与税，税收制度无法发挥调节收入差距的作用。这也是我国消费率逐渐下降的重要原因。为此，我国在"十四五"乃至更长时期，要继续深化个人所得税制改革，扩大税基、优化税率结构、提高比重以实现公平税负，即应对富人加大征税力度，对工薪阶层要进一步提高其个人所得税起征点，降低个税的税率，并尽快实施以家庭总收入为基础征收个人所得税的改革；对中低收入阶层实行如消费补贴、税前抵扣或税收返还等政策以提高其消费能力。在完善社会保障方面，我国应努力解决中低收入阶层存在的看病贵和养老难等问题，如提高其基本医疗和基本养老等保险的政府补助标准以及困难人口的救助标准等，以降低其预防性储蓄，让他们能够敢花钱、放心花钱。

　　2017 年，党的十九大报告指出，供给侧结构性改革已初见成效，即经济仍保持中高速增长，其结构也不断得以优化，包括数字经济等在内的新兴产业发展迅速。但正如习近平总书记所讲，供给侧结构性改革"要立足当前、着眼长远，从化解当前突出矛盾入手，从构建长效体制机制、重塑中长期经济增长动力着眼，既要在战略上坚持持久战，又要在战术上打好歼灭战"。[①] 这是因为我国经济发展中的结构性失衡除了原来的"老结构病"，即城乡、产业和区域之间、经济发展与环境保护之间以及收入差距悬殊等方面的结构性失衡外，还产生了"新结构病"，即实体经济的供需错配、金融和房地产与实体经济之间出现的失衡等。这些问题的解决都需要打持久战和歼灭战，以克服其背后的体制机制障碍和阶层利益的固化，以推动经济发展动力、产业与要素等结构以及发展模式的转型，从而实现经济的稳中有进和稳中提质。2021 年，

---

　　① 中共中央文献研究室：《习近平关于社会主义经济建设论述摘编》，中央文献出版社 2017 年版，第 120 页。

《中华人民共和国国民经济和社会发展第十四个五年规划和2035年远景目标纲要》提出，要积极全面贯彻创新、协调、绿色、开放和共享的新发展理念，继续以深化供给侧结构性改革为主线，努力提高供给适应、引领和创造新需求的能力，推动经济高质量发展，以满足人民日益增长的美好生活需要。①

在新发展阶段，我国供给侧结构性改革的重点在供给侧，但同时也要进行需求侧管理，以实现供求的动态协调与平衡。供给侧结构性改革仍将按照新发展理念的要求，努力实现宏观政策的稳、产业政策的准、微观政策的活、改革政策的实以及社会政策的托底，其重点任务是"三去"（去产能、库存和杠杆）、降成本和增加新供给以补短板；其路径是以市场为导向优化资源配置以形成供求结构的高效对接，从而使经济发展保持中高速和产业迈向价值链的中高端。习近平总书记指出："面向未来，我们要把满足国内需求作为发展的出发点和落脚点，加快构建完整的内需体系，大力推进科技创新及其他各方面创新，加快推进数字经济、智能制造、生命健康、新材料等战略性新兴产业，形成更多新的增长点、增长极，着力打通生产、分配、流通、消费各个环节，逐步形成以国内大循环为主体、国内国际双循环相互促进的新发展格局，培育新形势下我国参与国际合作和竞争新优势。"② 《中华人民共和国国民经济和社会发展第十四个五年规划和2035年远景目标纲要》也强调，要把扩大内需战略的实施与供给侧结构性改革的深化有机结合起来，以创新驱动和高质量供给来引领、创造新需求，从而努力构建以国内大循环为主体、国内国际双循环相互促进的新发展格局。③

---

①③ 《中华人民共和国国民经济和社会发展第十四个五年规划和2035年远景目标纲要》，中国政府网，http://www.gov.cn/xinwen/2021-03/13/content_5592681.htm。

② 《习近平谈治国理政》（第4卷），外文出版社2022年版，第184页。

第7章　中国特色的现代国有企业改革

国有企业是中国特色社会主义的重要物质基础和政治基础，是推进国家现代化、保障人民共同利益的重要力量，是党执政兴国的重要支柱与依靠力量。自改革开放以来，国有企业改革一直就是中国经济体制改革的中心环节与重头戏，其改革的成败直接关系到国民经济发展与改革开放的全局。国有企业改革的目的是建立现代企业制度，提高其运营效率，实现国有资产的保值和增值。自党的十八大以来，以习近平同志为核心的党中央高度重视公有制经济的主导作用，要求理直气壮地做强、做优和做大国有企业。因为这是壮大国家综合实力、推进现代化建设以及保障人民群众根本利益的重要核心力量，因此必须不断增强其活力、影响力和抗风险能力，实现国有资产的保值与增值。在经济发展新常态下，我国经济发展的速度、结构和动力都呈现出新的阶段性特征。国有企业作为我国先进生产力、国家综合实力和国际竞争力的代表，其行业产业的影响力强，在适应、把握和引领经济发展新常态、推进供给侧结构性改革、实施创新驱动发展战略以及新发展格局构建中将发挥模范带动作用。

7.1　国有企业改革的理论基础

7.1.1　马克思的产权理论

产权即财产权（property rights）。马克思在系统研究了对应于经济领域生产关系的法律领域的财产关系以后认为，"财产关系……只是生产关系的法律用语",① 即产权关系是所有制关系的法律形式。在社会科学史上，马克思"第一次发现产权是生产关系的法律表现"（吴易风，1995）。在马克思看来，产权首先表现为人对物的关系，即一定的主体对物质资料的所有、占有、支配或使用。同时，人们对财产履行一定的职能时，会和其周围相关的人发生一定的联系。因此，产权的直接形式是人对物的关系，但实质上是人与人之间的关系。这是产权的本质。

马克思重点剖析了资本主义的经济关系，同时也从社会经济制度变迁的角度，首次以历史唯物主义观点，科学并系统地论述了财产和财产权的起源及其发展与变迁，提出了产权的各种权利统一与分离的学说。他认为，不同社会有不同的所有制，不同所有制有不同的所有权。马克思把财产权看作是一组权利或若干权利的结合体。在各种所有制内部的产权结构中，马克思除研究了生产资料的所有权之外，还研究了其占有权和使用权、经营权与索取权、继承权以及不可侵犯权等权利，以及这些权利之间的相互关系，即详细分析了这些权利的统一、分离和重组的情况，认为在与财产有关的一系列权利中起决定性作用的是所有权。

马克思认为，财产的各种权利在某些情况下是统一的，即财产所有权可以包括财产的多种权利且都属于财产所有者。而在很多情况下，财产的各种权利是可以分离的。例如，在资本主义经济制度之下，资本和土地的所有权与使用权都是可以相互分离的。马克思还认为，资本所有权虽决定资本主义所有制的基本性质，但却因其他产权不断分离出去并逐渐增强其重要性而日益丧失作用。这表明，资本所有者的寄生性与资本主义生产资料私有制必然被取代，即社会主义社会的生产关系与财产关系最终会取代资本主义社会的生产关系与财产关系。社会主义公有制就是在这种条件下建立的。它可以创造出比旧社会更为先进的生产力并为人的自由而全面发展创造条件。

7.1.2 马克思的股份制理论

在研究了 19 世纪中叶欧洲主要资本主义国家的股份制之后，马克思从生产力和生产关系之间的相互作用，尤其是在市场经济大发展与生

---

① 《马克思恩格斯全集》（第 13 卷），人民出版社 1962 年版，第 8~9 页。

产社会化程度日益提高的基础上阐述了其股份制理论。

1. 股份公司是生产社会化和资本集中的产物

18 世纪开始的第一次工业革命促进了欧洲商品经济和科学技术的大发展，生产的社会化程度不断提高。随着生产规模的日趋扩大，企业经营所需的最低投资额也在不断增长。为此，资本家就发行股票，即以资金入股和联合经营的方式筹集资本并创立股份公司。这是社会化大生产与资本个人所有制之间相互矛盾的产物。马克思认为："还在资本主义生产初期，某些生产部门所需要的最低限额的资本就不是单个人手中所能找到的。这种情况一方面引起国家对私人的补助……另一方面促使对某些工商业部门的经营享有合法垄断权的公司的形成……这些公司就是现代股份公司的前驱。"① 马克思还指出："假如必须等待积累去使某些单个资本增长到能够修建铁路的程度，那么恐怕直到今天世界上还没有铁路。但是，集中通过股份公司转瞬之间就把这件事完成了。"② 由此可见，股份公司产生和快速成长的首要原因就是扩大再生产与资本集中的需要。因此，自 18 世纪开始，股份公司就成为欧美资本主义国家广泛采用的企业组织形式。

马克思认为，信用在促进和加速股份制发展进程中起着极其重要的作用，即"信用制度是资本主义的私人企业逐渐转化为资本主义的股份公司的主要基础"。③ 他形象地说道："一种崭新的力量——信用事业，随同资本主义生产而形成起来。起初它作为积累的小小的助手不声不响地挤了进来，通过一根根无形的线，把那些分散在社会表面上的大大小小的货币资金吸引到单个的或联合的资本家手中；但是，很快它就成了竞争斗争中的一个新的可怕的武器；最后，它变成了一个实现资本集中的庞大的社会机构。"④ 这样，信用制度就通过银行和交易所，依靠发行并买卖企业股票与债券，集中起闲散资金并发放贷款，以使企业扩大生产规模、使用新技术和吞并中小企业等，从而加速了资本积聚与资本集中，使"资产阶级在它的不到一百年的阶级统治中所创造的生产力，

---

① 马克思：《资本论》（第 1 卷），人民出版社 2004 年版，第 358 页。
② 马克思：《资本论》（第 1 卷），人民出版社 2004 年版，第 724 页。
③ 马克思：《资本论》（第 3 卷），人民出版社 2004 年版，第 499 页。
④ 马克思：《资本论》（第 1 卷），人民出版社 2004 年版，第 722 页。

比过去一切世代创造的全部生产力还要多，还要大"。①

2. 股份制的特点和作用

（1）资本的进一步集中和生产大发展。马克思指出："通过集中而在一夜之间集合起来的资本量，同其他资本量一样，不断再生产和增大，只是速度更快，从而成为社会积累的新的强有力的杠杆。"② 资本集中的方式主要有两种：一是通过股份公司筹集资金；二是通过市场竞争导致的企业兼并，其中，前者较为平滑。因为它是实行自愿联合，其标志是购买股票，因而能够避免动荡和平稳地实现资本集中。由此，股份公司也"显示出过去料想不到的联合的生产能力，并且使工业企业具有单个资本家力所不能及的规模"。③

（2）资本的进一步社会化。马克思指出，股份公司的资本是"那种本身建立在社会生产方式的基础上并以生产资料和劳动力的社会集中为前提条件，在这里直接取得了社会资本（即那些直接联合起来的个人的资本）的形式，而与私人资本相对立，并且它的企业也表现为社会企业，而与私人企业相对立"；"这是作为私人财产的资本在资本主义生产方式范围内的扬弃"，④ 即"扬弃"是发生在资本主义生产方式的范围之内，资本仍是剥削雇佣劳动。马克思指出，信用和股份制度"为个别资本家提供了不属于自己的社会资本和社会劳动的绝对权力"，即股份公司的性质取决于公司中占主导地位的那个资本之性质。可见，股份公司和股份资本是资本主义生产关系发展的一个新阶段。它扩大了资本控制力并加强了少数人对广大劳动者的剥削，因而，生产社会化与资本主义私有制的矛盾进一步加深。

（3）股份公司内部资本所有权和经营权之间的相互分离，即"实际执行职能的资本家转化为单纯的经理，别人的资本的管理人，而资本所有者则转化为单纯的所有者，单纯的货币资本家"⑤；"管理劳动作为一种职能越来越同自有资本或借入资本的所有权相分离"；"留下的只

---

① 《马克思恩格斯选集》（第1卷）（上），人民出版社1972年版，第256页。
② 马克思：《资本论》（第1卷），人民出版社2004年版，第724页。
③ 《马克思恩格斯全集》（第12卷），人民出版社1962年版，第37页。
④ 马克思：《资本论》（第3卷），人民出版社2004年版，第494~495页。
⑤ 马克思：《资本论》（第3卷），人民出版社2004年版，第495页。

有执行职能的人员，资本家则作为多余的人从生产过程中消失了"。[1]
作为股东的货币资本家凭借其股票获取利润。上述现象的出现是因为资本所有者所占资本与其经营才能是不相称的。资本家只能把企业管理权让渡给具有专门经营才能的人。这种所有权和经营权的"两权分离"打破了传统的独资或者合伙经营的方式，有利于企业经营管理的专业化和社会化的实现。

（4）股份公司是通向新生产形式的过渡点。这表现为它是由不同生产者的私人财产转向"联合起来的生产者的财产，即直接的社会财产"的一个过渡点[2]。在这里，马克思是以资本主义的股份公司为基点，探讨了向新生产方式的过渡问题，即资本所有权由私人性质向联合生产者的性质转变。这虽然引起了生产方式变革，但还是在资本主义生产方式之内。不过，财产的组织形式发生了新变化，即私人资本已采取社会资本的形式。这在一定程度上就使得生产社会化与生产资料私人占有之间的矛盾得以缓和，从而为由生产资料的私有制转向公有制奠定了基础。

3. 股份制的局限性

（1）资本集中会导致垄断组织的产生。随着 19 世纪末 20 世纪初自由资本主义过渡到垄断资本主义阶段，股份公司也逐渐成为垄断资本的恰当组织形式。

（2）发展迅速的股份公司助推了经济活动中的投机与欺诈，即"再生产出了一种新的金融贵族，一种新的寄生虫，——发起人、创业人和徒有其名的董事；并在创立公司、发行股票和进行股票交易方面再生产出了一整套投机和欺诈活动"；[3]"因为财产在这里是以股票的形式存在的，所以它的运动和转移就纯粹变成了交易所赌博的结果；在这种赌博中，小鱼为鲨鱼所吞掉，羊为交易所的狼所吞掉"。[4]而投机、欺诈与赌博等都有可能演变为具有破坏性的经济泡沫。

（3）满足了食利者的需要。资本主义制度下，股份公司由于其特

---

[1]　马克思：《资本论》（第 3 卷），人民出版社 2004 年版，第 436 页。
[2]　马克思：《资本论》（第 3 卷），人民出版社 2004 年版，第 495 页。
[3]　马克思：《资本论》（第 3 卷），人民出版社 2004 年版，第 497 页。
[4]　马克思：《资本论》（第 3 卷），人民出版社 2004 年版，第 497～498 页。

定的产权结构和运作方式，资本所有者不再直接参与企业管理，而是揽点像公司的董事或监事等之类的闲差。这些人以"拿红利"和"剪息票"为生，从而形成一个终日游手好闲的食利者阶层。"这些人总是以货币的形式或对货币的直接索取权的形式占有资本和收入。这类人的财产的积累，可以按极不同于现实积累的方向进行。"[①] 这表明，资本主义社会的发展已出现寄生和腐朽趋势。

7.2　国有企业的改革历程

国有企业是国民经济的核心要素。1978 年之前，我国的国有企业（当时被称作国营企业）在计划经济体制之下，一直是政府的附属物和执行计划指令的一个生产单位，实行的是由国家统一经营和统负盈亏，即企业没有自主经营权，其人、财和物以及产、供和销等都是靠政府计划的指令和行政调拨。这就使得企业生产与社会需求之间严重脱节，社会生产力发展受到严重制约。

1978 年党的十一届三中全会之后，自主经营、自负盈亏、自我决策和自我发展的微观市场主体的培育就成为我国社会主义市场经济体制建设的关键。传统计划经济下的国营企业要逐步转变为适应市场经济和作为独立主体的现代企业也成为经济体制改革的主要目标。这在理论与实践上都是前无古人、后无来者的创新性任务。改革开放 40 多年来，中国的国有企业已从原来计划体制之下的"老国企"发展成为社会主义市场经济体制之下的"新国企"。这期间经历了以下几个不同的发展阶段。

7.2.1　"放权让利"：1978 ~ 1992 年

中国的国有企业改革开始于 1978 年企业自主权的扩大。为实现政企分开以及国有企业所有权和经营权之间的分离，我国的经济学家们曾先后提出了行政性分权、放权让利和利改税、承包制与租赁制等各种改

---

① 马克思：《资本论》（第 3 卷），人民出版社 2004 年版，第 541 ~ 542 页。

革方案。这些措施都取得了一定成绩，初步改变了企业与国家以及职工之间的相互关系。企业也逐渐成为具有相对独立性的商品生产者。

1978 年，四川省重庆钢铁公司等 6 家地方国营企业经国务院批准开始进行扩大自主权的试点，其主要做法是企业在完成年度指标后可提留少量利润和给职工发放少量奖金。这拉开了中国国有企业改革的序幕。国有企业"放权让利"改革的主要任务是通过给企业放权让利，以探索政企之间的职能分开、企业所有权与经营权的"两权"分离，从而引导国营单位摆脱计划经济的旧束缚，逐步适应商品化的经营环境，完成自身企业化改造。1979 年，《关于扩大国营工业企业经营管理自主权的若干规定》等文件规定了企业作为相对独立的商品生产者与经营者应有的责、权和利，并在全国 1590 家企业开始试点。1981 年，中国开始在国营工业企业中逐步扩大企业在人财物和产供销等方面的自主权。同年，我国还颁布了《关于实行工业经济责任制的若干意见》，规定了经济责任制之下的几种主要分配类型，即利润留成和盈亏包干、以税代利与自负盈亏。国务院在 1983 年将以利润分成为主的经济责任制改为实行"利改税"；在 1984 年 5 月发布的《关于进一步扩大国有工业企业自主权的暂行规定》中提出，要在生产计划和产品销售等 10 个方面放宽对企业的约束。同年 10 月，《中共中央关于经济体制改革的决定》中规定，今后各级政府部门原则上不再直接经营管理企业。自此以后，企业就成为"自主经营、自负盈亏、自我发展、自我约束"的独立市场竞争主体。

上述改革措施虽然都取得了一定成绩，但政企不分现象依然很严重。因此，自 1983 年起，也有人通过对行政性公司的反思，陆续提出了股份制改革方案。其实，股份制早在 19 世纪末的洋务运动时期就被移植到了中国。成立于 1873 年的轮船招商局曾发行了中国最早的股票。中国第一个股票交易所诞生于 1905 年的上海。北洋政府曾在 1914 年颁布过《证券交易所法》，并在 1918 年成立北京证券交易所。新中国成立后，股份制随着政权的更迭逐渐退出了历史舞台。1983 年 7 月，我国出现了自新中国成立以来的第一家股份制企业——深圳市宝安县联合投资公司。1984 年 5 月，国家经济体制改革委员会发布的《全国城市经济体制改革试点工作座谈会纪要》指出，"允许职工投资入股，年终分红"；"为推动经济联合，广辟资金来源，经过批准，可选择少数企业试行跨部门、跨地区发行股票或债券"。这是政府文件中首次出现"发行股票"的提法。此后，股份制试点在北京和上海等城市展开。1984年7月成立的北京市天桥百货股份有限公司成为新中国成立后的第一家商业股份公司。同年11月，上海飞乐电声总厂经批准发行股票50万元，成立了上海飞乐音响股份有限公司。这是新中国成立以来第一家比较规范地向社会公开发行股票的股份公司。1985年，广州、沈阳、重庆和武汉等城市也陆续组建股份制试点企业。同年3月，国务院允许试点城市可在少数大企业试行企业内部的职工持股，同时允许部分国营小企业可通过股票发行转为集体所有。1986年，国务院文件中首次提出了"股份制"一词，即"企业为扩大经营，可以向店内外集资，实行股份制，按股分红"。

在所有权与经营权适当分离的原则下，我国在1987年开始实行承包经营责任制，并在1988年颁布《全民所有制工业企业承包经营责任制暂行条例》对其加以规范。1989年以后，随着承包经营责任制弊端的日益显现以及企业利润的不断下降，国企改革开始转向所有权与经营权的"两权分离"，以探索公有制的多种有效实现形式。在1992年的《全民所有制工业企业转换经营机制条例》中，国务院还规定了企业的14项经营自主权。

这一时期，我国一方面继续实施企业承包制，另一方面也开始探索租赁制与股份制等经营模式。自1984年北京天桥百货股份有限公司成立以来，我国的股份制试点企业日益增多。1987年10月，党的十三大报告肯定了股份制这一新的形式，即"改革中出现的所有制形式，包括国家控股和部门、地区、企业间参股以及个人入股，是社会主义企业财产的一种组织方式，可以继续试行"。1988年颁布的《中华人民共和国全民所有制工业企业法》第34条提出："企业有权依照法律和国务院规定与其他企业、事业单位联营，向其他企业、事业单位投资，持有其他企业的股份"。这是中国首次在法律上明确规定国有企业可以成为股份制企业的股东。同年9月，为抑制通货膨胀、把过热的经济运行速度降下来，党的十三届三中全会提出了对国民经济进行治理整顿的方针。此后两年中各地的股份制试点工作处于踏步状态。

1990年和1991年，上海与深圳先后成立证券交易所并开业。中国的证券市场开始脱离银行体系而独立发展。1992年2月，邓小平在南方谈话中专门谈到股份制问题，即"证券、股市，这些东西究竟好不好，有没有危险，是不是资本主义独有的东西，社会主义能不能用？允许看，但要坚决地试"；"社会主义要赢得与资本主义相比较的优势，就必须大胆吸收和借鉴人类社会创造的一切文明成果，吸收和借鉴当今世界各国包括资本主义发达国家的一切反映现代社会化生产规律的先进经营方式、管理方法"。① 以邓小平南方谈话为标志，中国的股份制发展进入一个新阶段。1992 年，党的十四大报告指出，建立中国特色的社会主义市场经济是经济体制改革的总目标；而"股份制有利于促进政企分开，转换企业经营机制和积聚社会资金，要积极试点，总结经验，抓紧制定和落实有关法规，使之有秩序地健康发展"。② 国务院证券委员会和中国证券监督管理委员会也随之成立。

7.2.2　"制度创新"：1993~2002 年

1993 年 6 月，青岛啤酒厂在香港联交所公开招股上市。这是我国经批准在境外上市的首家大型国企。同年 11 月，《中共中央关于建立社会主义市场经济体制若干问题的决定》首次提出，国有企业改革的方向就是要建立以公有制为主体的现代企业制度，即"产权清晰、权责明确、政企分开、管理科学"。这是以股份公司为代表的企业组织形式，其核心是产权与产权制度。产权制度是确认和处理产权主体责、权、利关系的规则基础，要做到"归属清晰、权责明确、保护严格、流转顺畅"。该决定指出："规范的公司，能够有效地实现出资者所有权与企业法人财产权的分离，有利于政企分开，转换经营机制，企业摆脱对行政机关的依赖，国家解除对企业承担的无限责任；也有利于筹集资金，分散风险"；而"生产某些特殊产品的公司和军工企业应由国家独资经营，支柱产业和基础产业中的骨干企业，国家要控股并吸收非国有资金入股，以扩大国有经济的主导作用和影响范围"。③ 随着 1994 年 7 月 1

---

① 《邓小平文选》（第 3 卷），人民出版社 1993 年版，第 373 页。
② 《中共十三届四中全会以来历次全国代表大会中央全会重要文献选编》，中央文献出版社 2002 年版，第 159 页。
③ 《中共十三届四中全会以来历次全国代表大会中央全会重要文献选编》，中央文献出版社 2002 年版，第 284 页。

日《中华人民共和国公司法》开始实施，股份制企业在中国也获得了法定地位。随后，一系列规范国有企业股份制改造的法律、法规先后颁布和实施，如《公司登记管理条例》《股票发行与交易管理暂行条例》《证券法》等。

1997年，党的十五大报告指出："公有制实现形式可以而且应当多样化。……股份制是现代企业的一种资本组织形式，有利于所有权和经营权的分离，有利于提高企业和资本的运作效率，资本主义可以用，社会主义也可以用。不能笼统地说股份制是公有还是私有，关键看控股权掌握在谁手中。国家和集体控股，具有明显的公有性，有利于扩大公有资本的支配范围，增强公有制的主体作用"。① 到2001年，全国已有74%的改制企业采用了股权多元化的形式（汪海波，2005）。与此同时，我国开始设立国有控股公司；推进试点城市国有企业的兼并破产；实施"减员增效"、下岗职工再就业工程、"三改一加强"（改组、改制和改造相结合并加强企业内部管理）；"抓大放小"搞活国有小型企业等。国家从1997年开始还实施了国有企业的三年脱困改革攻坚战，推进"债转股"以减轻企业债务负担，深化养老、失业和医疗等社会保障制度改革等。1999年，党的十五届四中全会指出："在社会主义市场经济条件下……国有经济的作用既要通过国有独资企业来实现，更要大力发展股份制，探索通过国有控股和参股企业来实现"；"国有资本通过股份制可以吸引和组织更多的社会资本，放大国有资本的功能，提高国有经济的控制力、影响力和带动力。国有大中型企业尤其是优势企业，宜于实行股份制的，要通过规范上市、中外合资和企业互相参股等形式，改为股份制企业，发展混合所有制经济，重要的企业由国家控股"。②

我国的国有经济改革既从微观层面进行企业制度创新，也从宏观层面进行国有经济的战略性结构调整，并提出了"抓大放小"战略。党的十五大报告提出从战略上对国有经济布局进行调整，即抓好大的，放活小的；"对关系国民经济命脉的重要行业和关键领域，国有经济必须

---

① 《中共十三届四中全会以来历次全国代表大会中央全会重要文献选编》，中央文献出版社2002年版，第427页。

② 《中共中央关于国有企业改革和发展若干重大问题的决定》，载于《中国人民大学报刊复印资料》（中国共产党）1999年第10期。

占支配地位"。① 为此，党的十五届四中全会首次提出国有经济要进行战略性调整，即实现"有进有退，有所为有所不为"；"国有经济控制的领域包括涉及国家安全的行业、自然垄断性行业、提供重要公共产品和服务的行业，以及支柱产业和高新技术产业中的重要骨干企业……使国有经济在国民经济中更好地发挥主导作用"。② 2002 年，党的十六大报告指出，中央政府对关系国民经济命脉和国家安全的大型国有企业、重要基础设施以及自然资源等，将代表国家履行出资人职责；积极推进股份制改造，发展混合所有制经济；改革国有资产管理体制，成立履行出资人职责的国有资产管理机构；毫不动摇地巩固和发展公有制经济以及支持与引导非公有制经济等。

7.2.3　"国资监管"：2003~2012 年

中共中央在 2003 年颁布的《关于完善社会主义市场经济体制若干问题的决定》中指出，我国要"推行公有制的多种有效实现形式。坚持公有制的主体地位，发挥国有经济的主导作用。……要适应经济市场化不断发展的趋势，进一步增强公有制经济的活力，大力发展国有资本、集体资本和非公有资本等参股的混合所有制经济，实现投资主体多元化，使股份制成为公有制的主要实现形式"。这是中共中央文件中首次提出公有制的主要实现形式是股份制，并且大力发展混合所有制经济。该决定还提出，我国将推进国有资本的有进有退与合理流动，使其更多投向关系国家安全与国民经济命脉的重要行业和关键领域，从而进一步增强国有经济的控制力；其他行业和领域的国有企业，通过资产重组和结构调整，在市场公平竞争中实现优胜劣汰；建立"归属清晰、权责明确、保护严格、流转顺畅的现代产权制度"。③ 这些举措都有利于依法保护各类产权和推动其有序流转，并加快国有经济的战略调整和防止国有资产流失。

193

---

① 《中共十三届四中全会以来历次全国代表大会中央全会重要文献选编》，中央文献出版社 2002 年版，第 427 页。

② 《中共中央关于国有企业改革和发展若干重大问题的决定》，载于《中国人民大学报刊复印资料》（中国共产党）1999 年第 10 期。

③ 《中共中央关于完善社会主义市场经济体制若干问题的决定》，中国政府网，http://www.gov.cn/gongbao/content/2003/content_62494.htm。

2003 年，国有资产管理委员会成立，其主要任务是监督和管理国有企业，以实现国有资产的保值和增值。到 2006 年，中央和地方都建立了国有资产的监督管理机构并出台一系列监管规章与条例。这一时期，一是国有经济的布局和结构进行了调整。到 2012 年，中央企业的数量从 2003 年的 196 家降到 112 家（黄群慧，2018）。二是垄断性行业形成多家竞争的新格局，如国家电力公司拆分出了国家电网、南方电网和五大发电集团。三是混合所有制经济的发展。到 2012 年，中央企业及其子企业通过引入非公资本形成的混合所有制企业已占企业总数的52%（黄群慧，2018）。

7.2.4 "分类改革"：2013 年至今

2013 年，党的十八届三中全会详细描绘了国企改革的蓝图。2015年，中共中央、国务院印发的《关于深化国有企业改革的指导意见》提出，国有企业将被分为公益类和商业类，其中，商业类又分为主业处于重要行业与关键领域以及处于充分竞争行业与领域这两类。这样有利于提高改革的针对性、监管的有效性以及考核的科学性等。

我国目前已形成以《关于深化国有企业改革的指导意见》为核心、以其他文件作为配套的"1＋N"国企改革政策体系，初步形成新时代国有企业深化改革的主体制度框架。一是《关于国有企业功能界定与分类的指导意见》（2015 年）以及与之配套的《中央企业功能界定与分类实施方案》（2016 年）。二是国有经济布局主要集中在战略安全、国计民生、产业引领以及公共服务等领域。通过强强联合和优势互补、吸收合并与共建共享等推动 26 组 47 家中央企业实施结构性战略重组与专业化整合。中央企业数量已从 10 年前的 117 家调整到 97 家。① 三是国务院在 2015 年颁布的《关于改革和完善国有资产管理体制的若干意见》中提出，中国将转变国有资产监管机构的职能、改革国有资本授权经营体制、提高国有资本的配置与运营效率以及推进其相关配套改革等。2017 年颁布的《国务院国资委以管资本为主推进职能转变方案》提出，国资监管将由过去以管企业为主转向以管资本为主。四是出台《关于国

---

① 《国资委：中央企业数量从十年前 117 家调整至 97 家》，中国网财经客户端，https：//baijiahao. baidu. com/s？ id＝1735850765053458138&wfr＝spider&for＝pc。

有企业发展混合所有制经济的意见》与《关于鼓励和规范国有企业投资项目引入非国有资本的指导意见》（2015 年）等一系列文件。2017年，党的十九大报告也提出，我国要深化国有企业改革，积极发展混合所有制经济，以培育具有全球竞争力的世界一流企业。[①] 自 2013 年以来，我国国有企业改制重组引入超过 2.5 万亿元的各类社会资本。目前中央企业和地方国有企业的混合所有制企业户数占比已分别超过 70% 和 54%。[②] 许多企业以混促改，不断完善公司治理和提高规范化运作水平，其活力、效力都得以明显提高。五是中央企业在集团层面进行了章程的修订并加入了党建工作要求。国务院在 2017 年颁布的《关于进一步完善国有企业法人治理结构的指导意见》中提出，当年要基本完成国有企业的公司制改革；到 2020 年，国有独资和全资公司要建立外部董事占大多数的董事会；国资监管部门将向建立了规范董事会的国有企业下放决策权、经理层的选聘权、业绩考核与薪酬、职工工资分配权以及重大财务事项决定权等。2020 年 5 月，李克强总理在《政府工作报告》中提出，我国将实施国企改革三年行动以提升国资国企的改革成效。[③] 同年 6 月，中央全面深化改革委员会第十四次会议通过了《国企改革三年行动方案（2020—2022 年）》，指出在今后三年的国企改革关键阶段，必须加强党对国有企业的全面领导，坚持和完善社会主义初级阶段的基本经济制度，要抓重点、补短板和强弱项，积极推进国有经济的布局优化与结构调整，以增强其竞争力、创新力、控制力和影响力以及抗风险能力。这是落实国有企业改革"1 + N"政策体系以及顶层设计的具体施工图，也是对党的十八大以来国企各项重大改革举措的再深化。

在我国，国有企业作为公有制经济的主要实现形式，是中国特色社会主义的重要物质与政治基础，也是党执政兴国的重要支柱和依靠力量。为此，习近平总书记提出："中国特色现代国有企业制度，'特'就特在把党的领导融入公司治理各环节，把企业党组织内嵌到公司治理

[①] 《习近平谈治国理政》（第 3 卷），外文出版社 2020 年版，第 26 页。

[②] 《国资委：中央企业数量从十年前 117 家调整至 97 家》，中国网财经客户端，https：//baijiahao. baidu. com/s？id = 1735850765053458138&wfr = spider&for = pc。

[③] 李克强：《政府工作报告》，中国政府网，http：//www. gov. cn/premier/2020 − 05/29/content_5516072. htm。

结构之中，明确和落实党组织在公司法人治理结构中的法定地位。"① 2021 年 4 月 25 日至 27 日，习近平总书记在广西考察时指出："要坚持党对国有企业的全面领导，坚持加强党的领导和完善公司治理相统一，在深化企业改革中搞好党的建设，充分发挥党组织在企业改革发展中的领导核心作用。"② 这就进一步夯实了中国特色社会主义基本经济制度的公有制经济的微观基础。

自党的十八大以来，国有企业认真贯彻新发展理念，坚持稳中求进的工作总基调，坚持突出主业和发展实体经济并提质增效，在移动通信和特高压输变电、载人航天和探月工程、高速铁路与商用飞机以及深海探测等领域都取得了一批具有国际先进水平且为标志性的科技创新成果。与此同时，国有企业还承担了很多重大基础设施和国防科技工业重大项目等，彰显了其国之重器的实力与担当。2021 年，全国的国有企业营业收入约为 75.5 万亿元，利润大约是 4.5 万亿元。③ 不过，我国国有企业在经过 40 多年的改革之后虽然取得了很大成绩，为经济快速发展提供了重要支撑，但其中也存在一些问题，例如，体制机制的不健全、改革推进的不平衡和布局结构的不合理，法人治理结构的不完善、有些企业效率不高和主营业务不突出以及产能过剩比较严重等。为此，我国必须以更大的决心和勇气推进国企改革，以形成新时代新阶段的国有资产管理体制与现代企业制度。

7.3 新时代新阶段国有企业深化改革的路径选择

新时代新阶段中国要解决的社会主要矛盾就是要解决好发展的不平衡问题。国有企业因为肩负着国家使命，因此既要承担经济利益目标，同时也要承担更多的社会公共目标。国有企业改革的深化与国有资本的做强做优做大都对坚持中国特色社会主义和实现第二个百年奋斗目标有

---

① 《坚持党对国有企业的领导不动摇开创国有企业党的建设新局面》，载于《人民日报》2016 年 10 月 12 日。

② 《坚持"两个毫不动摇"激发各类市场主体活力（这十年，总书记这样勉励企业高质量发展）》，载于《人民日报》2022 年 8 月 19 日。

③ 《财政部：2021 年国有企业营业总收入 755543.6 亿元，同比增长 18.5%》，光明网，https：//m.gmw.cn/baijia/2022-01/26/1302780074.html。

着重要意义。党的二十大报告指出，我们要"深化国资国企改革，加快国有经济布局优化和结构调整，推动国有资本和国有企业做强做优做大，提升企业核心竞争力"；要"完善中国特色现代企业制度，弘扬企业家精神，加快建设世界一流企业"。[①] 为此，我国必须坚持正确的政治方向，推进国有经济、国有资本以及国有企业的布局优化和结构调整以发挥其主导作用，从而推动经济发展的中高速增长与产业迈向中高端水平。

7.3.1　坚持国有企业改革的正确方向

1. 坚持与完善中国特色社会主义初级阶段的基本经济制度

我国宪法规定："国家在社会主义初级阶段，坚持公有制为主体、多种所有制经济共同发展的基本经济制度"；"国有经济，即社会主义全民所有制经济，是国民经济中的主导力量。国家保障国有经济的巩固和发展"。[②] 其中的"公有制为主体"和"全民所有制经济"就标明了社会主义和资本主义在经济制度上的不同，也说明了两者国有经济的性质有着根本差别。因此，国有企业改革的深化就是要实现国有企业的做强做优做大和国有经济的发展壮大，并进一步提高其主导力、控制力与影响力，从而为全面建成社会主义现代化强国和实现共同富裕奠定坚实的物质基础。同时，我国也要积极推进国有、集体和非公等资本之间的交叉持股以发展混合所有制经济，从而实现相互之间的取长补短与共同发展。

2. 进一步完善社会主义的市场经济改革

在当今世界存在的两种市场经济之中，中国的市场经济是社会主义性质的市场经济，国有企业则是其主体之一。习近平总书记提出，国企改革既要遵循市场经济的发展规律，同时也要避免其盲目性；要在市场竞争中提高企业的资源使用效率及其经营和创新能力，从而增强企业活

---

① 习近平：《高举中国特色社会主义伟大旗帜　为全面建设社会主义现代化国家而团结奋斗——在中国共产党第二十次全国代表大会上的报告》，人民出版社 2022 年版，第 29 页。

② 《中华人民共和国宪法》，载于《人民日报》2018 年 3 月 22 日。

力、影响力与抗风险能力。① 由此，国有企业的深化改革就应遵循市场经济和企业的发展规律，将政企与政资分开，实行所有权和经营权的分离，使国企能够真正成为依法自主经营与自负盈亏、自担风险和自我约束以及自我发展的独立市场主体，以建设中国特色的现代国有企业制度并实现社会主义生产目的。这就是生产的供给能力必须满足广大人民不断增长的个性化物质、文化和生态新需求。这也是中国特色社会主义市场经济的根本原则。

3. 以解放和发展生产力作为评判改革开放成效优劣的标准

邓小平指出，评判改革开放成效的标准"应该主要看是否有利于发展社会主义社会的生产力，是否有利于增强社会主义国家的综合国力，是否有利于提高人民的生活水平"。② 对于中国的国有企业改革成效来说，其判断标准也有三个，即是否对国有资产的保值增值、国有经济竞争力的提高以及放大国有资本的功能有利。因此，国有企业改革的深化就必须"不断提高效益和效率，提高竞争力和抗风险能力，完善企业治理结构，在激烈的市场竞争中游刃有余"。③

4. 增强活力与强化监管的结合

（1）在增强活力方面，一是企业要完善其法人治理结构的有效制衡与市场化经营机制的灵活高效；二是政府的简政放权，政企和政资要分开，依法落实企业的法人财产权与经营自主权；三是国有企业要进行薪酬制度改革以解决收入分配差距过大的问题。习近平总书记指出："要从我国社会主义初级阶段基本国情出发，逐步规范国有企业收入分配秩序，实现薪酬水平适当、结构合理、管理规范、监督有效，对不合理的偏高、过高收入进行调整。"④ 2021 年 8 月，他在中央财经委员会第十次会议上又强调："要清理规范不合理收入，加大对垄断行业和国

---

① 《习近平吉林调研：国有企业改革怎么搞？》，中国共产党新闻网，http：//cpc. people. com. cn/xuexi/n/2015/0720/c385474 – 27330659. html？sw = qnlx1。

② 《邓小平文选》（第 3 卷），人民出版社 1993 年版，第 372 页。

③ 《习近平就国企改革频"发声"："三个有利于"确立成败标准》，中国共产党新闻网，http：//cpc. people. com. cn/xuexi/n/2015/0723/c385474 – 27350035. html。

④ 《共同为改革想招 一起为改革发力 群策群力把各项改革工作抓到位》，载于《人民日报》2014 年 8 月 19 日。

有企业的收入分配管理，整顿收入分配秩序，清理借改革之名变相增加高管收入等分配乱象。"①

（2）在强化监管方面，习近平总书记多次强调，"国有资产资源来之不易，是全国人民的共同财富"；"要完善国有资产资源监管制度，强化对权力集中、资金密集、资源富集的部门和岗位的监管"。② 由此，我国必须进一步完善规范国有企业管理的法律法规；加强监督其关键业务、重点领域以及国有资本的运营；健全对企业重大决策失职、渎职以及违规经营的责任追究机制；加强外派监事会监督；实施信息公开以建设阳光国企。

5. 发挥国有企业党委（组）的核心领导作用

我国国有企业的光荣传统就是坚持党的领导与加强党的建设，这是国企的"根"与"魂"，也是其独特优势。③ 习近平总书记强调："国有企业是壮大国家综合实力、保障人民共同利益的重要力量，必须理直气壮做强做优做大……各级党委和政府要牢记搞好国有企业、发展壮大国有经济的重大责任，加强对国有企业改革的组织领导，尽快在国有企业改革重要领域和关键环节取得新成效。"④ 2020 年 4 月，他在中央财经委员会第七次会议上又讲到，国有企业在抗击新冠肺炎疫情过程中冲在前面并发挥了重要作用，同时在促进产业循环中也起了关键作用。因此，国有企业作为中国特色社会主义的重要物质和政治基础，是我们党执政兴国的重要支柱与依靠力量，必须做强做优做大。⑤ 为此，国有企业要增强"四个意识"，即政治意识、大局意识、核心意识和看齐意识；企业党组织要在公司治理中发挥其领导作用以把方向和管大局；要搞好企业领导班子与人才队伍建设，以培养对党忠诚老实、勇于创新、

① 《习近平谈治国理政》（第 4 卷），外文出版社 2022 年版，第 145 页。

② 习近平：《深化改革巩固成果积极拓展　不断把反腐败斗争引向深入》，载于《人民日报》2015 年 1 月 14 日。

③ 习近平：《坚持党对国有企业的领导不动摇开创国有企业党的建设新局面》，载于《人民日报》2016 年 10 月 12 日。

④ 《理直气壮做强做优做大国有企业》，新华网客户端，http：//www.xinhuanet.com/politics/2016 - 07/06/c_1119173933.htm。

⑤ 习近平：《国家中长期经济社会发展战略若干重大问题》，载于《求是》2020 年第 21 期。

治企有方、善经营且清正廉洁的国有企业家队伍；要从严治党和进行党风廉政建设以及反腐败等。

7.3.2 完善各类国有资产的管理体制和优化国有经济布局

1. 对国有企业进行具体分类以便对其分类实施改革与监管

新时代的国企改革是以对其功能进行分类为前提的。国有企业被分为两类，即公益类和商业类，是基于国有资本的战略定位与国企的实际作用及其发展目标而界定的，目的是解决国有企业面临的营利性和公益性的"使命冲突"。国有资产监管机构对不同类型的企业可实行不同的治理机制，例如，在战略规划制定和经营业绩考核、资本运作模式选择以及人员选聘等方面可建立不同的监管机制，目的就是为了提高改革的针对性，实施更加有效的监管与科学的考核。

2. 完善国有资产监督管理的法律与法规体系，实现其规范化与系统化

习近平总书记指出："要以管资本为主加强国有资产监管和改革国有资本授权经营体制"①，其中，前者可以促进国资监管机构的职能转变和依法履行其出资人职责，并界定好国有资本所有权与经营权之间的边界，以建立监管的权力和责任清单，从而确保国有资产的保值与增值并防止其流失；后者是服务于国有资本的布局调整、对经营性国有资产进行统一监督和管理，以及实现国有资本的合理流动与优化配置等，其投资重点是科技创新、战略性新兴产业、民生公共服务和绿色生态以及国家安全等领域。随着国资委的职能转变为以管资本为主，其相应的权责通过试点授予国有资本的投资和运营公司并进一步深化综合改革，以探索其良好的运营模式和发挥市场化运作平台作用，从而推动国有资本的有序流转和对实体经济发展的支持。

3. 实施国有经济的结构调整与布局优化以实现转型升级

国有经济的结构调整与布局优化必须围绕国家战略目标，并集中于

---

① 习近平：《关于〈中共中央关于全面深化改革若干重大问题的决定〉的说明》，载于《人民日报》2013年11月16日。

关系国家安全与国民经济命脉，以及关乎国计民生的重要行业、关键领域和重大基础设施等，以发挥国有经济的整体带动作用。具体讲，一是淘汰煤炭、钢铁等落后产能和支持前瞻性的战略性新兴产业；二是国有企业通过战略性重组以降低成本和聚焦发展实体经济，突出和做强主业以提高其核心竞争能力和抗风险能力，从而增强国有经济的主导力、控制力及其国际竞争力。

7.3.3　发展混合所有制经济和完善公司法人治理结构

按照马克思的股份制理论，股份公司是由资本主义生产方式向社会联合生产方式的过渡点。因此，社会主义市场经济也可以利用股份制为社会主义现代化建设服务。党的十八届三中全会提出要"积极发展混合所有制经济"（即股份制），但股份制不能等同于私有化。混合所有制企业的性质取决于控股权由谁掌握，而控股者会放大其资本的功能与作用。如果是国有资本控股，那就会壮大国有经济，否则就会增强非公经济的力量。因此，企业的支配权很重要。习近平总书记指出，国企"混改"必须坚持"三个有利于"，即"有利于国有资本放大功能、保值增值、提高竞争力"，[①] 即我国应通过推进国有资本的合理流动与布局优化，以增强国有经济效率和服务于国家战略。

在我国目前的公益类和商业类国企中，大部分是处于竞争性领域的商业类国企。按中央的要求，在商业类国企中，主业如果是处于关乎国家安全与国民经济命脉的重要行业和关键领域并承担重大专项任务的，国资就要控股，同时也允许非公资本参股；主业如果是处于充分竞争行业与领域的，国资可根据"三个有利于"标准而采取绝对控股、相对控股或参股等形式，并使其按市场化要求独立经营和优胜劣汰，目的即为国有经济活力的增强和保值、增值国有资产。在"混改"的过程中，为防止国有资产流失，必须规范操作流程与审批程序、健全国有资产的定价机制、发挥好第三方机构以及审计纪检与内部员工等的作用，以实现程序的公正、交易的公平、信息的公开和法律的严明。

---

① 习近平：《关于〈中共中央关于全面深化改革若干重大问题的决定〉的说明》，中国人大网，http：//www.npc.gov.cn/zgrdw/npc/xinzhuanti/xxgcsbjszqhjs/2013－11/27/content_1814722.htm。

201

在"混改"的过程中，我国要坚持"完善治理、强化激励、突出主业、提高效率"的十六字方针，不断完善法律法规体系和构建有效制衡的公司法人治理结构，划分清楚企业各治理主体的权责边界，以建立高效灵活的市场化经营机制。一是实施政企分开，努力探索国企全民所有的恰当实现形式。例如，国资委的管理权可以向所有者负责而与政府脱钩，即由各级人大设立其国资监管委员会和下属机构以履行其相应职责；公开向社会招聘全民股权代表并建立其任期制度；国有企业的产权消除，如破产申请和出售给非公企业等要经过各级人大投票通过；国有企业产权的一般事项，如产权在不同的国企之间出售、投资入股非公企业、企业的分红与追加投资、企业董事会或者混合所有制企业中的国有董事人员名单，要由国资委提出意见后报请各级人大的常务委员会批准。二是探索建立国家的优先股和特殊管理股制度。三是严格董事的选聘与履职管理，规范董事会建设和落实其在选人用人、薪酬分配等方面的职权，以使其真正成为企业的决策主体。董事会要在遵循宪法与相关法律法规的前提下保障经理层的经营自主权，并通过职工代表大会等对企业进行民主管理。四是实行企业经理层的任期制，即按照"市场化选聘、契约化管理、差异化薪酬、市场化退出"的原则建立职业经理人制度。五是改革工资总额管理制度，完善工资决定与增长机制，实现其与劳动力市场的相互适应、与企业经济效益以及劳动生产率的挂钩等。六是统筹实行国有控股混合所有制企业的员工持股、上市公司持股计划和科技型企业股权分红等，以建立对企业内部干部职工的中长期激励与约束机制。

7.3.4　培育具有国际竞争力的一流企业

2017 年，党的十九大报告指出，中国要通过深化国有企业改革以培育具有全球竞争力的世界一流企业。[1] 习近平总书记强调："中央企业等国有企业要勇挑重担、敢打头阵，勇当原创技术的'策源地'、现代产业链的'链长'。"[2] 为此，我国国有企业必须加大创新和对外开放

---

[1]　习近平：《决胜全面建成小康社会　夺取新时代中国特色社会主义伟大胜利》，人民出版社 2017 年版，第 33 页。

[2]　《习近平谈治国理政》（第 4 卷），外文出版社 2022 年版，第 177 页。

力度，利用好国际和国内的两个市场、两种资源，推进国有企业的国际化经营。中国可以"一带一路"建设为重点鼓励优势企业"走出去"，并带动其装备制造、技术与标准以及服务等走向世界；实施创新驱动，支持国有企业依据市场需求加大其研发投入，力争掌握一批关键领域的核心技术，以促进产业升级和价值链迈进中高端，从而培育一批高附加值产品以打造世界名牌，同时也能培育一批国际化经营人才，以及能在国际资源优化配置中占据主导地位和在世界产业发展中具有影响力的领军型企业。

综上所述，经过 40 多年的改革历程，中国将马克思主义基本原理与国企改革的具体实践相结合，同时也借鉴了世界各国的经验，从而形成了中国特色的国有企业改革。在当前的新发展阶段，国有企业正发挥其经济社会发展的"稳定器"和"压舱石"作用，不断提升产业链供应链的现代化水平，努力推进科技创新和自立自强，以在国内大循环为主体、国内国际双循环相互促进的新发展格局构建中起模范带头作用。正如习近平总书记所讲，我国"要推动国有企业完善创新体系、增强创新能力、激发创新活力，促进产业链创新链深度融合，提升国有企业原创技术需求牵引、源头供给、资源配置、转化应用能力，打造原创技术策源地"。[①] 与此同时，新时代新阶段国有企业改革的深化是一项复杂的系统工程，因而要注意推进过程中各项政策措施的整体性、系统性与协同性。

203

[①] 《习近平主持召开中央全面深化改革委员会第二十四次会议强调：加快建设世界一流企业加强基础学科人才培养》，中国政府网，http：//www.gov.cn/xinwen/2022 – 02/28/content_5676110.htm。

第8章 中国特色新型工业化道路

工业化是指从农业国向工业国的转变。实现工业化是中国经济发展过程中不可逾越的历史阶段,是社会主义现代化建设进程中的艰巨任务。新型工业化是一种具有创新思维的工业化模式。它对经济与社会发展乃至整个人类文明进步都有着重要作用。中国特色新型工业化道路是基于其资源环境、经济发展现状以及反思传统工业化的经验教训而提出的,是经济转型升级期的必然选择。这有利于实现经济与社会系统以及新型工业化建设和信息化、新型城镇化、农业农村现代化以及生态绿色化之间的协同发展。

8.1 中国特色新型工业化的提出及其内涵

8.1.1 新型工业化的提出

新型工业化建设是相对于传统工业化而言的。传统工业化是以重化工业为标志,主要依托资源与生产要素禀赋,大量消耗资源并以污染环境为代价,在低成本劳动力以及其他生产要素的价格优势基础上,在国际产业分工格局下逐步从价值链的低端转向中高端。但这种工业化模式受到供给和需求的约束,具有发展的不可持续性。欧美发达国家先于我国完成工业化,并被称之为传统工业化,其特点是以私有制为基础,由个体自发形成并逐步发展壮大,其技术与产业革命是重要的助推器。西方发达国家在资源使用上是先污染后治理并逐渐向发展中国家转移。它们实现工业化的时间虽不完全一样,但都是通过工业化实现了现代化。

西方发达国家走过的粗放式工业化道路导致了严重的社会问题，即城市的拥堵、环境的污染、农村的凋敝和两极分化等。习近平总书记认为："人类社会在生产力落后、物质生活贫困的时期，由于对生态系统没有大的破坏，人类社会延续了几千年。而从工业文明开始到现在仅三百多年，人类社会巨大的生产力创造了少数发达国家的西方式现代化，但已威胁到人类的生存和地球生物的延续。"[①]在生态环境问题日益严重的今天，世界许多国家都开始反省传统工业化，并产生了以资源高效利用和环境保护的"可持续发展"工业化原则。在当前的全球化和信息化、市场化与生态化的背景下，工业化已发展到了新的建设高潮，即新型工业化。这是指工业化和信息化的"两化"互动、要素（经济与科技、资源和环境）之间协同的工业化。

人类社会在二战后经历了第三次科技革命。这是继蒸汽与电力技术后科技领域又出现的一次重大飞跃，其标志主要是电子计算机、原子能、空间技术以及生物工程等的发明和应用。它是涉及信息、新能源、新材料、生物、空间和海洋等技术的一场信息控制技术革命。新一轮的科技革命与产业变化给人类的生产与生活都带来重大影响。它既推动了人类社会经济、政治和文化领域的变革，也影响了人类的思维与生活方式，即人类的衣、食、住、行、用等日常生活的各个方面都发生重大变化。随着信息和互联网技术的迅速发展，互联网、大数据以及人工智能已日益广泛地实现了与实体经济之间的融合。世界各国的传统工业和制造业越来越向智能制造与智能服务转型升级。这对传统的工业化模式提出了严峻挑战。世界上的任何国家都难以仅依靠其自然资源和劳动力优势实现工业化并最终实现其现代化。

在第三次科技革命与工业化"可持续发展"原则背景下出现的新型工业化，其主要特征包括：一是以信息化带动工业化，即通过运用现代信息技术发展集约型经济以加快工业化进程，同时利用比较与后发优势优化产业结构以及实现与城镇化建设的同步；二是力促工业产品与科技进步相结合，以使其在国内外市场获取更多市场份额；三是坚持可持续发展理念，即工业化的发展速度与规模要保持在一个适度范围内，以保持生态平衡和避免环境污染；四是正确处理工业化进程中提高劳动生

---

① 习近平：《之江新语》，浙江人民出版社 2013 年版，第 118 页。

产率与就业扩大之间的关系以充分发挥人力资源优势。

工业化在不同国家的不同发展时期具有不同的内容与形式。自新中国成立以来，我国工业化进程实现了巨大发展并进入工业化中后期阶段。但在过去很长一段时期内，我国粗放型的经济发展模式，即高投入、高消耗和高排放的发展模式凸显了传统工业发展模式的弊端，使得资源投入产出比较低，资源过度开发，环境污染严重。为此，我国必须走出一条新型工业化的发展道路，即不是简单重复发达国家的工业化过程，而是从中国国情与世界经济发展实际出发，汲取世界各国工业化的经验与教训，既尊重工业化客观规律又体现时代特点。

新型工业化发展道路一直是我国关注的重点。早在 2002 年，党的十六大报告就提出，要"坚持以信息化带动工业化，以工业化促进信息化，走出一条科技含量高、经济效益好、资源消耗低、环境污染少、人力资源优势得到充分发挥的新型工业化路子"[①]。这是在社会主义市场经济体制初步建立的背景下，中国提出的符合其经济发展阶段与基本国情的重大战略举措。2007 年，党的十七大报告强调，要进一步加强工业化与信息化的融合。2012 年，党的十八大报告提出要促进"四化"（工业化、信息化、城镇化、农业现代化）同步发展，并由此推动"两化"（工业化和信息化）的深度融合。这就进一步深化和拓展了中国特色新型工业化道路的内涵与外延。2015 年，国务院部署实施制造强国战略并提出"互联网＋"行动计划，积极推动互联网与其他产业的深度融合发展。随着发展"新时代"的到来，我国经济已处在发展方式转变、经济结构优化以及增长动力转换的关键期。2017 年，习近平总书记在党的十九大报告中强调，我国要在坚持五大发展新理念的前提下，"推动新型工业化、信息化、城镇化、农业现代化同步发展……发展更高层次的开放型经济，不断壮大我国经济实力和综合国力"[②]。2021 年，《中华人民共和国国民经济和社会发展第十四个五年规划和 2035 年远景目标纲要》提出，我国到 2035 年要基本实现新型工业化、信息化、城镇

---

① 江泽民：《全面建设小康社会，开创中国特色社会主义事业新局面——在中国共产党第十六次全国代表大会上的报告》，载于《人民日报》2002 年 11 月 18 日。
② 《习近平谈治国理政》（第 3 卷），外文出版社 2020 年版，第 17 页。

化和农业现代化，并且要建成现代化经济体系。[①]

8.1.2　新型工业化的内涵

中国特色的新型工业化是指力促工业化与信息化融合发展，其目的就是要实现科技含量高且经济效益好、资源消耗低与环境污染少，并充分发挥好人力资源优势。其中，科技含量高是指由于技术进步可以提高劳动生产效率，因此要加快科技成果的应用；经济效益好是指要注重提高资源的投入产出比，利用科技创新提高经济效益；资源消耗低是指加快淘汰落后产业，推进工业节能和清洁生产，大力发展循环、绿色和低碳经济，以实现可持续发展；环境污染少是指要调整工业结构，淘汰高污染产业，推进清洁生产，努力做到既要金山银山也要绿水青山；人力资源优势得到充分发挥是指我国虽然人力资源丰富，但劳动者素质却偏低，因此为解决新旧产业交替过程中出现的结构性失业，就要注重通过教育和培训来提高劳动者素质。

中国特色新型工业化的实质是要抓住第三次科技革命的"机会窗口"，避免重走发达国家传统工业化的老路，以实现对发达国家的追赶，甚至实现跨越式发展。改革开放 40 多年来，我国抓住世界贸易投资和技术进步以及产业转移的发展机遇，实现了经济的快速发展并进入全球中高收入国家之列。第三次科技革命也正在深刻地影响着中国新型工业化的进程。中国的新型工业化发展战略与其他国家的再工业化战略（如美国的《重振美国制造业框架》和《先进制造业国家战略计划》、德国的"工业 4.0"计划等）相类似，都是通过信息技术的发展以及互联网与制造业的融合来推动先进制造业发展。但西方发达国家是借助信息技术对经济结构进行调整和升级并由工业化后期迈入后工业化时期，走的是一条先工业化再信息化的发展道路。我国的工业化晚于西方发达国家，是在工业化尚未完成之时就进入信息化社会，因而可以走一条工业化与信息化同步发展的新型工业化之路，将会更加注重两者之间的深度融合发展。2017 年，党的十九大报告提出，我国要遵循新发展理念，推动"四化"的同步发展，以解决经济与社会发展的不平衡与不充分

207

---

① 《中华人民共和国国民经济和社会发展第十四个五年规划和 2035 年远景目标纲要》，中国政府网，http://www.gov.cn/xinwen/2021-03/13/content_5592681.htm。

问题。习近平总书记也指出，我国要"立足于科技创新，释放创新驱动的原动力，让创新成为发展基点，拓展发展新空间，创造发展新机遇，打造发展新引擎，促进新型工业化、信息化、城镇化、农业现代化同步发展"①。目前的新一轮技术革命已深刻影响我们的生活，互联网、大数据与制造业的融合越来越密切。因此，新时代新阶段的新型工业化是要顺应新一轮科技革命与产业变革的大趋势，努力克服传统工业化所带来的严重问题，积极实施创新驱动战略，以新技术改造传统产业和积极培育新兴产业，不断提高工业化发展的层次与水平，力促人与自然和谐共生，从而抢占产业制高点并从原来的制造业大国迈向制造业强国。

8.2 新型工业化面临的机遇和挑战

8.2.1 新型工业化面临的机遇

习近平总书记在 2020 年 5 月去看望参加全国政协十三届三次会议的经济界委员时讲到，我国经济具有潜力足、韧性强和回旋空间大以及政策工具多等特点。同时，我国还"具有全球最完整、规模最大的工业体系、强大的生产能力、完善的配套能力，拥有 1 亿多市场主体和 1.7 亿多受过高等教育或拥有各类专业技能的人才，还有包括 4 亿多中等收入群体在内的 14 亿人口所形成的超大规模内需市场，正处于新型工业化、信息化、城镇化、农业现代化快速发展阶段"。② 由此可见，在新发展阶段，我国新型工业化建设面临许多良好条件和机遇。

1. 较为成熟的实现技术跨越的客观条件

科技成果实现其产业化主要是以资金、技术和人才等的丰裕程度为基础。

（1）改革开放以来，物质财富的积累已使技术跨越有了资金保障。2022 年，国家的公共预算收入和外汇储备已分别达到 203703 亿元和

---

① 《习近平谈治国理政》（第 2 卷），外文出版社 2017 年版，第 271～272 页。
② 《习近平谈治国理政》（第 4 卷），外文出版社 2022 年版，第 184 页。

31277 亿美元，① 同时还有许多民间资金正在寻找投资与保值增值的机会。

（2）工业生产能力的强大和科研实力的迅速提升为技术跨越提供了坚实基础。自党的十八大以来，我国的产业体系日益健全，产业链愈加完整，产业的整体实力、质量效益及其创新力、竞争力和抗风险能力等都明显提高。中国已逐步从"制造大国"和"网络大国"转向"制造强国"与"网络强国"的建设。数据显示，2012～2021 年，我国的工业增加值已从 20.9 万亿元增加到 37.3 万亿元，年均增长约 6.3%；制造业增加值从 16.98 万亿元增长为 31.4 万亿元，占全球比重已从 22.5%提升到接近 30%。我国的产业结构不断优化，例如，新兴产业发展迅速，新材料产业、服务机器人和智能可穿戴装备等发展势头强劲；传统产业的数字化、绿色化转型快速推进；高技术和装备等制造业占规模以上工业增加值比重已从 2012 年的 9.4%和 28%分别提升至 2021 年的 15.1%和 32.4%；轨道交通和电子信息等领域形成若干先进制造业集群。②

在科研实力的提升方面，2016 年我国开始建设五大工程，即制造业创新中心建设工程、工业强基工程、高端装备制造创新工程、智能制造工程和绿色制造工程。目前，中国已建成增材制造和动力电池等国家级制造业创新中心 22 个、国家地方共建制造业创新中心 2 个、省级制造业创新中心超过 200 个、产业基础公共服务平台 125 个、新材料重点平台 29 个。③ 数据显示，2022 年，我国的 R&D 经费支出约为 30870 亿元；国家级重点实验室和工程研究中心分别达到 533 个和 191 个；国家企业技术中心为 1601 家；设立大众创业万众创新示范基地 212 家；国家科技成果转化引导基金累计设立 36 支子基金，其总规模约为 624 亿元；国家级科技企业孵化器和国家备案众创空间分别达到 1425 家和 2441 家；全年授予的专利权达 432.3 万件，签订了 77 万项技术合同，其成交额是 47791 亿元，比上年增长约 28.2%④。我国目前已形成多层次、全方位的技术研发与交易体系。

（3）网络的提速降费和数字经济的蓬勃发展。习近平总书记提出：

---

①④ 《中华人民共和国 2022 年国民经济和社会发展统计公报》，国家统计局网，http://www.stats.gov.cn/sj/zxfb/202302/t20230228_1919011.html。

②③ 李芃达：《我国新型工业化步伐显著加快》，载于《经济日报》2022 年 6 月 15 日。

"要适应人民期待和需求，加快信息化服务普及，降低应用成本，为老百姓提供用得上、用得起、用得好的信息服务，让亿万人民在共享互联网发展成果上有更多获得感。"① 自党的十八大以来，我国的信息通信业在经济社会发展中所发挥的战略性、基础性和先导性作用愈加显著，数字经济产业规模增长快速，并已连续多年稳居世界第二。中国现已建成全球规模最大且技术领先的网络基础设施；全国所有地级市都建成了光网城市。随着互联网应用的普及，中国移动支付的年交易额达到 527 万亿元，新经济形态创造的灵活就业岗位超 2000 万个，5G 行业的应用案例超过 2 万个。② 2012～2021 年，我国的数字经济规模已从 11 万亿元增加到超过 45 万亿元，其占国内生产总值的比重从 21.6% 提高到 39.8%；千兆用户数超过 5000 万；5G 基站数和 5G 移动电话用户数分别增加到 170 万个和 4.2 亿户。到 2021 年，全国规模以上电子信息制造业增加值和上年相比增长 15.7%；软件与信息技术服务业、互联网及其相关服务企业的业务收入分别增长 17.7% 和 16.9%。与此同时，大数据、人工智能和云计算等也加速融入工业、农业、交通、能源、教育和医疗等行业。2022 年 6 月底，我国的工业互联网应用已覆盖国民经济大类的 45 个；工业互联网高质量外网覆盖的城市有 300 多个。据统计，2021 年，中国实物商品网上零售额第一次超过 10 万亿元，同比增长约 12.0%；移动支付业务是 1512.28 亿笔，同比增长约 22.73%。③ 网络的提速降费大幅度催生了多种创新和应用，如手机支付和共享单车等。

（4）工业产品的品牌建设取得显著成效。我国实施了"三品"专项行动，即消费品工业的增品种、提品质和创品牌。通过实施该专项行动，我国的重点企业在工业设计和个性化定制、柔性化生产与先进质量管理等方面的能力明显提升，中高端产品的供给能力也日益提高。例如，在增品种方面，生物基纤维和功能化纤维等产品走入千家万户，智能家电和智能终端等既满足了国内多样化需求，也畅销到了国外；在提品质方面，制鞋和家电等领域与国际标准的衔接程度已超过 95%；在

---

① 习近平：《在网络安全和信息化工作座谈会上的讲话》，中国政府网，http://www.gov.cn/xinwen/2016－04/25/content_5067705.htm。

② 李芃达：《我国新型工业化步伐显著加快》，载于《经济日报》2022 年 6 月 15 日。

③ 王政：《我国数字经济规模超 45 万亿元》，载于《人民日报》2022 年 7 月 3 日。

创品牌方面，2021 年，我国入选世界品牌 500 强的工业和信息化领域品牌有 24 个，与 2012 年相比增加 14 家。[①]

（5）劳动者素质的不断提升提供了实现技术跨越的人才支撑。中国毕业的研究生、高校本专科毕业生以及中等职业教育毕业生在 2022 年已分别达到约 86.2 万人、967.3 万人和 519.2 万人[②]。

2. 制度创新已具备良好社会环境

（1）制度创新的阻力较小。自改革开放以来，改革成为时代主题。和俄罗斯"休克疗法"的激进改革相比较，我国民众对"摸着石头过河"式的渐进改革认可度较高，对其中失误的容忍度也较高。这使政府在进行制度创新时遇到的阻力就较小。

（2）制度创新有明确的创新目标和实施机制。例如，党的十四大报告确立的经济体制改革目标是建立社会主义市场经济体制。党的十八届三中全会又提出让市场在资源的优化配置过程中发挥决定作用，同时政府也要发挥好其宏观调控作用。中国明确而连续的改革目标降低了制度创新的成本。

在上述背景下，我国开始实施"制造强国"与"互联网＋"等战略，其目的就是要抓住新科技革命和产业变革的机遇，通过工业化与信息化、技术和商业模式的创新、制造业与服务业等之间的融合发展，以实现中国制造由大到强的转型。

8.2.2 新型工业化面临的挑战

我国的工业化现在是处于中后期，还存在技术创新能力、产业国际竞争力以及综合经济实力等不够强大的问题。习近平总书记指出："我国经济正处在转变发展方式、优化经济结构、转换增长动力的攻关期，经济发展前景向好，但也面临着结构性、体制性、周期性问题相互交织所带来的困难和挑战，加上新冠肺炎疫情冲击，目前我国经济运行面临

---

① 李芃达：《我国新型工业化步伐显著加快》，载于《经济日报》2022 年 6 月 15 日。
② 《中华人民共和国 2022 年国民经济和社会发展统计公报》，国家统计局网，http://www.stats.gov.cn/sj/zxfb/202302/t20230228_1919011.html。

较大压力。"①

1. 新型和传统两种工业化的重合发展加大了技术跨越难度

传统工业化主要是将农业人口转为非农人口、由原先以农业为主转变为以工业为主。2022 年的数据显示，在 73351 万人的总就业人数中，城镇的就业人员是 45931 万人，占比约为 62.6%。② 可见，传统工业化的任务在我国已取得很大成绩，而新科技革命的到来则使其面临新型工业化的紧迫任务。中国作为一个工业基础相对较弱的发展中大国，如果要实现其传统工业化和新型工业化的同步协调发展就要跨越高技术门槛。但我国的科技创新能力以及高端产业的发展不充分，产业价值链的高端环节占有率明显不足，关键装备和核心零部件以及基础软件等都对进口与外资企业存在着依赖性。例如，中国制造业核心技术的对外依存度在 2015 年仍为 50% 左右，而美国和日本等的核心技术对外依存度都大约保持在 5% 以内（黄德胜，2017）；2015 年，中国的芯片进口额为 2307 亿美元。在全球企业 2000 强之中，中国还没有一家企业是以软件为主要产业，而美国则有 14 家芯片公司与软件公司。集成电路企业的全球前 20 名中也没有一家属于中国（黄群慧，2018）。目前，中国的高端芯片和工业软件以及核心元器件等关键技术及产品仍处于受制于人的不利局面。这对实体经济的发展和国际竞争力的提高都造成了瓶颈与制约。

2. 经济发展和环境保护以及社会稳定等目标的叠加使得协调难度加大

一是过大的收入差距为社会稳定带来严重隐患。国际上一般是用基尼系数来表示居民内部的收入分配差距，并认为基尼系数如果超过 0.4，就有可能产生社会动荡。有研究表明，我国用该系数表示的居民收入分配差距，在 2003~2008 年是上升趋势，在 2008~2016 年是下降趋势。但目前我国居民之间的贫富差距却在扩大，如 2010~2016 年，最富有的 10% 阶层所占的财富份额已从 60.2% 上升到 73.2%（蔡若愚，

---

① 《习近平谈治国理政》（第 4 卷），外文出版社 2022 年版，第 183~184 页。
② 《中华人民共和国 2022 年国民经济和社会发展统计公报》，国家统计局网，http://www.stats.gov.cn/sj/zxfb/202302/t20230228_1919011.html。

2017 年)。据国家统计局公布的官方数据显示,我国的基尼系数已接近
0.5。有学者的研究则显示超过 0.5。中国正以极快的速度批量生产富
豪,其拥有的亿万富豪数甚至多于美国。与此同时,中国却仍有 6 亿中
低收入及以下人群的月平均收入仅为 1000 元(唐任伍等,2022)。2022
年的数据显示,我国低收入组和高收入组的人均可支配收入分别为
8601 元和 90116 元,高收入组是低收入组的 10.48 倍。[①] 由上可知,我
国的收入基尼系数以及高低收入之比都处于较高水平,贫富差距较大。
这种收入差距的累积效应还引发了财富占有差距的日渐扩大。二是严重
的环境污染,尤其是近年来出现的雾霾等已严重影响广大人民群众的基
本生存权。因此,中国既要保持经济的稳定增长,又要维持社会公平和
保护环境,这成为新型工业化必须要面对的刚性约束目标。

3. 正处于变革中的国际经济与贸易格局使得战略取舍难度进一步加大

中国自加入 WTO 以来,积极利用较为和平的国际环境而融入了全
球产业分工体系并加速了工业化进程。但是,在当今世界新技术革命的
背景下,国际政治与经济格局出现深刻调整。习近平总书记指出,我们
要"面对世界经济深度衰退、国际贸易和投资大幅萎缩、国际金融市场
动荡、国际交往受限、经济全球化遭遇逆流、一些国家保护主义和单边
主义盛行、地缘政治风险上升等不利局面"。[②] 因此,我国未来的新型
工业化建设将在一个更加不稳定不确定的世界中谋发展,同时也要面临
全球新一轮科技革命与产业变革的机遇和挑战。当前世界各国都逐渐意
识到维持国家经济持续繁荣和稳定的基础仍是具有竞争力的制造业,因
此都掀起了"制造业回流"热潮。美国为继续保持其"超级大国"地
位,既要在政治与军事上"重返亚洲",又在经济上实施"再工业化"
战略和贸易保护主义,企图抢夺在东亚经济发展中的绝对优势和话语
权。德国的"工业 4.0"和欧盟的"未来工厂计划"等也都是为重振制
造业而出台的战略,其实质就是为了增强本国制造业在全球市场的竞争
力。在世界各主要国家都加紧在高端领域布局以抢占未来竞争制高点的

---

① 《中华人民共和国 2022 年国民经济和社会发展统计公报》,国家统计局网,http://
www.stats.gov.cn/sj/zxfb/202302/t20230228_1919011.html。

② 《习近平谈治国理政》(第 4 卷),外文出版社 2022 年版,第 184 页。

背景下，如何抢占在国际经贸格局变革中的有利位置和先机就成为我国新型工业化建设必须要面对的严峻课题。

8.3 新时代新型工业化建设的路径

中国作为一个发展中大国，必须大力发展实体经济、推进工业现代化和提高制造业水平，而不能"脱实向虚"。这是其发展先进制造业、提升传统产业的发展质量与效益、加快推进新型工业化建设以及建设世界制造强国的重要途径。就如习近平总书记在安徽考察时所讲，要"坚持把做实做强做优实体经济作为主攻方向，一手抓传统产业转型升级，一手抓战略性新兴产业发展壮大，推动制造业加速向数字化、网络化、智能化发展，提高产业链供应链稳定性和现代化水平"。① 党的二十大报告也强调，我国要"坚持把发展经济的着力点放在实体经济上，推进新型工业化，加快建设制造强国、质量强国、航天强国、交通强国、网络强国、数字中国"。② 为此，我国要走出一条依靠科技进步和自主创新能力的增强、劳动者素质的提高、产业结构的优化、节能减排和保护环境的新型工业化建设之路。

8.3.1 发展实体经济和制造业强国建设

1. 实体经济的振兴

近些年来，我国经济发展存在着结构性失衡，如实体经济内部的供给与需求之间、金融和实体经济之间、房地产与实体经济之间等的失衡，其主要原因是实体经济发展的质量不高以及发展得不充分。因此，新时代新型工业化的建设就要振兴实体经济。我国建设现代化经济体系的核心内容也是要建立实体经济和科技创新、现代金融和人力资源等相

---

① 《习近平在安徽考察时强调：坚持改革开放坚持高质量发展在加快建设美好安徽上取得新的更大进展》，载于《人民日报》2020 年 8 月 22 日。

② 习近平：《高举中国特色社会主义伟大旗帜 为全面建设社会主义现代化国家而团结奋斗——在中国共产党第二十次全国代表大会上的报告》，人民出版社 2022 年版，第 30 页。

互之间协同发展的产业体系。这将推进中国在未来大约 15～20 年内完成工业化进程并进入后工业化社会。习近平总书记指出："要加快产业基础高级化、产业链现代化。要勇于创新，坚持把经济发展的着力点放在实体经济上，围绕产业基础高级化、产业链现代化，发挥协同联动的整体优势，全面塑造创新驱动发展新优势。"① 为此，我国要改变原先对规模和速度的追求，而把主攻方向置于实体经济供给体系质量的提高上，即通过推进科技创新以提高工业尤其是制造业的技术、质量和效益以及国际竞争力等，从而促进我国经济的高质量发展。

2. 加快制造强国建设

制造业作为实体经济的主体与技术创新的主战场，是我国供给侧结构性改革的重要领域。因此，2017 年，党的十九大报告提出，我国要加快制造强国建设和发展先进制造业，推动互联网、大数据和人工智能以及实体经济之间的深度融合，力促产业迈向全球价值链中高端并培育若干世界级先进制造业集群。② 2021 年，"十四五"规划则提出要深入实施制造强国战略，要坚持自主可控和安全高效以推进产业基础的高级化、产业链的现代化，并保持制造业比重的基本稳定和增强其竞争优势，从而推动制造业高质量发展。③ 2022 年 3 月，李克强总理在《政府工作报告》中讲到，我国要积极推进质量强国建设，从而推动产业迈向中高端。④ 为此，我国要以供给侧结构性改革为主线，坚持质量第一和效益优先。

（1）存量资源的优化配置和优质增量供给的扩大相结合以提高工业化质量。目前，我国在工业化进程中长期积累的结构性矛盾日益明显，许多行业大而不强和工业化质量不高，如在高端机床、芯片制造以及核心装备等方面与发达国家相比仍有距离，因而产能的低端过剩和高端短缺并存。2017 年，党的十九大报告提出要"三去一降一补"（即去

① 《习近平主持召开全面推动长江经济带发展座谈会并发表重要讲话》，中国政府网，http：//www. gov. cn/xinwen/2020－11/15/content_5561711. htm。

② 《习近平谈治国理政》（第 3 卷），外文出版社 2020 年版，第 24 页。

③ 《中华人民共和国国民经济和社会发展第十四个五年规划和 2035 年远景目标纲要》，中国政府网，http：//www. gov. cn/xinwen/2021－03/13/content_5592681. htm。

④ 李克强：《政府工作报告——2022 年 3 月 5 日在第十三届全国人民代表大会第五次会议上》，中国政府网，http：//www. gov. cn/premier/2022－03/12/content_5678750. htm。

产能、库存和杠杆以及降成本和补短板），优化配置存量资源并扩大优质增量资源的供给，以实现供给和需求之间的动态平衡。① 为此，我国要力促工业化的发展由原来的追求规模和速度向追求质量与效率的转变，既要加快传统产业的优化升级，也要推动新技术和新模式、新产业与新业态等的发展，力争在提升价值链的关键环节，如研发设计、营销网络和品牌培育以及供应链管理等方面取得突破，实现产业迈向中高端，以培育先进的制造业集群和世界领先企业。

传统产业是稳定经济增长和改善民生福祉的主要力量，也是目前我国工业结构调整的重点。党的二十大报告指出，我们要"实施产业基础再造工程和重大技术装备攻关工程，支持专精特新企业发展，推动制造业高端化、智能化、绿色化发展"。② 因此，在传统产业的转型升级方面，我国要以"五新"，即新技术、新产业和新业态、新管理和新模式促进向"四化"的转变，即产业的智慧化、智慧的产业化、跨界的融合化、品牌的高端化，从而促进全产业链的整体提升；主要运用市场机制和经济手段去除低效过剩产能以发展先进产能；开展新一轮的重大技术改造升级工程，以国际同行标准全面提高企业的技术和工艺装备、能效环保以及质量安全水平；加强产学研之间的合作，开展质量提升行动，发展个性化定制，推进消费品工业的提品质和创品牌以打造"百年老店"；推动实现跨界融合，即制造业和服务业、互联网的融合、产城和军民之间的融合以发展新的优势。

新兴产业是我国经济体系中最有活力和增长潜力的部分，是经济实现中高速增长与产业水平迈向中高端的中流砥柱，也是抢占未来竞争制高点以及实现引领型发展的关键。为此，我国要围绕国际市场需求与高新技术发展的前沿在重点领域率先实现突破，着重发展大数据和云计算以及物联网等新兴产业，积极推进互联网和大数据以及人工智能能够与实体经济实现深度融合，并努力发展包括工业机器人和高性能医疗器械等的高端装备制造业、新材料和航天航空、生物医药；也包括绿色低碳在内的战略性新兴产业等，以推动工业贸易结构转向"微笑曲线"的两端，形成若干新兴产业集群与龙头企业，从而抢占全球产业价值链的

① 《习近平谈治国理政》（第 3 卷），外文出版社 2020 年版，第 24 页。
② 习近平：《高举中国特色社会主义伟大旗帜　为全面建设社会主义现代化国家而团结奋斗——在中国共产党第二十次全国代表大会上的报告》，人民出版社 2022 年版，第 30 页。

中高端和提升国际竞争力。正如习近平总书记所讲："当前，全球新一轮科技革命和产业变革深入推进，信息技术日新月异。5G 与工业互联网的融合将加速数字中国、智慧社会建设，加速中国新型工业化进程，为中国经济发展注入新动能，为疫情阴霾笼罩下的世界经济创造新的发展机遇，……更好赋能实体、服务社会、造福人民。"① 党的二十大报告也强调，我们要"推动战略性新兴产业融合集群发展，构建新一代信息技术、人工智能、生物技术、新能源、新材料、高端装备、绿色环保等一批新的增长引擎"；要"加快发展数字经济，促进数字经济和实体经济深度融合，打造具有国际竞争力的数字产业集群"。②

　　（2）加快发展现代服务业并促进其与制造业协同发展。现代服务业是实体经济和先进制造业发展的重要支撑，尤其是生产性服务业呈现出创新活跃和专业性强、产业融合度高与带动作用明显等特点。这对于提高我国制造业的附加值和国际竞争力有着重要意义。目前，制造业服务化已成为全球产业发展的趋势，但服务业发展并不意味着去制造业和去工业化，而是要实现两者的"双轮驱动"和协同发力。为此，我国要把制造业和服务业发展结合起来，既要加快发展制造业，培育世界级的先进制造业集群以加快制造强国建设，又要大力支持服务型制造业的发展，以引导制造业从原来主要提供产品向既提供产品也提供服务转变，实现其向着服务化方向的转型升级。正如党的二十大报告所讲，我们要"构建优质高效的服务业新体系，推动现代服务业同先进制造业、现代农业深度融合。加快发展物联网，建设高效顺畅的流通体系，降低物流成本"。③ 因此，我国要着重围绕研发、人力资源服务、现代供应链、品牌建设、绿色低碳和电子商务等领域，激发市场主体活力以提高生产性服务业水平，并以制造业集聚区为依托建设一批生产性服务业的公共服务平台。例如，以制造业为主的城市可依托其工业园区或制造业集群，着重发展金融、研发设计、技术服务和咨询、检疫检测和物流等生产性服务业；特大城市可发展以服务业为主导的产业结构，即建立国家级或者区域性的研发与创新中心，以高端生产性服务业为核心打造创

217

---

　　① 《习近平致 2020 中国 5G＋工业互联网大会的贺信》，中国政府网，http：//www. gov. cn/xinwen/2020－11/20/content_5562889. htm。
　　②③ 习近平：《高举中国特色社会主义伟大旗帜　为全面建设社会主义现代化国家而团结奋斗——在中国共产党第二十次全国代表大会上的报告》，人民出版社 2022 年版，第 30 页。

新与创业孵化中心等。

（3）把工业化与信息化结合起来，实现以信息化带动工业化。近年来，以移动互联网、云计算、大数据、物联网等新一代信息技术为核心的新一轮科技革命迅猛兴起，成为驱动工业化的新引擎，也是大国之间产业博弈的重要阵地。

西方发达资本主义国家是在完成了工业化进程之后进入信息化阶段的，中国则是没有完成工业化就赶上了信息化大发展的时代。因此，我国的新型工业化是在信息化时代以信息化引导工业化，并使信息化和工业化深度融合，即通过现代信息技术和制造业的融合、制造业与服务业的融合来发展先进制造业，以满足消费者的个性化需求。2017 年，党的十九大报告指出，中国要力推"四化"即新型工业化、信息化、城镇化和农业现代化的同步发展。[1]习近平总书记指出："数字经济具有高创新性、强渗透性、广覆盖性，不仅是新的经济增长点，而且是改造提升传统产业的支点，可以成为构建现代化经济体系的重要引擎……当今时代，数字技术、数字经济是世界科技革命和产业变革的先机，是新一轮国际竞争重点领域，我们一定要抓住先机、抢占未来发展制高点。"[2]为此，我国要力促数字经济的大发展，积极利用现代信息技术以变革在生产和管理以及营销等方面的旧模式，而采用大数据和平台新规则以建构"互联网＋"产业生态新系统，其主要特征即为网络化和智能化、服务化与协同化等。在"十四五"时期，我国将加强对数字经济关键技术的科研攻关，大力发展智能制造工程和培育其生态体系，支持企业进行数字化、网络化和智能化改造，加速推进数字产业化，抢占数字经济发展主动权，增强信息化对工业化的带动作用，并助力经济社会的高质量发展。

（4）培育先进制造业集群和实现大中小微企业的协同发展。我国目前的先进制造业基地与集聚区的发展还不充分。在珠三角和长三角以及京津冀等发达区域尽管形成了一些制造业集群的雏形，但也存在着规模不大和技术层次偏低、区域之间交流偏少以及个体发展的不平衡等问题。为此，我国要依照城市主体功能与产业园区要求，以科学的规划、合理的布局以及土地和财税等的优惠政策引导先进制造业与生产性服务业向特定

---

①《习近平谈治国理政》（第 3 卷），外文出版社 2020 年版，第 17 页。

②《习近平谈治国理政》（第 4 卷），外文出版社 2022 年版，第 206 页。

区域集聚发展，比如在原有的转型升级等专项资金基础上，可通过合理竞争与监督评估等方式，再设立世界级先进制造业集群的专项资金以支持若干集群的做大和做强。同时，我国也要将培育优秀制造业集群和"专精特新"的中小微企业以及促进区域之间的协同发展等相结合，通过制定以促进制造业集群发展为核心内容并面向中小微企业的政策扶持体系，既发展有核心竞争力的龙头企业，建设一批先进装备制造业和新型原材料生产基地，也培育若干能成为"单项冠军"的中小微企业，以积极建设新型工业化建设示范基地，并打造智能制造的高端产业集群。在互联网大发展时代，我国可鼓励大型制造企业和通信公司合作建设开放式"双创"平台和网络化协作组织，以实现互联互通和互相借力，从而打造大中小微企业之间分工合作的产业生态新体系。我国在未来将会出现特色鲜明、区域联动以及错位竞争的制造业发展新局面。

8.3.2　持续优化实体经济发展环境

良好的产业发展环境是新型工业化建设的前提和保障。我国要遵循党的十九大报告精神并以供给侧结构性改革为主线，力促资金和技术以及人才等向发展实体经济，特别是向发展先进制造业的方向聚集。

1. 降低企业的生产与经营成本

中国虽是世界制造大国，但却成本高、利润率低。成本高已成为影响当前实体经济尤其是制造业竞争力的重要因素。数据显示，2015 年，我国规模以上工业企业的主营业务成本约占主营业务收入的 85.7%，利润总额约占主营业务收入的 5.760%。[①] 因此，习近平总书记在 2017 年 2 月召开的中央财经领导小组第十五次会议上提出，我国要树立"放水养鱼"意识，在降低垄断性行业价格以及收费方面下大功夫，尽一切努力把企业负担降下来。[②] 为此，中国必须努力降低企业在用地与用工、用能和用网、融资与物流等各方面的成本，以及降低企业税费负担

---

① 国家统计局：《中国统计摘要 2016》，中国统计出版社 2016 年版，第 126 页。
② 《习近平主持召开中央财经领导小组第十五次会议　听取关于中央财经领导小组工作报告研究推动落实经济领域重点工作》，共产党员网，https：//news.12371.cn/2017/02/28/VIDE1488283202050161.shtml。

等；要鼓励企业通过改进工艺和管理创新以及节能节材等降低其销售、管理和财务等费用。企业也要通过提高劳动生产率实现由原来的数量型增长向质量型增长的转变。

2. 构建创新体系

提高制造业效率的长效机制是由原来的要素驱动转向创新驱动，依靠技术进步促进制造业升级。例如，二战后的日本就曾通过在短期内引进国外的先进设备与工艺，在长期内加强其自主创新能力建设和逐步构建国家的创新体系而提高了制造业效率。我国的新型工业化建设也要实施创新驱动战略，在处理好市场与政府之间关系的前提下，以系统性创新思维进一步完善普惠性的扶持政策体系和产业生态环境，打造以企业为主体、以需求为导向以及产学研相结合的科技创新体系，并通过差异化创新主体的协同创新实现资金链、产业链和创新链的"三链"融合，建设若干高水平的制造业创新中心。同时，我国也要努力研发核心与关键技术并使其转化为现实生产力，以培育若干创新型龙头领军企业。为此，我国将加快建设新型基础设施，即"加快建设以 5G 网络、全国一体化数据中心体系、国家产业互联网等为抓手的高速泛在、天地一体、云网融合、智能敏捷、绿色低碳、安全可控的智能化综合性数字信息基础设施，打通经济社会发展的信息'大动脉'"。[1] 正如党的二十大报告所讲，我们要"优化基础设施布局、结构、功能和系统集成，构建现代化基础设施体系"。[2]

3. 财税与金融政策的支持

实施鼓励制造业转型升级和战略性新兴产业发展的财税与金融政策，如税收减免、财政补贴以及贷款优惠等。一是企业所得税、增值税和进口环节关税等的减免；二是研发的直接补贴和贷款贴息、资本金注入、通过各类产业投资基金进行的股权投资以及土地使用补贴等；三是技术改造与设备更新激励（包括技改贴息贷款、缩短折旧年限以及先进设备进口税的减免等）；四是发展供应链金融，并拓展如知识产权和应

---

[1] 《习近平谈治国理政》（第 4 卷），外文出版社 2022 年版，第 206～207 页。

[2] 习近平：《高举中国特色社会主义伟大旗帜　为全面建设社会主义现代化国家而团结奋斗——在中国共产党第二十次全国代表大会上的报告》，人民出版社 2022 年版，第 30 页。

收账款等新型抵质押融资方式；五是深化产融之间的合作以增强金融服务实体经济的能力，并大力促进产业和财税政策与金融服务之间的良性互动。习近平总书记强调："要始终坚持以人民为中心的发展思想，推进普惠金融高质量发展，健全具有高度适应性、竞争力、普惠性的现代金融体系，更好满足人民群众和实体经济多样化的金融需求，切实解决贷款难贷款贵问题。"①

4. 培养制造业人才和劳动力供给结构的优化

人才是制造强国建设的第一资源。习近平总书记指出，我国"要全方位谋划基础学科人才培养，科学确定人才培养规模，优化结构布局，在选拔、培养、评价、使用、保障等方面进行体系化、链条式设计，大力培养造就一大批国家创新发展急需的基础研究人才"。② 为此，一是要实施人才强国，即实施产业工人队伍建设改革方案与制造业人才发展规划指南，通过发展高等教育和职业教育，以及职业技能培训和推广数字化和信息化教学等以提高劳动力素质，如美国曾在 2009～2010 年先后颁布"STEM"教育计划、"美国人毕业倡议"和"美国未来技能"计划等，以加强劳动力培训和确保制造业发展的人才支撑；二是可通过校企合作打造实践教育基地，以提高劳动者专业技能和培养有着创新精神与国际视野的制造业高端人才。欧美各国就建立了"产学结合"人才培养模式，如英国有"三明治"教育、德国有"双元制"教育、美国则是"学工交替"等，其目的就是利用学校与企业的不同资源来培养应用型人才以打造本国企业的国际竞争力；三是以"高精尖缺"为导向，加大工业领域高端人才的引进力度，并优化其社会保障以增强人才稳定性；四是弘扬劳模精神以倡导劳动光荣的社会风尚和追求精益求精的敬业精神；五是培养若干具有国际水平的科技领军人才和创新团队。正如习近平总书记所讲，我国"要大力培养和引进国际一流人才和科研团队，加大科研单位改革力度，最大限度调动科研人员的积极性，

221

---

①② 《习近平主持召开中央全面深化改革委员会第二十四次会议强调：加快建设世界一流企业 加强基础学科人才培养》，央视网客户端，https：//baijiahao. baidu. com/s？ id = 1726008826839428642&wfr = spider&for = pc。

提高科技产出效率。要坚持开放创新，加强国际科技交流合作"。[①]

8.3.3 以新发展理念为指导解决发展的不平衡与不充分问题

随着经济发展进入新时代和社会主要矛盾的转化，中国工业化发展也存在不平衡与不充分的问题，即工业发展与生态环境的保护、产品的供给和需求以及地区之间等发展的不平衡；同时也存在工业的大而不强、创新能力与系统集成能力不强、关键核心技术对外依存度高等发展不充分问题。因此，在新时代新阶段推进新型工业化建设，就要以新发展理念为指导以解决发展的不平衡与不充分问题。

1. 创新发展以促进技术进步、结构优化与全要素生产率的提高

工业部门是国家创新系统的核心，也是技术进步和产业新体系构建的主战场。因为制造业的发展会刺激新材料、新技术和新装备的不断涌现，并通过产业关联效应推动创新成果向其他产业领域扩散。工业领域的技术创新经过多种渠道向整个经济系统传导，因而提升了其创新水平并促进了人类的进步。因此，制造业部门劳动生产率的提高是全社会劳动生产率提高的关键。我国的新型工业化建设要着重推进整体的技术进步，加快突破若干关键的核心技术以减少外部依赖。新一代信息技术的融合应用将有助于工业知识的标准化、模块化和组件化，并加速其沉淀、积累与复用，可为技术创新赋能赋智，从而加快关键核心技术的攻关。习近平总书记指出，我国要"充分发挥海量数据和丰富应用场景优势，促进数字技术和实体经济深度融合，赋能传统产业转型升级，催生新产业新业态新模式，不断做强做优做大我国数字经济"。[②] 所以，我国目前要积极推进新一代信息技术向传统产业部门的渗透以实现其转型升级和提高劳动生产率，可通过工业互联网平台、制造业双创平台等载体，广泛连接各种创新主体和资源，并积极优化其激励机制，从而为技术创新提供原始动力；要在中高端消费、现代供应链等领域培育新的经

---

① 习近平：《在经济社会领域专家座谈会上的讲话》，新华网，https：//baijiahao. baidu. com/s？ id＝1675922109151348077&wfr＝spider&for＝pc。

② 《习近平谈治国理政》（第4卷），外文出版社2022年版，第206页。

济增长点和形成新动能，以推动战略性新兴产业的发展，并促进经济的中高速增长与产业迈向中高端水平。

2. 协调发展以推进"四化同步"和人民生活质量的提升

我国的现代化不同于西方发达国家。他们的现代化发展是"串联式"，即沿着工业化和城镇化、农业现代化与信息化这样的先后顺序发展，到现在历经 200 多年。我国由于是后来居上，其现代化是"并联式"发展，即工业化和信息化、城镇化和农业农村现代化的"四化"同步发展。因此，我国的新型工业化建设就要坚持"以人民为中心"的发展思想，并结合国情去探索"四化"同步发展的新途径。例如，工业化和信息化融合并带动工业化，就能够实现其跨越式的大发展；用新型工业化理念来谋划现代农业发展，促进两者的产业对接，以工业化延长农业的产业链和提高其附加值与效益；以工业化为基础推进新型城镇化建设，即实现"产城人"的融合发展而不是人为"造城"，消除城乡二元体制的张力以促进城乡之间的融合发展；以信息化来改造工业和农业，以形成相互促进和融合的现代化经济体系，从而加快现代化的建设。为满足广大人民群众对日益增长的美好生活需要，我国还必须下大力气去解决经济发展中存在的各种不平衡，即工业发展和生态环境保护之间、产品的供需结构之间以及地区发展之间的不平衡等，从而持续提高工业发展的质量和效益，以及人民群众的生活质量、发展潜能和幸福指数。

3. 坚持绿色发展

努力推进节约资源、保护环境和生态文明的不断进步。西方发达国家是在工业文明时代推进其现代化的。我国则是在生态文明时代建设现代化。因此过去传统工业化时期高能耗、高污染和低水平数量扩张的老路已不再具有可持续性。2017 年党的十九大报告指出，我国要实现人与自然和谐共生和建设"美丽中国"，以满足人民群众对优美生态环境的迫切需求并为全球生态安全作出中国贡献。[①] 习近平总书记强调："推动绿色低碳发展是国际潮流所向、大势所趋，绿色经济已经成为全

223

---

① 《习近平谈治国理政》（第 3 卷），外文出版社 2020 年版，第 19 页。

球产业竞争制高点。"[1] 2021 年，"十四五"规划提出，要继续坚持"绿水青山就是金山银山"的发展理念，尊重、顺应和保护大自然，坚持实施节约和保护优先以及自然恢复为主的可持续发展战略，同时积极完善生态文明领域的统筹协调机制和构建生态文明体系，以推动经济社会发展的全面绿色转型。[2] 为此，我国的新型工业化就要把工业化与建设生态文明结合起来，锚定 2060 年前实现碳中和的目标，加快对传统产业的绿色改造升级以建设"美丽中国"。

（1）在"绿水青山就是金山银山"理念之下进一步完善与绿色低碳生产和消费相关的法律法规与政策体系。例如，努力完善能源消费总量与强度的双控制度，即实行以碳强度控制为主、碳排放总量控制为辅的制度，重点控制化石能源消费，并支持有条件的地方、重点行业和企业率先达到碳排放峰值；实施对节能环保与资源综合利用有利的税收政策；努力完善能效与水效的"领跑者"制度；健全和完善自然资源的有偿使用制度，以及自然资源、污水垃圾处理以及用水用能等领域的价格形成机制等。

（2）建立以市场为导向的绿色科技创新体系，努力实施绿色技术创新攻关行动，并积极开展重点行业与重点产品的资源效率对标提升行动，力促能源转型和发展节能减排以及绿色低碳的环保产业。例如，积极推进煤炭等化石能源的清洁高效利用，以及钢铁、石化和建材等行业的绿色化改造；努力壮大节能环保、清洁能源、清洁生产、基础设施绿色升级以及绿色服务等产业，并推广合同的能源管理、节水管理以及环境污染第三方治理等服务模式，从而降低单位工业增加值的能耗和减少污染物排放；增加高新技术制造业与现代服务业的比重，以实现工业的绿色低碳循环发展。

（3）完善绿色金融的服务体系，即探索收益权和排放权以及排污权的质押融资，发行绿色债券和基金等以支持新型工业化的绿色发展。

4. 坚持开放发展

我国一直秉持开放发展的理念，新型工业化建设也要置于全球经济

---

① 《习近平谈治国理政》（第 4 卷），外文出版社 2022 年版，第 362 页。

② 《中华人民共和国国民经济和社会发展第十四个五年规划和 2035 年远景目标纲要》，中国政府网，http://www.gov.cn/xinwen/2021 - 03/13/content_5592681.htm。

分工合作的坐标系之中，充分利用国际国内两个市场、两种资源，并充分吸收和利用全球工业文明所创造的一切先进成果，从而实现合作共赢。为此，我国要以"一带一路"建设为重点，"引进来"与"走出去"并重，坚持共商、共建和共享的原则，推进重点产业领域的国际化布局与创新能力合作，使新型工业化的建设过程成为企业提升全球竞争力的过程。我国可通过与发展中国家合作，既能够向他们提供中国技术与经验，也能增强要素的资源优势；通过和发达国家合作，既能够提高全球价值链的包容性与分工效率，也能够推进经济发展方式的转变和结构的优化，从而强化我国在全球的资源整合能力。具体讲，在"引进来"方面，我国要打造良好的营商环境，即进一步放宽制造业准入标准，完善产业的法律法规体系和安全审查机制；保护外商在中国投资的合法权益，并鼓励和引导其将资金投向中高端制造业并能够在中国设立全球性的研发中心。中国在"走出去"方面要以建设"一带一路"为重点，力促沿线各国的政策沟通与设施联通、贸易畅通和资金融通以及实现民心相通等。一是各级政府要采取多种举措为企业"走出去"提供有用信息和展示机会，比如，建立合作服务平台以获取沿线国家有关资源禀赋、市场需求结构、投资环境、工业政策以及产能合作等信息；提高对"一带一路"国家的文化和风俗以及法律等的熟悉度；借助物流中心和跨境电商试验区等举办或承办各种会议以推介优势产业与协商合作项目等；利用各层次对话机制为"走出去"企业提供风险评估服务，以帮助境外企业提高应对风险的能力。二是创新对外投资的方式，建设一批境外产业合作园区。三是鼓励跨国公司发展并推动其通过资本运作和产业链整合等融入全球的产业链和价值链，建设面向全球的贸易和投融资以及生产与服务网络，促进产业由原先价值链低端的以加工制造为主转向以合作设计与研发、市场营销和品牌培育等为主的价值链中高端，从而形成制造业向研发和市场两端延伸的"微笑曲线"，以培育若干世界级的先进制造业集群。

5. 共享发展以提高包容普惠、布局合理与可持续的发展能力

共享发展的实现需要工业与城镇反哺农业和农村，以补农业农村现代化的短板，使其共享其他领域的现代化成果。例如，信息化可以为农业农村的现代化提供传统农业改造的科学技术；新型工业化可以为其提

供机械和生物技术；新型城镇化可以提供农村现代化的生活与居住环境。2017 年，党的十九大报告指出，要完善城乡之间融合发展的体制机制与政策体系，建立新型工农与城乡关系，即以工促农和以城带乡以及工农互惠，从而实现两者的融合发展和基本公共服务均等化。[①] 习近平总书记强调："要把县域作为城乡融合发展的重要切入点，推进空间布局、产业发展、基础设施等县域统筹，把城乡关系摆布好处理好，一体设计、一并推进。"[②] 2021 年，"十四五"规划也提出，要以县域为单位健全城乡之间要素的平等交换与双向流动政策体系，以推动要素更多流向乡村，从而增强其发展活力。[③] 因此，我国要通过多种方式让贫困、边远以及革命老区的广大群众参与新型工业化进程以分享工业文明成果，努力实现包容普惠发展和加快从贫困走向富裕。同时，发展成果的共享也需要解决区域之间的资源错配问题，如我国目前的工业生产力的资源配置就存在着地区与城乡之间的不平衡以及大量重复建设和引进，从而造成了资源的浪费。因此，新型工业化的建设要以供给侧结构性改革为主线，通过"三去一降一补"来优化工业存量资产的结构和调整增量资产结构，以实现国民经济的可持续性发展。

8.3.4　统筹好发展与安全

"不困在于早虑，不穷在于早豫"。当今世界的信息技术革命变化迅速、日新月异，经济全球化和信息化相互促进、相互影响。互联网已深深融入经济社会发展以及人们生产生活的各个方面。这既带来良好发展机遇，同时也带来新的风险和挑战。因此，统筹发展和安全，就是要坚持系统观念，并善于预判各种风险挑战，以做好应对各类"黑天鹅""灰犀牛"事件的预案，从而不断增强发展的安全性。习近平总书记指

---

① 习近平：《决胜全面建成小康社会　夺取新时代中国特色社会主义伟大胜利——在中国共产党第十九次全国代表大会上的报告》，中国政府网，https：//www. 12371. cn/2017/10/27/ARTI1509103656574313. shtml。

② 习近平：《坚持把解决好"三农"问题作为全党工作重中之重举全党全社会之力推动乡村振兴》，国际在线客户端，https：//baijiahao. baidu. com/s？ id = 1728814822707889594&wfr = spider&for = pc。

③ 《中华人民共和国国民经济和社会发展第十四个五年规划和 2035 年远景目标纲要》，中国政府网，http：//www. gov. cn/xinwen/2021 – 03/13/content_5592681. htm。

出：我们要"坚持统筹发展和安全，坚持发展和安全并重，实现高质量发展和高水平安全的良性互动，既通过发展提升国家安全实力，又深入推进国家安全思路、体制、手段创新，营造有利于经济社会发展的安全环境"。① 2020 年，党的十九届五中全会也提出，我国必须统筹安全与发展并将其贯穿于国家发展的各个领域和全过程，以防范和化解现代化进程中可能遇到的各种风险与挑战。为走好新型工业化之路，我国必须统筹好发展和安全以有效防范与应对可能产生的影响工业化进程的系统性风险，既要以供给侧结构性改革为主线和以智能制造为主攻方向，努力促进工业互联网创新发展以提高制造业的数字化、网络化和智能化水平，积极推动产业发展向中高端迈进，同时也要努力保障国家数据的安全，从而为新型工业化发展创造安全发展环境。这就需要加强对关键信息基础设施、国家关键数据资源的安全保护，以及完善数据产权的保护制度等。

227

---

① 《习近平谈治国理政》（第 4 卷），外文出版社 2022 年版，第 390 页。

第9章 中国特色新型城镇化建设

建设新型城镇化是推动城乡之间融合协调发展的强力支撑与实现现代化的必由之路，也是扩大国内需求与优化升级产业结构的重要抓手。城镇化作为当代社会发展的基本途径，是国民经济增长与生活水平提升的重要引擎。它既体现为生产力发展导致的社会生产与生活方式的变革和进步，也体现为社会经济关系的地理空间重构，其核心问题是"人口的城镇化"或"人的市民化"。党的十八届三中全会和党的二十大报告都提出要"以人为核心"建设新型城镇化。新时代新阶段我国将从社会主义初级阶段基本国情出发，坚持以人为本，遵循规律，因势利导，借鉴世界各国城镇化建设的经验并结合自身城镇化发展的阶段性特点，坚持新发展理念和文化传承，优化布局，积极建设以县城为重要载体的新型城镇化，加快农业转移人口的市民化。同时，我国也要坚持城乡融合发展，即统筹实施新型城镇化建设和乡村全面振兴，以推动新型城镇化的高质量发展，从而走出一条中国特色新型城镇化道路。

9.1 新型城镇化的提出及其内涵

9.1.1 新型城镇化的提出

城市是指在特殊区域内，人类活动与地理环境相互作用而形成的复杂开放系统，其突出特点是人口的高度集聚与经济活动的高度集中，是人类文明发展进步的标志。城镇化是伴随着经济与社会发展，人们的生产和生活方式由原来的农村型转化为城市型的历史过程，其主要表现就是农村人口与非农产业向城镇的集聚以及城市不断发展的过程。

在新中国成立以后的很长时期内，我国并没有意识到实现现代化必须推进城镇化。在改革开放初期，中国城镇居民在全部人口中所占比重仅为17.9%（蔡昉，2018）。到2001年，我国发布的《国民经济和社会发展第十个五年计划纲要》正式采用"城镇化"一词，并第一次将其上升为国家战略，即提出要"实施城镇化战略"。2003年，党的十六大报告第一次提出"走中国特色的城镇化道路"，并将大中城市与小城镇的协调发展作为其内涵。2012年，党的十八大报告明确要求："走中国特色新型工业化、信息化、城镇化、农业现代化道路，推动信息化和工业化深度融合、工业化和城镇化良性互动、城镇化和农业现代化相互协调"。同年12月，中央经济工作会议第一次提出了"走集约、智能、绿色、低碳的新型城镇化道路"。[①] 2013年，党的十八届三中全会指出："坚持走中国特色新型城镇化道路，推进以人为核心的城镇化，推动大中小城市和小城镇协调发展、产业和城镇融合发展，促进城镇化和新农村建设协调推进。"从城镇化战略的提出，到强调"中国特色"，再到突出"新型"，推动对这一问题认识不断深化的是我国在城镇化建设关键节点凸显出来的、迫切需要解决的深层次问题。

国际上一般认为，30%～70%的城镇化率是一个国家城镇化的快速发展阶段。在改革开放之初，中国城镇的人口自然增长率一直比农村要低。因此，中国要提高其城镇化水平，就要促使农村人口向城镇转移。我国的城镇化率到1996年超过了30%，开始步入快速发展阶段，中央提出要实施城镇化战略；到2011年超过了50%（叶兴庆，2016），中央提出走"新型城镇化"之路。2014年，中共中央、国务院印发《国家新型城镇化规划（2014—2020年）》并制定了城镇化建设的新目标。这就是到2020年的常住人口与户籍人口城镇化率分别达到约60%和45%。自改革开放以来，农村劳动力向城镇迁移一直是中国城镇化的主要动力。近年来，我国积极实施以人的城镇化为核心、以提高质量为导向的新型城镇化战略并取得突破性进展。到2017年，外出农民工的数量达到1.69亿人，其中约有80%以上已在各级城镇生活和就业；城镇人口的城镇化率为58.5%，户籍人口的城镇化率是42.4%；农村转移

---

① 《中央经济工作会议在北京举行》，载于《人民日报》2012年12月17日。

人口中已有 8000 多万人成为城镇居民（蔡昉，2018）；逐步形成了以城市群为主体的城镇化格局，其功能与宜居性也不断得到完善。2020 年 10 月，党的十九届五中全会提出，我国要推进以县城为重要载体的新型城镇化建设。这是国民经济战略性结构调整的重要抓手，同时也是构建新型工农城乡关系的具体体现。2021 年，我国在继 2014 年出台首个新型城镇化规划之后，又颁布了《国家新型城镇化规划（2021 – 2035 年）》。这是新一轮的新型城镇化之顶层设计。该规划要求，新型城镇化建设要立足国情，遵循规律，完整、准确、全面地贯彻新发展理念，让创新成为城市发展的主动力，同时要树立城市全周期管理意识，以转变其发展方式和增强城市发展的宜居性与持续性。数据显示，我国 2021 年的常住人口城镇化率为 64.72%，户籍人口城镇化率约为 46.7%，两者之间相差约为 20%。[①] 2022 年 3 月，国家发展改革委印发《2022 年新型城镇化和城乡融合发展重点任务》，要求积极实施以人为核心的新型城镇化战略并提高其建设质量；力促农业转移人口的市民化；持续优化城镇化空间布局与形态并加快建设新型城市；努力推进城乡融合发展，以使城镇的基础设施向乡村延伸、公共服务与社会事业等向乡村覆盖等。[②] 鉴于县城作为推进城镇化的重要空间和促进城乡融合发展的关键纽带，对吸纳农民进城就业安家、促进城乡要素的跨界优化配置以及产业协同发展等能够发挥重要作用。同年 5 月，我国颁布《关于推进以县城为重要载体的城镇化建设的意见》，提出县城作为促进城乡融合发展的关键支撑，对新型城镇化建设和构建新型工农城乡关系具有重要意义；到 2025 年，我国以县城为重要载体的新型城镇化建设将取得重要进展；再经过一个时期的努力，全国将基本建成各具特色、富有活力且宜业宜居的现代化县城，其支撑城乡融合发展的作用进一步彰显。[③] 2022 年 7 月，我国又发布《"十四五"新型城镇化实施方案》，要求深入推进以人为核心的新型城镇化建设，力促农业转移人口的市民化，努力完善以城市群为主体形态、大中小城市与小城镇协调发展的新型城镇

---

① 汪文正：《国家发改委印发〈2022 年新型城镇化和城乡融合发展重点任务〉——提高新型城镇化建设质量》，载于《人民日报》海外版 2022 年 3 月 22 日。

② 《国家发展改革委关于印发〈2022 年新型城镇化和城乡融合发展重点任务〉的通知》，中国政府网，http://www.gov.cn/zhengce/zhengceku/2022 – 03/22/content_5680416.htm。

③ 《中共中央办公厅 国务院办公厅印发〈关于推进以县城为重要载体的城镇化建设的意见〉》，中国政府网，http://www.gov.cn/zhengce/2022 – 05/06/content_5688895.htm。

化格局，以推进城市的健康宜居安全发展及其治理体系与治理能力的现代化，努力实现城乡融合发展，从而为全面建设社会主义现代化强国提供坚实基础和支撑。①

9.1.2　新型城镇化的内涵

城镇化是指一个国家在工业化进程中由传统农业社会向非农人口占大多数的现代社会转变，即人类生产与生活方式由农村型向城市型的转化，其主要表现是各类生产要素、经济活动与人口向局部地区集中并且带动其生产和生活方式、社会结构发生深刻变化的过程。因此，城镇化进程就是人口从农民向市民的转变、产业从农业向非农产业的转型、社会从农村向城市的演进，其最终体现为现代生活方式与现代文明的传播和扩散。它是世界各国经济与社会发展的普遍规律，也是一个自然历史过程。世界经验表明，城镇化进程的加快是工业化与现代化的必然趋势，是解决城乡二元经济结构的根本出路。

和过去传统的城镇化相比，中国特色新型城镇化的"特"和"新"就是要走以人为本、四化同步、优化布局、生态文明以及文化传承的城镇化之路。这既体现了问题导向，是对近年来城镇化进程中暴露出来的深层次问题的反思，也体现了与时俱进的理论品质，是对新发展理念的深刻把握。中国特色的新型城镇化是以人为核心，并统筹空间、规模和产业三大结构；规划、建设和管理三大环节；改革、科技和文化三大动力；生产、生活和生态三大布局以及政府、社会和市民三大主体。

9.2　新型城镇化的现实基础

改革开放 40 多年来，中国城镇化的发展经历了一个低起点且高速度的过程。数据显示，我国的常住人口城镇化率已由 2012 年的 53.10% 上升到 2021 年的 64.72%，年均增长约 1.29%，既高于 0.45% 的世界年均增长水平，也高于 0.59% 的中等收入国家和 0.85% 的上中等收入

---

① 《"十四五"新型城镇化实施方案》，国家发展和改革委员会网，https://www.ndrc.gov.cn/xxgk/zcfb/tz/202207/P020220712357038234914.pdf。

国家的年均增长水平。[1] 新型城镇化战略实施 10 年来，我国持续优化以城市群为主体，以大中小城市和小城镇协调发展的城镇化空间布局，已基本形成"两横三纵"的城镇化战略格局。[2] "19+2"的城市群主体形态日趋定型，[3] 其一体化水平不断得以提高。其中，京津冀、长三角和粤港澳大湾区三大城市群的发展有序推进，其国际竞争力日益增强，成渝地区双城经济圈建设势头迅猛，长江中游、关中平原和北部湾等城市群的一体化发展迅速。中心城市的辐射带动能力逐渐增强，现代化都市圈稳步培育，其同城化建设步伐稳健。南京、福州、成都等都市圈内逐渐形成便捷通勤网络，其公共服务共建共享水平日益提升。这成为中国"经济奇迹"的重要组成部分之一，也为新型城镇化打下了坚实基础。

9.2.1 经济增长与结构优化

在改革开放以来的 40 多年当中，中国经济的快速增长与大规模工业化推进了城镇化的快速发展。数据显示，2022 年，中国的国内生产总值（GDP）约为 1210207 亿元；人均 GDP 是 85698 元；国民总收入约为 1197215 亿元。在三次产业中，第一产业、第二产业和第三产业的增加值分别是 88345 亿元、483164 亿元和 638698 亿元，占 GDP 的比重分别是 7.3%、39.9% 和 52.8%。[4] 新时代中国持续健康发展的经济与不断优化的经济结构都将为新型城镇化建设奠定坚实的物质基础和提供强大动力。

9.2.2 城镇化发展超过工业化的发展速度

从人类社会的发展史表明，工业化与城镇化的发展之间互为因果。

---

① 朱鹏华、刘学侠：《以人为核心的新型城镇化：2035 年发展目标与实践方略》，载于《改革》2022 年第 12 期。

② 由 2013 年的第一次中央城镇化工作会议提出，是指以陆桥通道、沿长江通道为两条横轴，以沿海、京哈京广、包昆和西部陆海新通道为三条纵轴，以轴线上城市群和节点城市为依托、其他城镇化地区为重要组成部分的城镇化战略格局。

③ 京津冀、长三角、珠三角、山东半岛、海峡西岸、哈长、辽中南、中原地区、长江中游、成渝地区、关中平原、北部湾、晋中、呼包鄂榆、黔中、滇中、兰州—西宁、宁夏沿黄和天山北坡 19 个城市群，以及以拉萨、喀什为中心的两个城市圈。

④ 《中华人民共和国 2022 年国民经济和社会发展统计公报》，国家统计局网，http://www.stats.gov.cn/sj/zxfb/202302/t20230228_1919011.html。

工业化所引发的产业发展和集聚能够推进人口集聚与就业扩大，同时也能促进收入增加以及改变土地利用的方式等。这都为城镇化发展打下了基础。城镇化建设则会带动农村人口的大量进城。这既能带来消费需求的扩大，也会产生基础设施与住房等投资需求。这都可为工业化创造巨大市场和提供各种社会服务。新中国自成立以来，其城镇化发展速度长期滞后于工业化，即工业化没有充分发挥出对城镇化的推动作用。到2008 年，中国的常住人口城镇化率达到 46.93%，首次超过 46.9% 的工业化率。此后，我国的城镇化发展迅速，而工业在 GDP 中的比重到2022 年已下降为 39.9%。[①] 数据显示，新型城镇化战略实施 10 年来，我国全面建立了城乡统一的户口登记制度，已有 1.3 亿的农业转移人口及其随迁家属在城镇落户；向非户籍常住人口已发放超过 1.2 亿张居住证；进城务工人员随迁子女在流入地公办学校或者政府购买学位接受义务教育的比例已达 90.9%；接受政府补贴性职业技能培训的农民工约有 8000 万人次；中央财政下达的农业转移人口市民化奖励资金累计为1650 亿元（刘坤，2022）。目前中国的城镇化和工业化基本同步，其农村人口转化为城市人口的过程同时也是农业生产者转化为工业生产者的过程。工业化既促进了生产性服务业的发展，也通过提高劳动生产率提升了生活性服务业的效率。因此，城镇化与产业结构升级同步并相互促进。

城镇化的快速发展提高并优化了生产要素配置效率，同时也带动了城市功能的完善与经济社会的持续进步。城镇化建设还是扩大内需的重要途径之一，其发展超过工业化速度将会进一步促使基本公共服务实现均等化。这会提升人力资源水平、扩大就业数量并优化其结构，进而推动服务业，特别是生产性服务业的大发展。随着原先以工业为主导的城镇化逐步转化为以服务业为主导的城镇化，产业结构不断优化，其支撑就业与创新的能力显著提升。这会对新型城镇化建设产生有利影响。

9.2.3　日益增强的各种要素实力

近年来，随着中国经济与社会的不断发展，如人才与资本、基础设

---

① 《中华人民共和国 2022 年国民经济和社会发展统计公报》，国家统计局网，http://www.stats.gov.cn/xxgk/sjfb/zxfb2020/202202/t20220228_1827971.html。

施、医疗和社会保障等驱动新型城镇化发展的要素数量与质量都明显提高。

1. 日趋提高的人力资源水平

随着中国教育水平的不断提高，人力资源尤其是农村人力资源素质明显得以提升。到 2022 年，我国的研究生毕业生是 86.2 万人，普通本专科毕业生为 967.3 万人，中等职业教育毕业生达 519.2 万人。[①] 目前，中国已建成世界上规模最大的职业教育体系，其人才培养水平不断提高。职业教育培养出的大量技术技能型人才将逐步提升我国"人口红利"的层次，推动其由"数量型"转向"质量型"。职业教育培养的人才与农村籍的大中专毕业生都将成为建设新型城镇化的生力军。

2. 增长迅速的固定资产投资

实体经济发展的基础是固定资产投资规模的增加，而实体经济的发展则是新型城镇化实现正向发展的主动力之一。近年来，我国固定资产投资的规模大、增速快。2022 年，我国的固定资产投资规模达到 579556 亿元，比上年增长 4.9%。[②] 这会为新型城镇化建设奠定坚实的物质基础。

3. 基础设施的改善

改革开放 40 多年来，中国的基础设施变化巨大，城市建设用地面积大幅增加，其建设能力明显提高。到 2021 年，我国的综合交通运输网络体系日趋完善，并持续推进城市群、都市圈多层次轨道交通网和高速公路网建设以及综合交通枢纽多层级一体化发展。全国铁路网对 20 万人口以上城市的覆盖率已达 99.1%；"八纵八横"的高铁网对 50 万人口以上城市的覆盖率约为 89.9%；城市轨道交通运营里程达 7000 公里；城市公共供水普及率与污水处理率都超过 97%；生活垃圾无害化处理率约超 99%；各个城市都逐步建立起源头减排和管网排放、蓄排并举与超标应急的排水防涝工程体系。同年，我国的建筑业增加值达到 80138 亿元，比上年增长约 2.1%，具有资质等级的总承包以及专业承

①② 《中华人民共和国 2022 年国民经济和社会发展统计公报》，国家统计局网，http://www.stats.gov.cn/sj/zxfb/202302/t20230228_1919011.html。

包的建筑业企业利润达到 8554 亿元，比上年增长约 1.3%。① 我国交通类基础设施的改善为都市圈扩围与城市群发展提供了物理连接并降低了其信息沟通和物流运输成本，使得城市群能够实现高效运行。城市基础设施与公共设施的日趋完善，其功能与宜居性的稳步提升以及市民生活条件的大幅改善，都提升了城市的生活品质和吸引力，从而为新型城镇化建设提供了坚实基础。

4. 医疗卫生与社会保障水平大幅提高

近年来，中国基本建立起了覆盖城乡的医疗卫生与社会保障体系。2021 年，全国共有 103.1 万个医疗卫生机构，其中，医院有 3.7 万个（公立医院和民营医院分别为 1.2 万个和 2.5 万个）；基层医疗卫生机构约为 97.7 万个（乡镇卫生院、社区卫生服务中心（站）、门诊部（所）和村卫生室分别为 3.5 万个、3.6 万个、30.7 万个和 59.9 万个）；专业公共卫生机构有 1.3 万个（疾病预防控制中心和卫生监督所（中心）分别为 3380 个和 2790 个）。到 2021 年末，我国的卫生技术人员约为 1123 万人（执业医师和执业助理医师是 427 万人，注册护士为 502 万人）；医疗卫生机构的床位数为 957 万张（医院和乡镇卫生院分别为 748 万张和 144 万张）。② 医疗卫生水平的快速提高为新型城镇化提供了有力支撑，同时也会逐步实现城乡医疗资源的均衡分布。2021 年，全国有 48075 万人参加了城镇职工的基本养老保险，比上年增加约 2454 万人；有 54797 万人参加了城乡居民的基本养老保险，比上年增加约 554 万人；有 136424 万人参加了基本医疗保险，比上年增加约 293 万人。③ 这些也为新型城镇化提供了重要保障。

9.3　新型城镇化建设面临的问题

在新常态背景下，中国经济的增长速度进入换挡期和下行区间，城镇化发展速度呈减缓趋势并处于问题多发期。大量城市因劳动力密集型产业的兴起和发展，导致交通拥堵、公共服务紧缺和空气污染等"城市

---

①②③　《中华人民共和国 2021 年国民经济和社会发展统计公报》，国家统计局网，ht-tp：//www.stats.gov.cn/xxgk/sjfb/zxfb2020/202202/t20220228_1827971.html。

病"的出现。新型城镇化建设的驱动力也在减弱。

9.3.1 驱动力减弱

1. 城镇化建设前期粗放式发展导致的泡沫化需要一定的消化期

20 世纪 80 年代之后的 30 多年，中国的城镇化已从慢速起步，到快速粗放式发展，再到目前已经开始的内涵型发展，即新型城镇化的新阶段。按照国际标准，城市用地的增长率与城市人口增长率之比在 1 ~ 1.12。而数据显示，中国在 1990 ~ 2011 年的用地增长弹性系数是 2.02，已超过了国际标准（王希军，2014）。在 2004 ~ 2014 年，中国城市建设用地面积和城镇人口的年均增长率分别约为 5.1% 和 3.3%；与 2004 年相比，2014 年城市建设用地面积与城镇人口数量分别增长 62.4% 和 38.0% 左右（朱鹏华、刘学侠，2017）。2005 ~ 2019 年，中国城市建设用地面积的扩张速度平均每年比城镇人口增速大约快 1.46 个百分点（任杲，2022）。这说明，中国是"圈地造城"，即依靠土地扩张的粗放式和低质量城镇化发展模式，并出现了局部泡沫化，城镇化发展的集约程度较低。例如，全国有 600 多个城市要走向世界、180 多个城市要建设"国际化大都市"（叶兴庆，2016）。一些地方出现盲目的"造城运动"，即新建城区数量多、规划面积大、城市功能弱、产业基础差，因而出现"新建鬼城""被城镇化"等问题；商品房严重积压，尤其是三四线城市。这些城市的房地产虽然严重过剩，但教育和医疗、科技与文化以及体育的用地却不足。城镇化建设用地的粗放式扩张与低效闲置既造成了资源的浪费，也影响了经济与社会发展的协调性以及新型城镇化建设的人文性。

2. 产业结构的优化升级导致其与就业结构之间产生矛盾，加大了农民工在城镇就业以及落户的难度

这是因为高新技术产业大多数都是知识密集型，对就业扩大的带动作用较小；工业机器人的广泛使用和自动化流水线都对低技术工人，尤其对农民工的需求量日益减少。这既使已进城农民工不断被机器排挤和取代而被迫重返农村，同时也提高了新生代农民进城务工的门槛。

3. 农业和农村现代化的发展滞后

农业是新型城镇化和工业化建设的基础。它既能为城镇人口提供生活资料，同时其机械化和集约化的生产方式也可促进剩余劳动力转移，从而为建设新型城镇化提供大量劳动力。数据显示，2013 年，美国、英国、日本、韩国和巴西的农村人口占比分别为 18.72%、17.91%、7.51%、17.75% 和 14.83%，而中国则高达 46.27%（朱鹏华，2017）。中国由于人均耕地面积少，农业的机械化和现代化难度较大。因此，目前农村仍是以分散与粗放式经营为主的传统农业，其生产规模小、投入大且效益低。农村严重的土地条块分割，致使规模经营的占比较低，农业劳动生产率只有第二、第三产业的 1/3，即农业农村的现代化水平严重滞后。这在一定程度上就削弱了新型城镇化建设的驱动力。

9.3.2　"半城镇化"和城市二元结构的不可持续

中国特色城镇化的重要特征之一是数量巨大的"农民工"群体的存在。从世界范围来看，城镇化过程中的人口流动主要是从农村到城市的单向迁移，而中国则主要是往返流动，即中国的城镇化建设既有农村人口流向城镇的正向城镇化，也有农民工返乡等的逆向城镇化。我国城镇化建设模式的构建，首先要面对的就是"城乡二元结构"。从一般意义上讲，它是指现代化进程中发展中国家存在的城乡之间发展的不平衡。而我国城乡二元结构的形成则与特定制度的安排有关，即户籍制度。在计划经济时期，按照 1958 年实施的《中华人民共和国户口登记条例》，中国形成了户籍制度，并确定以户籍身份作为国家分配粮食和就业以及相关福利的不同权利标准。这种制度性的城乡二元结构也称为"城乡二元体制"。自此以后，农民进城就业和定居都受到严格限制。1978 年改革开放后，国家逐渐允许农民的有限流动，即提倡"离土不离乡、进厂不进城"；允许农民通过自筹资金和自理口粮到城市务工和经商。在 2000 年以后，随着工业化的快速发展和经济体制改革的深化，中国在城乡之间逐渐实现了劳动力市场的一体化。

在城镇化建设的前期，中国不仅没有消除城乡二元结构，反而形成"半城镇化"和新的城市二元结构。所谓"半城镇化"就是指农业人口在向城镇迁移过程中呈现出的一种不完全城镇化状态，即繁华的中心城区与简陋的棚户区反差明显；城市户籍人口与非户籍人口出现明显缺口。2021年，中国常住人口的城镇化率虽然已达64.72%，但户籍人口城镇化率则为46.7%（刘坤，2022）。非户籍人口享受不到和当地城镇户籍居民相同的待遇，是处于一种"非农、非城"的窘况。大部分农民工长期往返于农村与城镇之间。这种现象导致了日益严重的社会问题。被统计为城镇人口的2.34亿农民工及其随迁家属，由于受城乡分割的户籍制度制约而享受不到就业、教育、医疗和养老以及保障性住房等方面的基本公共服务，因而一直是城市中的弱势群体且处于被边缘化的地位。他们除了其收入比在农村时有所提高之外，在身份认同、社会保障、文化服务等方面的权益长期得不到保障。这就导致了旧的城乡二元结构转变为城镇内部的新二元分割。这在一定程度上加剧了社会矛盾，如劳动争议案件受理数的增加，越来越凸显的农村留守儿童、妇女和老人等问题。"半城镇化"问题既是新型城镇化建设中的痛点，也是其难点和重点。

9.3.3　土地的利用效率低且城镇化的筹资模式不可持续

中国人口众多，人均占有资源严重匮乏。而数据显示，中国城镇化建设中的土地利用效率比较低。如2004～2014年，中国的城市建设用地面积增大了约1.62倍，而其常住人口则仅增长了38%。近年来，中国的人均城市建设用地虽在不断下降，但在2014年仍高达245.74平方米，而西方发达国家和主要发展中国家则人均仅有82.4平方米和83.3平方米（朱鹏华，2017）。为此，《国家新型城镇化规划（2014—2020年）》提出，我国的人均城市建设用地要限定在100平方米之内。《城乡建设统计年鉴》的数据显示，到2020年末，我国的人均城市建设用地面积约为108.54平方米，突破了该规划确定的控制指标。

在城镇化前期，中国主要通过"计划价征地、市场价卖地"来赚取土地价差以用于城市基础设施建设。在1997年，全国国有土地使用权出让收入占地方政府财政收入的比重约为1.3%；到2019年，这一比例达到69.9%。2010～2018年，国有土地出让金占地方财政本级收入的比例一直在75%以上（董昕，2021）。在这种筹资模式中，被征地农民由于分享不到土地城镇化的增值收益从而出现严重的社会问题。城镇化建设的另一个筹资方式是地方政府通过融资平台筹集城市的建设资金。但这导致了地方债务规模的迅速扩大以及土地的粗放和低效利用，即贪大求新和千城一面，而没有凸显不同城市的特色与历史文化传承。这既浪费了大量土地资源，也加大了地方政府的财政与金融风险。

9.3.4　城镇化布局的失衡与规模结构的不合理

中国的城镇化很不平衡。一是"大的大、小的小"问题突出，即大城市优质资源集中，人口总量和占比持续上升。中小城市和小城镇基础设施差、公共服务不足，人口吸纳能力弱。二是城镇化水平东高西低，即工业化程度高的东部地区，总城市数、县级城市数明显多于工业化程度低的中西部地区。数据显示，2014 年，中国东部和东北地区的城镇化率分别约为 63.64% 和 60.83%，而中、西部地区则分别是 49.79% 和 47.37%（朱鹏华，2017）。这是由于东部发达地区或大城市不愿将其制造业向中西部地区或者中小城镇转移。这既在一定程度上制约了其自身的产业结构升级，也阻碍了中西部地区或中小城镇的产业聚集与发展。进入 21 世纪后，我国城镇化速度的区域差异开始发生变化，即东部地区的城镇化速度趋缓，而中、西部地区的城镇化速度趋于加快。到 2020 年，东部、中部、西部地区的城镇化率分别为 68.82%、59.71% 和 52.86%（吴瑞君等，2022）。

9.3.5　生态环境问题的日益严重

城镇化的粗放发展使得生态环境问题日益严重，如资源的浪费与环境的污染、自然生态系统的破坏以及生态服务功能的下降等。目前中国大部分河流、湖泊与近海的水位都有所下降，其水质也遭到污染。数据显示，2014 年，在 161 个开展空气质量新标准监测的地级及以上城市中，我国仅有 9.9% 的城市空气质量能够达标[①]。2016 年，全国 338 个地级及以上城市中仍有 254 个的空气质量超标（张卫、糜志雄，2018）。

---

① 《2014 中国环境状况公报》，生态环境部网，https：//www.mee.cn/gkml/sthjbgw/qt/201506/t20150604_302942_wh.htm。

2022 年，全国被监测的 339 个地级及以上城市中，全年空气质量达标的城市约占 62.8%，未达标的城市仍占 37.2%。[1] 环境的恶化已严重影响了人们的生产与生活。

9.4　新时代新阶段新型城镇化建设的路径

中国的新型城镇化是现代化建设过程中的宏伟系统工程。它作为经济增长与结构变化的重要引擎在世界上没有先例可循，因此在建设过程中必须解决中国问题、实践中国道路和突出中国特色。我国要以习近平新时代中国特色社会主义经济思想为指导，面对当前城镇化面临的新挑战，以改革的方式予以应对，使以县城为重要载体的新型城镇化建设能够走得更健康、更长远。

9.4.1　加强法律、制度与政策的供给

中国的新型城镇化建设模式是"市场主导 + 政府引导"。在社会主义市场经济条件之下，政府要基于市场机制来制定其相关的法律、制度和政策，破除不利于新型城镇化发展的各种体制与政策障碍，促进各种要素，如劳动力、土地、资本以及交通等的集聚与提升，进而带动产业的聚集和发展。

"以人为核心"的新型城镇化建设的关键是推进农业转移人口市民化。正如习近平总书记所讲："农民进城务工是个大趋势，要把该打开的"城门"打开，促进农业转移人口市民化。"[2] 党的二十大报告也强调，我们要"推进以人为核心的新型城镇化，加快农业转移人口市民化"。[3] 面对农村大量的剩余劳动力，如何使其实现有序转移，并通过

---

① 《中华人民共和国 2022 年国民经济和社会发展统计公报》，国家统计局网，http://www.stats.gov.cn/sj/zxfb/202302/t20230228_1919011.html。

② 习近平：《坚持把解决好"三农"问题作为全党工作重中之重举全党全社会之力推动乡村振兴》，新华网，国际在线客户端，https://baijiahao.baidu.com/s? id = 1728814822707889594&wfr = spider&for = pc。

③ 习近平：《高举中国特色社会主义伟大旗帜　为全面建设社会主义现代化国家而团结奋斗——在中国共产党第二十次全国代表大会上的报告》，人民出版社 2022 年版，第 32 页。

改革户籍制度让农民转变为市民就成为必须解决的问题。为此，政府要进一步深化户籍制度改革，放宽城镇落户条件和提高户籍人口城镇化率，并力促基本公共服务的均等化，以使农村转移人口能够在城镇落户并享有城镇户籍人口的同等权利。2014 年颁布的《国家新型城镇化规划（2014—2020 年）》提出，到 2020 年，中国的常住人口城镇化率和户籍人口城镇化率是分别达到约 60% 和 45%。数据显示，2020 年，中国常住人口城镇化率已超过 60%，[①] 户籍人口城镇化率则为 45.4%。[②] 这就意味着，目前我国仍有大约 15% 的人口虽然长期生活在城镇，但却不能在城镇落户。国家对这部分人要尽量将其纳入居住证覆盖范围并提高居住证的含金量，使其依法享受居住地在教育、就业和医疗等方面的基本公共服务。为此，我国要健全"人、地、钱"挂钩的配套政策。一是要"人地挂钩、以人定地"，即城镇建设用地的增加额要和其吸纳的农业转移人口落户数相挂钩；二是要"人钱挂钩、钱随人走"，即财政转移支付和中央基建的投资额要和农业转移人口的市民化数量相挂钩。

习近平总书记强调："全面建设社会主义现代化国家是一个长期过程，农民在城里没有彻底扎根之前，不要急着断了他们在农村的后路，让农民在城乡间可进可退。这就是中国城镇化道路的特色，也是我们应对风险挑战的回旋余地和特殊优势。"[③] 因此，我国将继续坚持农村的基本经济制度，以使农民在新型城镇化过程中继续享有其基本的生产与生活资料分配权和能够保持进退的主动性，即我国将依法保障进城落户农民工在乡村的土地承包权、宅基地使用权以及集体收益分配权。

9.4.2　推进农村的集体产权制度改革

我国宪法明确规定了农村土地的集体所有制。自 1978 年以来，农村改革是把土地的集体经营改变为家庭的土地承包经营，在保持小农的

241

---

① 《中华人民共和国 2020 年国民经济和社会发展统计公报》，国家统计局网，http://www.stats.gov.cn/tjsj/zxfb./202202/t20220227_1827960.html。

② 吴斯旻：《中国城镇化率突破 60% 14 城市迈入"双万"时代》，载于《第一财经日报》2022 年 1 月 6 日。

③ 《习近平谈治国理政》（第 4 卷），外文出版社 2022 年版，第 195 页。

基础上形成了农民能够自主选择的渐进式城镇化道路。农户大多为"半耕"和"半工",即同时依赖家庭种植和外出打工来维持生计。这种方式可以满足农民稳定家庭生计与避险的需求。一是城市易受经济周期影响而造成就业的不稳定。在国家还无法给农民提供较为完善的社会保障时,土地能够为其提供基本的生活来源;二是自给自足的小农生产与生活体系降低了其消费支出和生存成本,并提供了各种隐性的福利(夏柱智、贺雪峰,2017),如家庭可以生产低成本的农副产品、从村集体无偿获得宅基地来自建住房以及农村独有的自然与人文环境等。但是,农村的土地集体所有呈现出明显的地域性与封闭性特征。在新型城镇化建设过程中,大量农村地区变成了城镇。城镇建成区之外的大量农村人口也流入城镇并成为其居民,因而农村土地集体所有及其权利的封闭性和村民的流动性之间就形成了矛盾。为此,各地要适应部分农民进城落户和城镇化发展的需要,在自愿基础上赋予其更多的对承包地、宅基地和住房以及集体资产股权等的处置权,并积极探索市场化的有偿退出机制。农民的土地等资产可由集体赎回或者转让给其他集体成员,以实现"离乡不离地,不种有收益"。进城落户的农民如果自愿放弃宅基地要给予补偿。这样既盘活了农村闲置的建设用地,也提高了农民的财产性收入。

9.4.3　乡村全面振兴与农业农村现代化的建设

中国进行现代化建设的核心内容就是新型城镇化、农业农村现代化、工业化与信息化之间的相互关联、同步发展。它们彼此之间是相辅相成的。新型城镇化与乡村振兴是命运共同体,两者之间要互促共融。新型城镇化能为乡村提供现代城市文明和促进其要素配置到农村与农业之中去。农业农村的现代化则能保障新型城镇化建设过程中对农产品日益增长的新需求,也能为其供给所需的大量农村转移人口。因为城镇化的过程是产业结构由农业部门向生产率和利润都更高的工业与服务业部门转移。由此也会引发劳动力不断从农村流动到城市。

农业农村的现代化意味着其劳动生产率要大幅度提高,即要适度规模经营。作为转移人口主体的农民工会随其年龄增长而"返乡。但他们大多是"回乡不回村",即返回家乡的乡镇与县城去从事本地的特色产业与非农产业。流转后得到土地的"新农民"通过经营低租金土地增加了其所在村的收入，形成与进城农民工之间的互惠关系。为此，各地既要培训农业转移劳动力和培养现代职业农民，也要进一步完善土地所有权、承包权与经营权的"三权"分置以推进经营权的有序流转。这样既能够发展适度的规模化经营，也能保护进城务工农民的经济权益。随着越来越多农民工在城市获得稳定的就业、居住条件与社会保障，适度规模经营土地的"新农民"也转化为农村的家庭农场或者其他经营主体。这样，城市与乡村融为一体，即"城乡融合"，"乡土中国"也转向了"城乡中国"。

9.4.4　非农产业的聚集

工业与服务业是新型城镇化发展的经济基础。城镇化则是产业发展的载体。农民只有在城市有了固定职业才能扎下根来，其生产方式由农业转变为工业和服务业。他们也慢慢融入城市成为市民，其生活方式实现了城市化。由此，只有实现新型城镇化建设与产业发展相结合才能使两者都能健康持续发展。因此，新型城镇化必须建立在坚实的非农产业基础之上，以实现工业或服务业与城镇化之间的良性互动，即"产城融合"。否则，城镇化只能造出"空城"与"鬼城"。"产城融合"能够实现产业化和城镇化协同发展的乘数效应、集聚效应与扩散效应，并最终实现产业集群和城市群的融合发展。目前中国的城镇化率已超过工业化率。在 GDP 中，服务业的比重也超过了工业，再加上产业结构的调整等原因，非农产业的集聚已呈现出许多新的特点。在制度创新和现代信息技术大发展的背景下，中国正在构建新型的产业体系，其特征则为高技术化和创新化、市场化与服务化以及国际化等。这既为新型城镇化提供了良好机遇也使其面临更大挑战。为此，各地要把握好产业发展新规律并促进非农产业集聚，从而为新型城镇化建设打下坚实的产业基础。

9.4.5　遵循新的发展理念

中国新型城镇化建设的关键是"以人为核心"，遵循的方向是创新、协调、绿色与融合，以建设绿色低碳、和谐幸福且智慧的城市。

1. 创新发展，即通过科技、制度和文化等方面的创新优化资源配置

一是产业发展需要科技创新以实现信息化与新型城镇化的融合，例如，建设智慧城市、实现城乡和区域之间的均衡协调发展、促进城镇公共服务能力的提升等。二是在户籍制度改革、城市基本公共服务均等化以及解决农地和融资问题等方面的制度创新。三是"半城镇化"问题的解决需要文化创新。在中国的城镇化过程中，人口流动的规模之大和历时之久都是人类历史上不曾有过的。其中的影响因素除国家政策之外还有文化。费孝通先生曾说："我看到了一个稳定的因素，那就是在新兴城市打工的民工，每人几乎都有一个家在内地。……农民有家可归的社会基础，就是以农户为基础的联产承包责任制和我们中国特别密切的传统家属关系，发生着西方人士所不易理解的社会保险的巨大力量。"①因此，我国的新型城镇化建设要将精神文明建设融入其中，既注重城市与乡村文化的发展和繁荣，也注重两者之间的衔接与互动。这样，新型城镇化建设将会通过文化传播内容与形式的创新使农民工能够更好地融入城市，以实现物质和精神的协调发展以及人的全面城镇化。四是"城市病"的解决需要城市规划与管理的创新。中国也和西方一些发达国家一样，许多城市因劳动密集型产业的发展而出现了空气污染、交通拥堵以及公共服务紧缺等"城市病"。因此，新型城镇化建设首先要通过规划创新以引导城镇发展的规模与速度以及产业和空间结构的优化，如发展金融、旅游等第三产业和人工智能等高新技术产业等，其次是创新城市管理以降低其运营成本并提高效率与公共服务水平。

2. 协调整合多方资源以形成发展之合力

（1）城镇化与乡村振兴的协调以实现城乡融合，并使两者优势互补与共同繁荣。数据显示，2021年，中国的常住人口城镇化率为64.72%，户籍人口城镇化率是46.7%。我国即使基本实现城镇化，也仍将有4亿左右的人口还生活在农村。②因此，城镇化和农业农村现代化要同步发展并使其相得益彰。中国在城镇化的前期对城乡互动发展重视不够，而

---

① 《费孝通全集》（第15卷），内蒙古人民出版社2009年版，第285页。
② 熊丽：《新型城镇化取得明显成效》，载于《经济日报》2022年4月29日。

新型城镇化则强调城乡要融合发展，即在城镇化快速发展阶段的后半场，要形成以工促农和以城带乡、工农互惠与城乡融合的新型关系，让农民能够平等参与现代化进程和共享现代化的成果。县城作为我国城镇体系的重要组成部分，是实现城乡融合发展的关键支撑。党的二十大报告指出，我们要"推进以县城为重要载体的城镇化建设"。① 为此，我国要统筹县域内城镇与村庄的规划和建设，通盘考虑其土地利用、居民点建设、产业发展、生态保护和人居环境整治、防灾减灾以及历史文化传承等，以实现县乡村之间的功能衔接与互补；科学把握县城的功能定位并分类引导其发展方向；积极培育特色优势产业以稳定扩大其就业岗位；努力完善市政设施体系以夯实其运行基础支撑；强化公共服务供给以增进其民生福祉；加强历史文化和生态保护以提升其人居环境质量；努力提升县城辐射带动乡村的能力以促进县乡村功能的衔接互补。这样，我国将以县域为单位积极建设城乡之间的产业分工与合作体系，努力实现城乡之间在户籍和就业、教育和医疗以及社保等方面的均衡发展和服务共享，以使新型城镇化建设与乡村振兴协调并举和一同发展。农业农村现代化与新型城镇化的结合可实现大中城市、小城镇以及农村的协同发展。

（2）力促大中小城市和小城镇协调发展以实现城市群效应。无论是大中小城市还是小城镇，在我国都有其存在的逻辑。而每个地方的城镇化都是与其周边地区的城镇化紧密相连。习近平总书记指出："要推进以人为核心的新型城镇化，处理好中心城市和区域发展的关系，推进以县城为重要载体的城镇化建设，促进城乡融合发展。"② 党的二十大报告也强调，我们要"以城市群、都市圈为依托构建大中小城市协调发展格局"。③ 因此，中国的新型城镇化建设必须依托城市群和都市圈，坚持大中小城市和小城镇的协同发展，通过城市群和都市圈这种形态，把大中小城市和小城镇有机联系起来。都市圈形成发展的重要特征是城市之间有密切的经济联系和人员往来，其基本范围是 1 小时通勤圈。小城镇则是实现城乡之间融合发展的有效载体，也是实现农民就近城镇化的

245

---

① ③　习近平：《高举中国特色社会主义伟大旗帜　为全面建设社会主义现代化国家而团结奋斗——在中国共产党第二十次全国代表大会上的报告》，人民出版社 2022 年版，第 32 页。

②　《习近平主持召开全面推动长江经济带发展座谈会并发表重要讲话》，中国政府网，http://www.gov.cn/xinwen/2020－11/15/content_5680884.htm#1。

重要途径。目前我国的新型城镇化建设已进入低速、成熟和稳定发展时期，未来将会更加重视质量的提高。城市群将由原先分散式的独立发展或者单中心极化的发展模式转变为"组团式、多中心"的发展模式，更强调各城市之间功能定位的差异化及其产业的互补协作，以推进主要节点城市和周边地区联合打造功能强大或具有特色服务的板块，并努力寻求板块之间的联动协作。"十四五"时期，我国将依托超大特大城市或辐射带动能力强的大城市逐步培育发展现代化都市圈，努力完善由省级统筹、中心城市牵头和周边城市协同的都市圈同城化推进机制，积极推进基础设施和要素资源向周边延伸、流动，功能产业和公共服务向周边疏解、覆盖。

（3）中西部地区的协调发展，即构建合理的城镇化产业空间分布系统，以产业聚集提升其新型城镇化的内生动力，引导农民在中西部地区实现就近城镇化，即推进就地城镇化和打工地城镇化的有机结合以均衡城镇化布局。为此，各地要坚持以工业化带动城镇化，加快产业发展以提升其城镇化发展的内生动力；加强国家战略性、基础性和支柱性产业布局，并依托现有产业增加对科技和人才等方面的资金投入，以推动其产业向中高端价值链延伸；改变传统工业发展模式，发掘地区特色优势资源，大力发展生态旅游、休闲农业和文化创意产业等绿色产业，以促进其城镇化水平的提高。

（4）产城人的协调与融合。在产城融合的依托下坚持"以人为核心"，促使人口在大中小城市与小城镇之间以及在产业之间实现有序的流动和集聚，妥善解决产业结构与就业方式、人居环境和社会保障等由"乡"到"城"的一系列问题，使城镇结构、产业结构和就业结构之间、收入结构和消费结构之间等都能够相互匹配。这样既有利于产业的优化升级与城镇的聚集高效，也能够避免大"城市病"，从而实现经济与社会的健康可持续性发展。

3. 集约、智能、绿色和低碳发展

（1）集约发展是指和过去注重速度和空间扩张的传统城镇化相比较，新型城镇化建设将更注重质量化与内涵式发展，即改变以往那种土地城镇化快于人口城镇化、土地资源利用率不升反降的局面，而注重提高土地的集约程度以发展紧凑型城市。

（2）智能发展是指同步推进新型工业化和信息化、新型城镇化与农业农村现代化的建设，尤其是指要促进城镇化与信息化的深度融合以提高城市运转和治理的信息化水平。随着"智慧城市"和"数字城市"建设进程的加快，5G、大数据和人工智能等新技术的应用加速，我国的城市管理与市民生活方式都会得以改变。智慧交通的城乡联动也能够缓解"大城市病"。

（3）绿色和低碳发展是针对过去粗放型城镇化发展造成的严重资源浪费和环境污染问题，提出要以生态文明建设为主导，将生态环境保护和人居环境质量的提高放在首位，解决好空气污染等城市病，建设生态宜居城市，提高人们的生活质量和幸福感。因为生态环境是人类生存最基础的系统和要素群，因此各地要对新型城镇化建设做好整体规划，把生态问题列入其约束范围之内；将环境保护与产业结构升级有机结合，大力发展生态、低碳和高效的产业体系，打造绿色城市运营方案，即发展绿色交通，践行绿色生产与生活方式，培养公众的环境保护和绿色消费意识。

9.4.6 新型城镇化的多样性

县城作为我国推进新型城镇化的重要空间和城镇体系的重要一环，既是推进城乡融合发展的关键纽带，也对吸纳农民进城就业安家、促进城乡之间要素的跨界优化配置以及产业协同发展具有重要意义。"十四五"时期，我国将努力推进以县城为重要载体的新型城镇化建设，支持若干条件较好的县城重点发展，以满足农民到县城就业安家以及县城居民的生产生活需要。

中国幅员辽阔，县城的数量大且类型多，发展定位各具特色，新型城镇化建设的基础和面临的问题各不相同，发展路径也不一样。因此，我国以县城为重要载体的城镇化建设就要科学把握其功能定位，并分类引导县城的发展方向。不同地区新型城镇化的发展要因地和因时制宜，科学实施其差异化策略。各地应考虑的因素主要包括地理区位与资源禀赋、城市规模和经济实力、产业结构及其优势等。

目前，我国的新型城镇化建设正处于快速发展的中后期，且正转向全面提升发展质量的新阶段，其动力强劲并蕴含着巨大内需潜力和发展动能。"十四五"时期，我国将坚持"以人为核心"和以高质量发展为主题，继续深入实施新型城镇化战略，稳步提高农业转移人口的市民化质量和城市的宜居宜业水平，努力促进大中小城市与小城镇之间的协调发展以及城乡之间的融合发展，从而为推动经济社会的高质量发展和全面建设社会主义现代化强国提供坚实基础。

第 10 章 乡村全面振兴与农业农村现代化

民族要复兴，乡村必定要振兴。农业、农村与农民（即"三农"）问题关系着国计民生和中国特色社会主义现代化建设之全局。伴随着新型工业化和城镇化的深入推进，我国农业与农村发展也正进入一个新的阶段。实施乡村振兴战略和加快推进农业农村现代化是党的十九大作出的重大战略部署，在我国农业与农村发展史上有着里程碑意义，是在新时代新阶段做好"三农"工作的总抓手。2020 年，在脱贫攻坚目标任务如期完成之后，我国"三农"工作的重心已转移至全面推进乡村振兴的新阶段，以加快推进农业农村现代化和实现农业、农村与农民的全面进步和发展。

10.1 农业农村现代化与乡村振兴战略的提出及其内涵

10.1.1 农业农村现代化和乡村振兴战略的提出

中国作为一个农业与农民大国，农业丰则基础强，农民富则国家盛，农村稳则社会安。中国共产党在领导革命、建设和改革的过程中，一直非常重视"三农"问题，并随社会环境变化而不断创新其农村建设的思路。新中国成立初期，党中央曾提出要实现由农业国向工业国的转变。1954 年，周恩来在全国人大一届一次会议所作的《政府工作报告》中首次提出了建设"现代化的农业"，即"如果我们不建设起强大的现代化的工业、现代化的农业、现代化的交通运输业和现代化的国防,我们就不能摆脱落后和贫困,我们的革命就不能达到目的"①。20世纪五六十年代,毛泽东提出要逐步建立现代化的工业与现代化的农业,即强调将我国建设成为"一个具有现代工业、现代农业和现代科学文化的社会主义国家";②"建设社会主义,原来要求是工业现代化、农业现代化、科学文化现代化,现在要加上国防现代化"。③改革开放以来,在不同的历史阶段,我国为破除城乡二元结构和破解"三农"难题曾先后制定了一系列方针政策。1982~1986年,我国连续五年的中央一号文件都强调农业现代化。21世纪以来,从2003年开始,连续20年的中央一号文件都聚焦农业、农村和农民问题,从加快农业基础投资、提高农业技术水平,到发展农业的新型经营方式和培育新型经营主体等,都在强调加快发展农业现代化。党的十四大与十五大是着重于"产业结构的优化"和"农业基础地位的加强"。党的十六大报告提出要"统筹城乡经济社会发展"和建设社会主义新农村。党的十六届五中全会又把社会主义新农村建设概括为5句话20个字,这就是"生产发展、生活宽裕、乡风文明、村容整洁、管理民主"。党的十七大报告在"城乡统筹"发展与社会主义新农村建设的基础上,又提出要"建立以工促农,以城带乡长效机制,形成城乡经济社会发展一体化新格局",并作出了走中国特色农业现代化道路的重大决策。2008年,中共中央在《关于推进农村改革发展若干重大问题的决定》的文件中,又对其作出更为具体的战略部署,进一步指明了农业与农村发展的基本方向。党的十八大报告指出,"三农"问题解决的根本途径就是实现"城乡一体化"发展。国家"十三五"规划明确提出要大力推动农业现代化发展。很显然,"农业现代化"在政策话语里是中国农业发展的方向,也是国家现代化发展战略的重要组成部分。

自党的十八大以来,习近平总书记提出了"三农"工作的新思路。一是树立和践行"绿水青山就是金山银山"理念,即"遵循天人合一、

① 中共中央文献研究室:《关于建国以来党的若干历史问题的决议注释本(修订)》,人民出版社1985年版,第639页。

② 中共中央党史研究室:《中国共产党历史》第二卷(1949—1978)下册,中国党史出版社2011年版,第675页

③ 《毛泽东文集》第八卷,人民出版社1999年版,第116页。

道法自然的理念，寻求永续发展之路"；① 二是新农村建设要遵循乡村自身的发展规律，"注意乡土味道，保留乡村风貌，留得住青山绿水，记得住乡愁"；② 三是深化农村集体土地制度改革以推进农业现代化发展，即"丰富集体所有权、农户承包权、土地经营权的有效实现形式，促进农村土地资源优化配置，积极培育新型农业经营主体，发展壮大农业社会化服务组织，……不断为促进乡村全面振兴、实现农业农村现代化创造有利条件"；③ 四是农村的产业化发展思路为实现"种养加销全产业链"和"一二三产业融合发展"，即"发展乡村产业，……有条件的要通过全产业链拓展产业增值增效空间，创造更多就业增收机会"；④ 要"依托农业农村特色资源，向开发农业多种功能、挖掘乡村多元价值要效益，向一二三产业融合发展要效益，……推动乡村产业全链条升级，增强市场竞争力和可持续发展能力"。⑤ 习近平总书记关于乡村文化、生态与产业发展的这些论述已远超"城乡统筹"和"城乡一体化"以及"以城带乡"的原有发展思路。党的十九大报告提出的"乡村振兴战略"正是对乡村这一独特价值思路的体系化以及合乎逻辑的提升。

党的十九大报告指出，要把"三农"问题的解决作为重中之重，坚持农业与农村的优先发展，大力实施乡村振兴战略并推进农业与农村现代化建设，以确保国家粮食安全、生态安全和社会安全。⑥ 这是党的文件中第一次提出乡村振兴并首次将其写入党章。"农业农村现代化"也是一个新表述。它既是中国现代化建设的重要组成部分，也是乡村振兴战略的总目标。和原来单一的"农业现代化"相比，"农业农村现代化"涵盖的范围更加宽广，涉及经济和政治、文化与社会以及生态文明等方面。这标志着中国共产党基于国情与农情对"三农"问题的认识达到了一个新高度，其着眼点是"两个一百年"奋斗目标的实现与补

---

① 《习近平谈治国理政》（第 2 卷），外文出版社 2017 年版，第 544 页。

② 《习近平：坚决打好扶贫开发攻坚战 加快民族地区经济社会发展》，新华网，ht-tp：//www. xinhuanet. com//politics/2015 - 01/21/c_1114082460. htm。

③ 《习近平对推进农村土地制度改革、做好农村承包地管理工作作出重要指示》，新华网，https：//baijiahao. baidu. com/s？ id = 1682219486960536531&wfr = spider&for = pc。

④ 习近平：《坚持把解决好"三农"问题作为全党工作重中之重 举全党全社会之力推动乡村振兴》，载于《求是》2022 年第 7 期。

⑤ 毛晓雅、龙成：《抓好产业振兴这个"重中之重"》，载于《农民日报》2022 年 12 月 30 日。

⑥ 《习近平谈治国理政》（第 3 卷），外文出版社 2020 年版，第 25 页。

齐农业、农村的短板等，是新时代"三农"问题解决的新方案和农民的福音。2018 年，《中共中央　国务院关于实施乡村振兴战略的意见》颁布，这进一步将振兴乡村置于新的高度，即成为全面建成小康社会和社会主义现代化建设以及做好"三农"工作的总抓手。同年，习近平总书记在主持十九届中央政治局集体学习时指出，"乡村振兴是一盘大棋，要把这盘大棋走好"[①]；乡村振兴战略是新时代"三农"工作的总抓手。工农与城乡关系的良好发展是社会主义现代化建设成败的关键。[②] 2020 年，党的十九届五中全会强调，我国要全面推进乡村振兴，加快建设农业农村现代化。这是以习近平同志为核心的党中央着眼我国全面建设社会主义现代化强国之全局，并针对社会主要矛盾的新变化以及"三农"问题存在的短板而作出的重大决策，为"十四五"时期的"三农"工作提供了行动指南。2021 年 2 月，习近平总书记在全国脱贫攻坚总结表彰大会上讲道："乡村振兴是实现中华民族伟大复兴的一项重大任务。要围绕立足新发展阶段、贯彻新发展理念、构建新发展格局带来的新形势、提出的新要求，坚持把解决好'三农'问题作为全党工作重中之重，坚持农业农村优先发展，走中国特色社会主义乡村振兴道路，持续缩小城乡区域发展差距，让低收入人口和欠发达地区共享发展成果，在现代化进程中不掉队、赶上来。"[③]

10.1.2　农业农村现代化与乡村振兴战略的内涵

农业现代化的内涵是随着农业生产条件和技术进步以及经济社会发展而不断变化的。它可以从狭义与广义两个方面来理解。从狭义上讲，农业现代化是指农业生产部门的现代化。从广义来讲，农业现代化既包含农业生产过程和生产技术以及农业经济等方面的现代化，也包括农业生产者的观念、生活水平与素质的提高以及工农业之间关系等的现代化。

农业农村现代化是中国乡村振兴战略的总目标。它是指立足我国的基本国情与农业发展阶段，遵循农业现代化发展规律，坚持农业与农村

---

① 《习近平谈治国理政》（第 3 卷），外文出版社 2020 年版，第 242 页。
② 《习近平谈治国理政》（第 3 卷），外文出版社 2020 年版，第 257 页。
③ 《习近平谈治国理政》（第 4 卷），外文出版社 2022 年版，第 139 页。

的优先发展及其两个现代化的一体设计和一并推进，实施乡村振兴战略和城乡之间的融合发展，积极培育新型的农业经营主体以发展适度规模经营，同时力促小农户发展与现代农业的有机衔接，构建现代农业体系和提高其综合生产与经营能力、增加农民收入和确保国家粮食安全，从而实现"产业兴旺、生态宜居、乡风文明、治理有效、生活富裕"。这与党的十六届五中全会所提出的建设"生产发展、生活宽裕、乡风文明、村容整洁、管理民主"的社会主义新农村相比，没有改变的是"乡风文明"，而"生产发展""生活宽裕""村容整洁""管理民主"则分别升级为"产业兴旺""生活富裕""生态宜居""治理有效"。这是对乡村振兴战略的集中论述，其内涵更加丰富、要求也更高了。因此，乡村振兴战略既是对过去"三农"政策的继承与发展，也是社会主义新农村建设的"升级版"。党的二十大报告指出，我们要全面推进乡村振兴，"加快建设农业强国，扎实推动乡村产业、人才、文化、生态、组织振兴"。① 由此，我国在"十四五"时期将通过实施乡村全面振兴，统筹推进其经济、政治、文化、社会和生态文明等建设以及党的建设，系统部署实施乡村的"五大振兴"，即产业振兴、人才振兴、文化振兴、生态振兴和组织振兴。乡村全面振兴可以开拓城乡之间融合发展与现代化建设新格局，并为新发展格局构建中的国内大循环提供广阔阵地与空间，从而不断满足农民对美好生活日益增长的新需求。

10.2　乡村全面振兴与农业农村优先发展提出的背景和必要性

中国之所以选择走具有自己特色的乡村振兴与农业农村现代化道路，主要是由其在社会主义现代化建设中的地位以及中国的基本国情等因素决定的。

1. 农业与农村现代化建设是实现国家现代化的重要组成部分

农业与农村是中国小康社会全面建成和社会主义现代化建设的重要

① 习近平：《高举中国特色社会主义伟大旗帜　为全面建设社会主义现代化国家而团结奋斗——在中国共产党第二十次全国代表大会上的报告》，人民出版社 2022 年版，第 31 页。

基础。随着改革开放的进一步发展和新时代新阶段的到来，中国已在2020年全面建成小康社会，并将在2035年基本实现现代化、2050年建成富强、民主与文明以及和谐与美丽的现代化强国。到2020年，中国的农业与农村取得新发展且小康社会已全面建成，但仍面临突出的城乡二元结构问题。党的二十大报告指出："全面建设社会主义现代化国家，最艰巨最繁重的任务仍然在农村。"[①] 面对农业和农村发展如何跟上国家现代化步伐这一重大现实问题，我国提出了优先发展农业农村和振兴乡村，其目的就是为加快推进社会主义现代化强国建设奠定雄厚的物质基础。

2. 农业的基础地位和作用没有改变，因而乡村必须全面振兴

随着工业化和城镇化的深入推进，我国的农民人口逐步减少，农业比重逐步下降。例如，我国的人口城镇化率已从1978年的约18%增加到2022年的65.2%左右；农业增加值占GDP比重也由1978年的约30%降为2022年的7.3%左右[②]。尽管如此，中国的基本国情并没有变，即农业仍是国民经济的基础，大量农民仍生活在农村。据测算，到2030年，我国的人口城镇化率即使达到70%，农村也仍有大约4.5亿的农民，中国的城市和乡村将长期并存和共生。为此，我国将通过振兴乡村以开启城乡融合发展以及现代化建设的新局面。

3. 全面振兴乡村以满足人民群众不断增长的对美好生活的需求

新时代随社会主要矛盾的变化，中国对"三农"的发展也有了新要求。一是农产品供给由过去对数量的追求变为对其安全与质量的追求；二是农村产业发展由过去主要对农业生产的强调变为要求第一、第二、第三产业之间的融合发展；三是农村生态环境由过去强调改善农业生产条件和农民生活条件以使乡村宜居宜业，转变为深入挖掘乡村的生态和文化价值。这是为了吸引城里人到乡村去兴业投资或者休闲度假，并为整个社会提供良好的生态、文化或精神等产品，如清新的空气、洁

---

① 习近平：《高举中国特色社会主义伟大旗帜　为全面建设社会主义现代化国家而团结奋斗——在中国共产党第二十次全国代表大会上的报告》，人民出版社2022年版，第30~31页。

② 《中华人民共和国2022年国民经济和社会发展统计公报》，国家统计局网，http://www.stats.gov.cn/sj/zxfb/202302/t20230228_1919011.html。

净的水和恬静的田园风光，还有农耕文化与乡愁寄托等；四是农民收入由原来追求满足其基本的生活需要转变为要求开辟多种增加收入的渠道。农民群众既要求吃饱、穿暖和住得好，也要求在上学和看病以及养老等方面有较为完善的社会保障，同时还要求基础设施的完善、公共服务的便捷以及有丰富的文化生活等。

4. 实现乡村全面振兴以解决区域发展中的不平衡和不充分问题

目前中国经济社会发展的最大不平衡是在城乡之间，最没有实现充分发展的地方也是在广大农村。这一基本国情就要求乡村振兴和农业农村的优先发展。自新中国成立尤其是改革开放 40 多年来，中国农村的面貌尽管已发生巨大变化，生产条件、农民的生活水平与质量等都有了很大改善，但与城市相比，其经济与社会的发展仍显著滞后。2016 年，中国城镇居民人均收入和消费支出分别为农村居民的 2.72 倍与 2.28 倍左右；使用普通旱厕的农村家庭所占比例为 46.2%；村生活垃圾的 26.1% 和生活污水的 82.6% 都没有得到集中或部分集中处理；没有幼儿园和托儿所、没有卫生室、没有执业医师村庄的占比分别为 67.7%、18.1% 和 45.1%（叶兴庆，2018）。目前，我国仍有 2/3 的行政村通组道路未硬化；参加城镇医疗保险的农民工还不到 30%；农村居民的养老金水平与低保标准仍远低于城市居民；新农合与城镇居民的医保、农村的学校、卫生院和城市相比等差距都还较大。数据显示，2022 年，我国城镇居民和农村居民的人均可支配收入分别为 49283 元和 20133 元。① 为此，国家必须在制度设计和政策创新上求突破，以实现城乡之间的融合协调发展。

5. 乡村全面振兴与农业农村优先发展是应对国际风险、保障粮食安全的战略举措

加入世贸组织之后，我国农业的对外开放步伐加快，与世界农业的关联程度不断提高，面临的国际竞争日益加剧，风险不断加大。在当前新冠肺炎疫情仍在全球蔓延和世界经济复苏脆弱的背景下，为应对百年变局与世纪疫情，我国作为一个拥有 14 亿人口的发展中大国，必须稳

---

① 《中华人民共和国 2022 年国民经济和社会发展统计公报》，国家统计局网，http://www.stats.gov.cn/sj/zxfb/202302/t20230228_1919011.html。

住农业基本盘和确保粮食安全。这既是实现经济社会又好又快发展的基本条件，也是保障国家安全与社会稳定的必要条件。目前的世界各国，如日本正加速升级其农业产业和积极开拓国际市场，美国和德国以及澳大利亚等都是粮食输出大国。中国必须努力保护好农业与农民，以使其免受全球化农业竞争市场的盘剥。否则，我国将可能会成为别国的农产品倾销市场，出现利益归于跨国企业、贫穷留在国内以及问题留给政府的严重后果。为此，党的十九大报告提出要"确保国家粮食安全，把中国人的饭碗牢牢端在自己手中"。[①] 2022 年 2 月，我国出台了指导"三农"工作的中央一号文件，提出要牢牢守住保障国家粮食安全这一底线，将中国人的饭碗牢牢端在自己手里，且饭碗主要装中国粮。中国过去讲国家粮食安全是指"藏粮于库"，现在则为保护和优化粮食产能而提出了努力实现"藏粮于地""藏粮于技"，进而保障国家粮食安全的长期性。党的二十大报告强调，我们要"全方位夯实粮食安全根基，全面落实粮食安全党政同责，牢牢守住十八亿亩耕地红线，逐步把永久基本农田全部建成高标准农田，深入实施种业振兴行动，强化农业科技和装备支撑，……确保中国人的饭碗牢牢端在自己手中"。[②] 因此，只有加快乡村全面振兴和推进农业农村现代化，不断提高农业的综合生产能力，尤其是粮食的综合生产能力，我国才能确保农业的稳产增产、农民的稳步增收和农村的稳定安宁，才能在激烈的国际竞争中掌握主动权和确保国家粮食安全。

10.3 乡村振兴战略的理论基础

以习近平同志为核心的党中央提出的乡村振兴战略有着深厚的马克思主义政治经济学理论基础，是在新的历史条件下对马克思主义关于乡村发展与城乡融合理论的继承和发展。

---

① 《习近平谈治国理政》（第 3 卷），外文出版社 2020 年版，第 25 页。

② 习近平：《高举中国特色社会主义伟大旗帜　为全面建设社会主义现代化国家而团结奋斗——在中国共产党第二十次全国代表大会上的报告》，人民出版社 2022 年版，第 31 页。

10.3.1　物质资料的生产和再生产是人类社会生存与发展的首要前提

马克思指出："我们首先应当确定一切人类生存的第一个前提，也就是一切历史的第一个前提，这个前提是：人们为了能够'创造历史'，必须能够生活。但是为了生活，首先，需要吃、喝、住、穿以及其他一些东西。因此第一个历史活动就是生成满足这些需要的资料，即生成物质生活本身，而且这是这样的历史活动，一切历史的一种基本条件，人们单是为了能够生活就必须每日每时去完成它，现在和几千年前都是这样。……因此任何历史观的第一件事情就是必须注意上述基本事实的全部意义和全部范围，并给予应有的重视。"① 鉴于农业在人类社会发展中的基础性地位，马克思认为："农业劳动是其他一切劳动得以独立存在的自然基础和前提。"② 物质资料生产和再生产的数量与质量取决于包括劳动者、生产资料和技术等在内的生产要素的投入。马克思认为："各种经济时代的区别，不在于生产什么，而在于怎样生产，用什么劳动资料生产。"③ 因而，不同经济时代的区别就在于使用何种技术进行生产以及劳动者和生产资料的结合方式。

257

10.3.2　城乡关系将经历从分离对立再到融合的发展过程

马克思、恩格斯运用唯物辩证法，通过对生产力和生产关系之间矛盾运动的分析，认为城乡之间的关系由依存到分离再到融合，经历了一个曲折发展、螺旋上升的演进过程，其发展趋势主要取决于生产力水平，即城乡分离是生产力发展和资本主义制度的必然产物。在前工业社会，农业文明处于主导地位，城乡关系是农强城弱。但当农业劳动生产力达到一定水平并出现社会分工之后，农业所提供的剩余粮食和劳动力不断增加，城市和乡村之间的分离也随之出现，即"一个民族内部的分工，首先引起工商业劳动同农业劳动的分离，从而也引起城乡的分离和

---

① 《马克思恩格斯选集》（第 1 卷），人民出版社 1995 年版，第 78 ~ 79 页。

② 《马克思恩格斯全集》第 26 卷（第 1 册），人民出版社 1972 年版，第 28 ~ 29 页。

③ 马克思：《资本论》（第 1 卷），人民出版社 2004 年版，第 210 页。

城乡利益的对立"。① 可见，生产力发展水平的提高既推动了经济与社会发展，同时也造成了城市与乡村对立。

资本主义生产方式的产生与发展使工业和人口日益集中于城市，并为其工商业资本剥削农业生产者创造了便利，从而进一步加剧了城乡分离与对立。资产阶级使农村屈从于城市并受城市剥削。这对农业生产和乡村发展造成了灾难性后果，即"城市和乡村的分离，立即使农村人口陷于数千年的愚昧状况"；② "城市已经表明了人口、生产工具、资本、享受和需求的集中这个事实；而在乡村则是完全相反的情况：隔绝和分散"。③ 马克思认为，城乡分离的根源在于包括土地在内的生产资料的私有制，即"城乡之间的对立只有在私有制的范围内才能存在"。④

马克思、恩格斯认为，资本主义生产方式使城乡对立达到顶峰。而随着生产力水平的进一步提高和社会分工的消失，城乡关系发展的趋势是实现融合，即"消灭城乡对立并不是空想，……日益成为工业生产和农业生产的实际要求，只有使人口尽可能地平均分布于全国，只有使工业生产和农业生产发生密切的内部联系，并使交通工具随着由此产生的需要扩充起来，才能使农村人口从他们数千年来几乎一成不变地栖息在里面的那种孤立和愚昧的状态中挣脱出来"。⑤ 恩格斯还指出，要"把城市和农村生活方式的优点结合起来，避免二者的片面性和缺点"。⑥ 他将城乡融合看作由工业化带动的乡村城镇化过程，并认为已经废除私有制的未来新社会将"通过城乡的融合，使社会全体成员的才能得到全面发展"。⑦

10.4 乡村全面振兴与农业农村现代化面临的机遇和挑战

随着我国经济发展进入新常态和新阶段，乡村振兴与农业农村现代

---

① 《马克思恩格斯选集》（第 1 卷），人民出版社 2012 年版，第 147～148 页。
② 《马克思恩格斯全集》（第 20 卷），人民出版社 2014 年版，第 316 页。
③④ 《马克思恩格斯选集》（第 1 卷），人民出版社 2012 年版，第 184 页。
⑤ 《马克思恩格斯选集》（第 3 卷），人民出版社 2012 年版，第 264～265 页。
⑥ 《马克思恩格斯选集》（第 1 卷），人民出版社 2012 年版，第 305 页。
⑦ 《马克思恩格斯选集》（第 1 卷），人民出版社 2012 年版，第 308～309 页。

化建设既有重大机遇也面临新的挑战。

10.4.1　机遇

党的十九大报告首次提出乡村振兴战略和优先发展农业与农村，其目的即为加快建设农业与农村的现代化。这是我国在工农和城乡之间关系上的重大创新。新中国自成立以来，随其经济与社会的发展，农业农村发展的定位也在不断得以调整和变化。在新中国成立初期，国家配置资源的基调是偏重重工业，工业和城市发展得到优先保障。农业和农村则主要是为工业提供粮食与原料，即"农村支持城市、农业养育工业"。国家为进行工业化积累以加速推进其进程，还征收农业税和实施工农业产品的"剪刀差"。自 1978 年改革开放以来，中国农村廉价的劳动力和土地又为其经济高速发展提供了重要因素。因此，中国的农业、农村和农民为其工业化与城镇化建设作出了巨大贡献与牺牲。

自 21 世纪开始以来，面对经济全球化的新形势和全面深化改革的新要求，我国不断加大农业领域改革力度。党的十六大报告指出，为增加农民收入，中国要统筹城乡之间的经济与社会发展，建设现代农业和发展农村经济等；党的十六届四中全会提出，我国已进入新的发展阶段，即以"工业反哺农业、城市支援农村"；党的十六届五中全会强调，中国要"以工促农、以城带乡"，对农村将"多予、少取、放活"，并明确了"新四化"同步发展的新要求以及加快推进城乡一体化的新格局；2006 年，我国实施《关于推进社会主义新农村建设的若干意见》。党的十七大报告强调要加强农业的基础地位，并统筹城乡发展和推进社会主义新农村建设，走中国特色的农业现代化道路；党的十八大报告提出，要"推动城乡发展一体化"，以增强农业农村的发展活力和缩小城乡之间的发展差距。另外，自 2003 年至今，中央连续多年发布的以"三农"为主题的一号文件，其内容大多都是加快推进农业现代化。"十三五"规划中的农业部分首次明确提出"大力推进农业现代化"。

2017 年，党的十九大报告提出以乡村振兴统领"三农"工作，展现的发展脉络是从最初的城乡统筹，到实现城乡一体化发展，再到乡村振兴战略的提出。这既坚持了目标的连续性，也进一步拓宽了思路和提升了目标。一是完善城乡之间融合发展的体制机制与政策体系的提出，就意味着城市与乡村问题的解决需要双向互动和互为依存。二是加快推进农业农村现代化建设的提出，就意味着在原来只强调农业现代化与新农村建设的基础上，又提出了农村现代化的新目标。这包括了"物"（产业与基础设施等）和"人"（农民）的现代化。2017 年 12 月的中央农村工作会议提出，振兴乡村就是要让农业成为有奔头的产业、农民成为有吸引力的职业、农村成为安居乐业的美丽家园；分"三步走"的乡村振兴时间表是到 2020 年基本形成其制度框架与政策体系；到 2035 年基本实现农业与农村的现代化；到 2050 年则是农业强、农村美和农民富的全面实现和乡村振兴。2018 年发布的《中共中央　国务院关于实施乡村振兴战略的意见》再次提出要走中国特色社会主义乡村振兴之路。2021 年 6 月，我国颁布实施《中华人民共和国乡村振兴促进法》。这是立足新发展阶段，推动实现第二个百年奋斗目标的重要支撑，也为实施乡村全面振兴提供有力的法治保障。

中国目前正处于全面建成社会主义现代化强国的加速推进期，农业农村现代化建设还面临许多新的发展机遇。一是农村的水、电和路等基础设施条件明显得以改善，农业的综合生产能力已发生质的飞跃。二是广大农村实现了义务教育、新农保、新农合以及低保等的从无到有。三是随着我国粮食产量的不断增加，农民收入连年增长，其生活水平明显提高，素质和精神面貌也有了很大改观，现代化意识不断增强。四是互联网时代新媒体的无孔不入。五是大量农民工在城乡之间的频繁流动，使其不断受到现代化熏陶，处在了从传统人向现代人转变的过程中。这些因素都为乡村全面振兴和农业农村的现代化建设奠定了良好基础。

10.4.2　新挑战

自党的十八大以来，中国农业与农村的发展取得了很大成绩，但城乡之间的发展仍不平衡，农村发展也还不充分，此问题的解决已尤为迫切。实施乡村振兴战略，也将对中国全面建成现代化强国产生深远影响。

目前受国内外宏观环境以及农业自身发展规律的影响，我国农业农村现代化发展正处于瓶颈期，面临多重发展困境。例如，日益凸显的农产品价格与农产品成本的"双重挤压"导致农民收入增长缓慢和城乡差距的加大；在资源和环境的"双灯限行"背景下，如何加快实现农业发展方式的转变，以确保粮食等重要农产品的有效供给和实现绿色发展与资源的永续利用；农业生产的组织化与市场化的"双重滞后"；在国际农产品市场的影响加大背景下，如何利用好国际与国内两个市场和两种资源，以提升农业的竞争力和在国际市场赢得主动权等。这一系列深层次问题都对农业农村现代化发展提出了新的挑战，同时也对其实践主体——新型职业农民提出了更高要求。目前我国仍有 8 亿多的农民，其分布呈现复杂状态，即一方面是 2.7 亿庞大的农民工群体，他们由于难以获得与城市居民平等的基本公共服务，如教育、医疗、就业和住房等同城市户口挂钩的社会福利待遇，而如同候鸟一样不断往返在城乡之间；另一方面，由于大量青壮年劳动力由农村向城镇转移，农业的副业化和农村的空心化以及农业劳动力的老龄化等问题也日益严重，再加上留守劳动力的素质普遍偏低，未来"谁来种地""怎么种地"的困局亟待破解。为此，我国要科学制定乡村振兴战略规划，加快推进农业农村现代化，让亿万农民过上更加幸福美好的新生活。

261

10.5　乡村全面振兴和实现农业农村现代化的路径选择

在仍存在城乡二元体制的背景下，中国要实现农业与农村的现代化以使其跟上国家现代化建设步伐，就必须补上农业现代化的短板、农村现代化的短腿和农民现代化的弱项。因此，振兴乡村和实现农业农村现代化将是经济、文化、教育、科技、生态和社会等的全面振兴与现代化，是在贯彻新发展理念的前提下全方位缩小城乡之间的差别，实现农业农村的优先发展和城乡之间的融合发展。习近平总书记强调："全面实施乡村振兴战略的深度、广度、难度都不亚于脱贫攻坚，要完善政策体系、工作体系、制度体系，以更有力的举措、汇聚更强大的力量，加快农业农村现代化步伐，促进农业高质高效、乡村宜居宜业、农民富裕富足。"①

---

① 《习近平谈治国理政》（第 4 卷），外文出版社 2022 年版，第 139 页。

10.5.1　乡村全面振兴与农业的现代化建设

"十四五"时期，我国要大力发展县域经济，并构建起以现代农业为基础，以乡村新产业和新业态为补充的多元化乡村经济。

1. 健全现代农业的产业、生产和经营等体系以向现代农业迈进

乡村振兴，产业兴旺是重点。这也是社会主义新农村建设中"生产发展"的升级版和升华版。2021 年 8 月，习近平总书记到河北承德考察时讲道："产业振兴是乡村振兴的重中之重，要坚持精准发力，立足特色资源，关注市场需求，发展优势产业，促进一二三产业融合发展，更多更好惠及农村农民。"① 党的二十大报告也强调，我们要大力"发展乡村特色产业，拓宽农民增收致富渠道"。② 因此，乡村振兴归根到底就是要发展生产力以夯实其经济基础。为此，我国要实施农业的供给侧结构性改革，打破那种农村发展农业和农业发展种养的原有局限，力推粮经饲的统筹与农林牧渔的协调，促进种植业与农产品加工业、畜牧业和渔业等的转型升级，全面振兴农村第二、第三产业，加快建设农业的产业、生产与经营等体系以迈向现代农业。

（1）农业产业体系包括两方面的内容，一是科学利用农业资源以使其各得其所，形成农业内部的农、林、牧、渔等各部门的协调发展以及合理的产业结构，并使其效率最大化。正如党的二十大报告所讲，我们要"树立大食物观，发展设施农业，构建多元化食物供给体系"。③二是要使生产出来的农产品适应居民消费需求的新变化，能够有更多的比重进入加工和营销以实现产业链的延长和增值。为此，我国要以粮食生产功能区与重要农产品生产保护区为重点，到 2025 年建成集中连片高标准农田约 10.75 亿亩。在保障粮食安全的前提下，我国农业结构的调整要做好"加减乘除"四则运算，其中，"加法"是指增加短缺农产

① 《习近平在河北承德考察时强调：贯彻新发展理念弘扬塞罕坝精神　努力完成全年经济社会发展主要目标任务》，新华网客户端，https://baijiahao.baidu.com/s?id=1709062123365818764&wfr=spider&for=pc。
②③ 习近平：《高举中国特色社会主义伟大旗帜　为全面建设社会主义现代化国家而团结奋斗——在中国共产党第二十次全国代表大会上的报告》，人民出版社 2022 年版，第 31 页。

品（如大豆与高端农产品）的生产；"减法"是指玉米等供大于求农产品生产的减少；"乘法"是指为实现农业产业链的延伸、价值链的提升和供应链的保障，第一、第二、第三产业之间要融合发展。这样可以为农民群众提供第三就业空间和增加其收入，从而培育农业与农村发展的新动能；"除法"是指农业以少投入获得大产出从而提高其生态与社会效益。由此，乡村振兴要以农产品加工、"互联网＋"与农村电商、休闲农业和旅游观光、民宿经济与森林康养等新产业与新业态为引领，实现一二三产业的融合发展和农村产业体系的全面振兴；积极建设现代农业产业园区、智能标准厂房以及仓储保鲜等设施，努力完善其商贸流通、检验检测和农村产权交易等平台，同时还要建立生态产品的价值实现机制、优秀农耕文化遗产的保护利用机制，从而盘活用好乡村的资源资产。而这一切最终都要落在农民增收和增加农民福祉上。因此，在党的十九大报告中，原来新农村建设的"生活宽裕"被提升为了"生活富裕"。

（2）农业生产体系是指运用什么样的手段去从事生产。现代农业应运用现代化的手段和创新的科技去从事农业生产，即"给农业插上科技的翅膀"，大力推进质量、绿色和科技兴农。这包括从良种的培育栽培与养殖、使用的各种农机装备以及后面的加工和营销等都要以新技术为支撑，发展终端型、循环型和智慧型等新产业和新业态，实现农业的绿色、特色和品牌化。"十四五"时期，我国将发展多种形式的适度规模经营，其农作物耕种收的综合机械化率将提升到75%，同时还将加强对有机农产品、绿色食品以及地理标志农产品的认证管理，从而由传统农业转向现代农业。

（3）农业经营体系是指如何优化组合资金、技术和劳动力等资源要素，以形成生产与经营等的现实生产力。

2. 完善农业的支持保护体系

支持和保护农业发展的政策体系将决定农业在国民经济中的地位以及各类农产品的发展方向与技术应用，是提升农业发展质量与效益的必然要求。在加入 WTO 之前，我国征收农业税，在资金上对农业的支持很少。加入 WTO 之后，我国将农业税取消并实施了各种补贴制度与支持政策，从而建立起了对农业扶持保护的制度体系。2017 年，党的十九大报告提出要"完善农业支持保护制度"。[①] 2021 年 11 月，国务院印发的《"十四五"推进农业农村现代化规划》又进一步提出要完善农业支持保护制度，即以高质量发展和绿色生态为导向，积极构建新型农业补贴政策体系并提高农业补贴政策的精准性、稳定性以及时效性。党的二十大报告指出，我们要"健全种粮农民收益保障机制和主产区利益补偿机制"。[②] 为此，我国要借鉴发达国家的经验，在符合 WTO 规则的前提下，结合深化粮食收储制度改革，以低碳和绿色为导向健全农业补贴政策；以农产品比价关系的理顺为导向完善其价格形成机制以保障农民种粮收益；以保护和修复生态环境为导向健全市场化和多元化的生态补偿制度；以为现代农业发展提供保障需求为导向构建多层次的农业保险体系。

乡村振兴与农业现代化的实现需要大量资金。党的二十大报告强调，我们要"完善农业支持保护制度，健全农村金融服务体系"。[③] 因此，我国要努力拓展乡村建设的多元化融资渠道，一是要把农业作为财政支出的优先领域，并确保投入的适度增加和使用效能的提高。二是要逐步提升地方土地出让收益用于农业农村的比例。三是要加快农村的金融创新，即落实涉农贷款的增量奖励政策，优化村镇银行的设立模式并扩大县市的覆盖面，支持大型金融机构在县域增加营业网点；在依法合规与风险可控前提下，可按照市场化原则引导大型商业银行下沉其服务重心，推动农村信用社和农商行以及村镇银行等扩大信贷投放，同时创新中小银行与地方银行的金融产品并鼓励其增加首贷和信用贷；利用支农支小再贷款以及再贴现等政策工具，实行最优惠的存款准备金率，以支持机构法人或业务在县域的金融机构；进一步扩大农村资产的抵押担保融资范围，依法合规地开展农村集体经营性建设用地使用权和承包地经营权以及集体林权等的抵质押融资，并鼓励有条件的地区结合其财力设立市场化运作的担保机构。四是要鼓励和引导社会资本到农村发展现代种养、农产品加工、旅游观光以及休闲养老等产业。

3. 培育新型农业经营主体与扶持小农户的统筹兼顾

我国既要发展多种形式的适度规模经营，发展和培育农民合作社和

---

① 《习近平谈治国理政》（第 3 卷），外文出版社 2020 年版，第 25 页。

②③ 习近平：《高举中国特色社会主义伟大旗帜　为全面建设社会主义现代化国家而团结奋斗——在中国共产党第二十次全国代表大会上的报告》，人民出版社 2022 年版，第 31 页。

家庭农场等新型农业经营主体，同时也要促进小农户与现代农业的有机衔接以使其成为现代农业的组成部分。党的十九大报告中提到的"小农户"概念是首次出现在党的文件里，也是改革开放40年来的第一次。报告提出要让小农户和现代农业的发展有机衔接，是因为我国的国情很难做到让大量农民都在短时间内退出农业以实现土地的大规模经营。中国的农业农村现代化必须因时因地去发展适合各地具体情况的不同经营形式。有条件的地方可以通过土地流转实现规模经营。有些地方的小农户如果不愿意放弃自己的土地承包经营权，那就要采取针对性措施把其引入现代化的农业发展轨道，力促其实现与社会组织、大市场、产业链、龙头企业以及城镇化等的衔接。例如，通过各类专业化和市场化社会服务组织的培育，提高农业生产的社会化服务水平以帮助其节约成本和提高效率；通过向小农户提供优良品种和栽培技术等改善其生产条件以提高抗风险能力；支持小农户联合建立如合作经济组织等的多样化合作以提升其组织化水平；支持小农户发展生态、定制和体验等农业以提升其产品档次与附加值，从而扩大其增收空间；利用新型农业经营主体创建区域性公用品牌并推动实现和农超、农社对接，以解决小农户分散化经营且与大市场分割的问题，从而帮助其开拓产品销售市场。

10.5.2 乡村全面振兴与农村的现代化建设

1. 实施城乡一体化的规划设计

马克思和恩格斯曾设想，未来社会是在新的基础上实现城乡平衡与协调，即实现城乡融合。恩格斯指出："彻底消灭阶级和阶级对立；通过消除旧的分工，通过产业教育、变换工种、所有人共同享受大家创造出来的福利，通过城乡的融合，使社会全体成员的才能得到全面发展，——这就是废除私有制的主要结果"[1]。列宁也曾提出，在所有的现代国家，城市是人民经济、政治与精神生活的中心，认为"贫困不堪的农民经济如果不加改变，就谈不上巩固地建立社会主义社会。"[2] 党的十九大报告第一次提出要促进"城乡融合发展"，并将其作为实施

---

① 《马克思恩格斯文集》（第 1 卷），人民出版社 2009 年版，第 689 页。

② 《列宁选集》（第 4 卷），人民出版社 1995 年版，第 81 页。

乡村振兴战略的主要途径。为此，我国要努力统筹县域内城镇和村庄的规划建设以实现县乡村之间的功能衔接与互补；结合实际编制县级和乡镇的国土空间规划以及县域内的村庄布局规划，并鼓励条件允许的地区编制实用性村庄规划；规范开展全域内土地综合整治以遏制耕地的"非农化"；严禁违背农民意愿而随意大拆大建和撤并村庄搞大社区。

2. 稳步推进土地制度改革并巩固和完善家庭联产承包责任制的农村基本经营制度

家庭联产承包责任制明确规定了土地承包期。这是自改革开放以来农村取得的最重要制度性改革成果，是中国农民的伟大创造，也是马克思主义政治经济学的农业合作化理论在中国伟大实践中的创新发展。自改革开放以来的40多年中，党的文件中对此有不同表述，比如有"稳定和坚持"以及"坚持和完善"等。2017年，党的十九大报告则是要求对其"巩固和完善"，并"保持土地承包关系稳定并长久不变，第二轮土地承包到期后再延长三十年"。党的二十大报告也强调，我们要"巩固和完善农村基本经营制度，发展新型农村集体经济，发展新型农业经营主体和社会化服务，发展农业适度规模经营"。① 为此，我国在乡村全面振兴和农村现代化建设过程中，一是要政治方向正确，即依法保护农村的土地集体所有制，坚持土地公有制性质的不改变、耕地红线的不突破、农民利益的不受损，积极发展新型集体经济以实现好、维护好和发展好农民权益并实现共同富裕。二是要坚持家庭经营的基础性地位，积极落实第二轮土地承包到期之后再延长30年的政策，努力完善农村承包地所有权、承包权和经营权的分置制度；依法保护农户承包权，即保护农民作为集体土地的承包主体；平等保护并进一步放活土地的经营权，即承包土地的经营权可以流转并由农民自己决定是否流转，并且土地经营权无论如何流转，其承包权仍属于原有的承包者；农民可以利用承包土地的经营权，依法向当地金融机构进行融资担保，通过入股进行农业的产业化经营。只有这样，才能保障农民的财产权益和集体经济的壮大，从而构建起中国特色的社会主义农村集体产权制度，即归

① 习近平：《高举中国特色社会主义伟大旗帜　为全面建设社会主义现代化国家而团结奋斗——在中国共产党第二十次全国代表大会上的报告》，人民出版社2022年版，第31页。

属清晰、权能完整、流转顺畅、保护严格。正如党的二十大报告所讲，我们要"深化农村土地制度改革，赋予农民更加充分的财产权益。保障进城落户农民合法土地权益，鼓励依法自愿有偿转让"。① 三是稳妥推进农村的宅基地制度改革，积极推动实施房地一体的宅基地使用权确权登记颁证，并努力探索宅基地所有权、资格权和使用权分置的有效实现形式；在保障农民宅基地合法权益的前提下，积极探索农村集体经济组织及其成员以自营、出租和入股以及合作等方式，依法依规盘活闲置的宅基地与住宅。四是进一步深化农村集体产权制度改革并创新其集体经济的运行机制，以推动实现"资源变资产、资金变股金、农民变股东"，从而增加农民的财产性收入。

3. 实施城乡一体化的基础设施建设

统筹谋划县域内的城镇和乡村布局，健全城乡之间基础设施的统一规划、建设和管护机制；统筹规划各类市政公用设施，以实现供水供气和供热管网能够向城郊乡村以及规模较大的中心镇延伸；推进城乡道路的客运一体化并积极拓展公路客运站的综合服务功能；推动人口规模较大自然村（组）的通硬化路，以及村内主干道、资源路、产业路和旅游路等的建设；推进燃气入乡并建设安全可靠的乡村储气罐站以及微管网供气系统；在条件允许的地区实行城乡供水一体化，争取到 2025 年农村自来水的普及率能够提升到 88%；以需求为导向，支持包括 5G、千兆光网和物联网等在内的新基建向农村延伸和覆盖以建设数字乡村，从而满足其居民的数字消费需求和便捷度，并带动农产品进城和工业品入乡；建设重要农产品仓储设施和城乡联结的冷链物流设施、电商平台、配送投递以及农贸市场网络；建设城乡一体化的污水垃圾无害化处理系统，并严控城市的排污与垃圾处理输送至乡村；建设乡村的消防基础设施以改善其消防安全条件；推进新一轮农村人居环境整治，通过推进农村厕所革命与生活污水、垃圾处理以改善村容村貌，从而建设美丽宜居的乡村。正如党的二十大报告所讲，我们要"统筹乡村基础设施和公共服务布局，建设宜居宜业和美乡村"。②

---

①② 习近平：《高举中国特色社会主义伟大旗帜　为全面建设社会主义现代化国家而团结奋斗——在中国共产党第二十次全国代表大会上的报告》，人民出版社 2022 年版，第 31 页。

4. 农村工作要体现"五位一体"的总体布局

党的十九大报告提出了振兴乡村的总要求,即"产业兴旺、生态宜居、乡风文明、治理有效、生活富裕"。[①] 党的十六届五中全会提出的建设社会主义新农村的总要求为"生产发展、生活宽裕、乡风文明、村容整洁、管理民主"。过去和现在的这"五句话、二十字"体现的是"五位一体"总体布局的要求,其中的哪一个都不能偏废,但其核心是让村民的生活富裕起来。因此,这"五句话、二十字"中首先要解决好的是产业兴旺,因为生活富裕的前提就是产业兴旺。生活富裕与产业兴旺对于其他目标的实现具有重要意义,是乡风文明与治理有效的重要基础。因为农民富裕以后,农村公共事务的协商与合作水平将会提高。同时,产业兴旺、生活富裕和生态宜居之间也有着密切关系。生态宜居是指农村排放的减量、景观的怡人以及交通的便捷等。环境的生态宜居将会推动乡村旅游和休闲农业的发展。良好的社会治理将会激励乡贤反哺乡村的公共事业建设。乡风文明则会提高农民素质以促进与农业相关联产业的发展和提高农民收入。

268

5. 实现乡村社会的有效治理

(1)促进产业融合发展,增加农民收入。实现乡村有效治理的前提必须是提高农民收入。新时代新阶段"三农"问题解决的出发点与落脚点也应是富民和提高农民的生活质量。2017 年,党的十九大报告提出,要促进农村的一二三产业融合发展,为农民创业和就业开辟更大空间以增加其收入。[②] 2022 年,我国颁布的《"十四五"推进农业农村现代化规划》提出,要把带动农民就业增收作为乡村产业发展的基本导向,努力推进乡村一二三产业的融合发展,并把产业链主体留在县域,将就业机会与产业链增值收益留给农民。[③] 改革开放 40 多年来,我国农民经历的就业空间有三个:一是家家户户都有承包的土地,但这只能解决温饱,而不能实现真正的富裕;二是发展非农产业以及向城镇转移,但当前我国的民工潮已不可能带动更多的农民就业;三是农村通过促进

---

①② 《习近平谈治国理政》(第 3 卷),外文出版社 2020 年版,第 25 页。

③ 《"十四五"推进农业农村现代化规划》,中国政府网,http://www.gov.cn/zhengce/content/2022-02/11/content_5673082.htm。

第一、第二、第三产业之间的融合发展以及新产业和新业态的培育，能够创造出既不用主要依赖种地，也不用进城务工的更多就业机会。这应成为目前我国增加农民收入的重要途径。

（2）加强基层建设和实现乡村善治以促进乡村治理能力的现代化。这是国家治理体系与治理能力现代化的基础。在党的十九大报告中，原来新农村建设的"管理民主"升级到"治理有效"，同时还加入了"自治、法治、德治"的乡村治理新内涵。[①] 在 2005 年前后，我国新农村建设的着力点是实行"管理民主"和推进自治建设，其目的是规范当时的干群关系，即让村干部能够在社区事务管理中尊重农民的民主权利，使其能够自我管理、服务和监督以提升乡村的自治水平。但随着城乡人口双向流动的增多与农村人口结构的变动、外来资本的进入和产权关系的复杂化，农村的利益主体与组织资源日趋多元化，仅靠村民自治已经不够，必须依靠法治来规范与调节其社区的各类关系，并形成依法办事的良好环境，但德治的成本较自治与法治都低。中国的农耕文明源远流长并且是博大精深，这是中华民族传统文化的根和魂。我国要在立足优秀传统文化的基础上实行自治、法治和德治，即通过完善村规民约的道德约束作用和以德化人，促进优秀传统文化与法治建设之间的相辅相成和相互促进。这样可以降低农村的运行摩擦成本，从而促进社会的和谐发展。"基层基础建设"这一概念在党的文件中是第一次提出。它应包含两方面的内容，一是健全多元化的乡村治理体系，完善在党组织领导与村民自治基础上的"三结合"，即自治、法治和德治，以弘扬社会主义核心价值观和提高乡村的文明程度，使广大农村既能够充满活力又能够和谐有序；二是培养一支懂农业、爱农村和爱农民的"三农"工作队伍。乡村振兴的基础是人才振兴。这就需要创造条件使农村的机会能够吸引人和农村的环境能够留住人，既能够激发农村现有人才的活力与创造力，也能把城市人才更多地吸引到乡村去创业，从而让大中专毕业生、教师、科技工作者、新乡贤、工商业主、退伍军人、律师和医生等都投身于乡村的振兴。

（3）以更高标准建设乡风文明。在党的十九大报告中，原来新农村建设的"乡风文明"尽管保留了字面的一致，但其内涵更丰富。在

---

① 《习近平谈治国理政》（第 3 卷），外文出版社 2020 年版，第 25 页。

现代化的进程中，农村要注意深入挖掘乡村文化中蕴藏的优秀传统观念与道德规范，并结合新时代要求对其加以继承和创新，以提高农民的思想觉悟与道德水准并抵制腐朽落后的文化。乡风文明的建设既可以提高农村的生活质量，也能够改善其营商环境和促进生产力发展，并促进乡村文化和城市现代文化相融合。

6. 打通城市人才进入乡村的渠道

人才是城乡融合发展的关键要素。因为，城乡人才的顺畅双向流动可以带动产业和资本等要素在城市和乡村之间实现良性循环，从而为乡村全面振兴和双循环新发展格局的构建提供重要支持。这既需要完善推进农村转移人口市民化的机制，也需要健全城市人才的入乡、返乡激励机制。

（1）鼓励外出农民工、原籍普通高校和职业院校毕业生以及经商人员返乡、入乡创业，并为其建设创业园和孵化实训基地以加强政策支持；允许入乡创业和就业人员在其原籍地或者创业就业地落户，并保障其享有参与乡村自治、住房使用以及土地流转经营等方面的相关权益。

（2）为乡村建设行动提供技术支持，如实施科技特派员制度；推进规划设计师、工程师和建筑师的"三师入乡"；建立高等院校和科研院所等单位专业技术人员入乡挂职、兼职以及离职创业制度，鼓励其为农户和新型农业主体等提供技术服务，同时探索乡村专业技术人才在职称评定和工资待遇等方面的双向认定机制，以激励城市人才入乡返乡的积极性。

（3）实施城市的教文卫体等工作人员定期服务乡村制度，鼓励城市医院的在职或退休医师到基层医疗卫生机构执业，建立义务教育阶段城市教师定期到乡村学校服务制度，并在职称评定与工资待遇等方面向其倾斜，同时提高乡村教师和医生中的高级岗位比例。

（4）在财政、金融和社会保障等方面提供优惠与激励政策，以吸引各类人才入乡、返乡创新创业。这样才能够吸引外乡人，留住归乡人，从而为乡村全面振兴与城乡融合发展提供新动能。

10.5.3 乡村全面振兴与农民的现代化建设

作为一个传统农业大国，中国农业农村的现代化归根结底是人的现代化，即"农民的现代化"，因而要"以人为本"。党的十九大报告提出的乡村振兴战略的着力点就是要调动广大农民的积极性、主动性与创造性。因为他们既是乡村振兴的主体也是受益者。农民的现代化建设可从如下几个方面着手：

1. 以城乡融合发展为途径清除农民现代化的制度壁垒

党的二十大报告指出，我们要"坚持农业农村优先发展，坚持城乡融合发展，畅通城乡要素流动"。[①] 城乡融合发展要处理好政府和市场之间的关系，一是发挥市场在资源优化配置中的决定作用，以在城乡之间建立统一的要素市场并促进其流动顺畅；二是发挥政府优势，破除城乡分割的制度藩篱，实施基本公共服务供给的县乡村统筹，努力增加乡村在教育、医疗和养老等方面的服务供给，以缩小城乡之间发展的差距，让农民分享经济和社会发展成果。

（1）进一步深化户籍制度改革，从根本上剥离与户籍相关的福利与不平等待遇，大力推进农民工市民化，提高户籍人口的城镇化率。

（2）统筹推动农村劳动力的转移就业与就地就近的就业创业，健全农民工输出输入地的劳务对接机制以加强劳务品牌建设，努力促进农民收入的持续稳定提高。

（3）努力推动城乡义务教育的学校标准化建设，积极发展城乡教育联合体，以促进实施县域内的校长、教师交流轮岗制度；完善乡村学前教育的公共服务网络，办好乡镇级的公办中心幼儿园，并在县城以及规模较大的中心镇建立若干高中与中等职业学校。

（4）积极完善县级医院、乡镇卫生院以及村卫生室的诊疗条件，并通过实行派驻、巡诊和轮岗等方式努力发展紧密型的县域医疗卫生共同体。

（5）完善农村的社会保障制度，即各地政府要建立农村社会保障资金的动态投入机制并逐步加大其财政投入；稳步提升农村养老、新农合与最低生活保障等的标准；积极探索适合农村实际的社会保障新形式；完善统一的城乡居民大病保险制度和统筹城乡的社会救助体系，以不断扩大社会保障的受益群体。

---

① 习近平：《高举中国特色社会主义伟大旗帜　为全面建设社会主义现代化国家而团结奋斗——在中国共产党第二十次全国代表大会上的报告》，人民出版社 2022 年版，第 31 页。

（6）健全和完善县乡村之间相互衔接的三级养老服务网络；努力建设村级幸福院与日间照料中心；积极发展乡村普惠型与互助性养老服务，同时还要加强对乡村妇女、老年人、留守以及困境儿童的关爱和服务。

2. 以教育为途径提高农民的整体素质

农民是农业生产的主体，其素质高低会直接影响农业农村现代化的进程。为此，一是要加强农村基础教育，使农民享有公平且有质量的教育，即政府要加大教育投入，确保农村义务教育阶段的所有适龄儿童和青少年都能按时入学；要使大多数农村新增劳动力接受高中教育和更多的人接受高等教育；吸引高校毕业生与优秀人才到农村任教，以解决"老少边穷"地区缺乏优秀教师以及教师队伍不稳定等问题；二是要培育新型职业农民，即进一步完善职业农民的教育培训体系，加强其职业技能培训，可开设针对性强的农民技能培训长期班与短期班，并提供全方位的公共就业服务，以便多渠道促进农民的就业与创业；三是要普及农村的远程教育和成人教育，使其成为农民学技术和捕捉信息的重要平台，以培养有文化和善经营的高素质新型农民。

3. 成立合作社以提高农民的组织化水平

（1）积极发展农民合作社与家庭农场，鼓励合作社的品牌建设和内涵式发展以提高其盈利能力，即政府除实施资金扶持和税收减免之外，还须增强在技术、知识与营销等方面的"软性"支持力度。

（2）加强合作社规范化建设，即加强对农民合作社的注册资质审查，规范其合作社章程、财务管理制度、公平分配以及权益保障等，确保入社农户共同享受合作利益，以增强其凝聚力和带动力。

（3）做好品牌维护，即建立农产品的优质优价正向激励机制，以打造高品质和有口碑的"金字招牌"产品，从而实现农业发展的优质、特色和品牌化。

（4）引导龙头企业和农民共建农业产业化联合体，并让农民能够分享加工销售环节之收益。

4. 以发展生态农业为契机培养农民的现代化意识

面对严重的农业污染，为满足农民对美好生活特别是美好生态的向往，党的十九大报告将原来新农村建设中的"村容整洁"提升到了"生态宜居"，强调要建设人与自然和谐共生的农业与农村现代化。为此，我国要因地制宜选择优质高效的生态农业模式，完善绿色生态循环农业的制度体系与社会化服务，实施化肥、农药的减量增效，并加强人才培养以发挥现代科技在发展生态农业中的关键作用。我国也要建立生态农业的环境监测体系，尤其是为了保障"舌尖上的安全"，要采取"标准化＋质量强农"措施，像工业一样推行全程的标准化生产，健全从田间到餐桌的全产业链监管，紧守食品安全底线。同时，我国生态农产品的标准化要与国际标准接轨以提高其国际竞争力。

10.5.4　力促巩固拓展脱贫攻坚成果与乡村振兴的有效衔接

我国的脱贫攻坚目标任务完成之后，"三农"工作重心已转移到全面推进乡村振兴的新发展阶段。习近平总书记在2021年2月25日的全国脱贫攻坚总结表彰大会上讲道："我们要切实做好巩固拓展脱贫攻坚成果同乡村振兴有效衔接各项工作，让脱贫基础更加稳固、成效更可持续。"[①] 党的二十大报告也强调，我们要"巩固拓展脱贫攻坚成果，增强脱贫地区和脱贫群众内生发展动力"。[②]

我国的脱贫攻坚战目前虽已取得胜利，但脱贫群众的收入还不算高，就业也不稳定。与此同时，脱贫地区由于历史上长期发展滞后，有些脱贫县虽然已经摘帽，但其发展基础脆弱，自我发展能力不强。2020年8月，习近平总书记在中央第七次西藏工作座谈会上讲道："要在巩固脱贫成果方面下更大功夫、想更多办法、给予更多后续帮扶支持，同乡村振兴有效衔接，尤其是同日常生活息息相关的交通设施、就医就学、养老社保等要全覆盖。"[③] 因此，我国在"十四五"时期还要重点关注脱贫的群众和脱贫地区，防止出现规模性返贫。这是实现乡村全面

---

①　《习近平谈治国理政》（第4卷），外文出版社2022年版，第138页。

②　习近平：《高举中国特色社会主义伟大旗帜　为全面建设社会主义现代化国家而团结奋斗——在中国共产党第二十次全国代表大会上的报告》，人民出版社2022年版，第31页。

③　《习近平在中央第七次西藏工作座谈会上强调：全面贯彻新时代党的治藏方略建设团结富裕文明和谐美丽的社会主义现代化新西藏》，中国政府网，http：//www.gov.cn/xinwen/2020-08/29/content_5538394.htm。

振兴的基础与前提。为此，一方面要用乡村振兴的办法来巩固脱贫成果和防止返贫，即在脱贫地区接续推进乡村全面振兴，加强职业技能培训，力促脱贫人口能够实现稳定就业和持续增收，从而增强其自我发展能力，同时也可选择一部分脱贫县作为乡村振兴的重点帮扶县，以促进其产业的提档升级和补齐其产业技术、设施和营销等短板；为了完善防止返贫的监测帮扶机制，对易返贫人口要实施常态化监测，做到早发现、早干预和早帮扶。另一方面要借鉴脱贫攻坚的办法推进乡村全面振兴，即把脱贫攻坚形成的一套行之有效的做法移植过来，推动其工作体系实现有序转换，在领导体制、发展规划、政策投入、工作体系和考核机制等方面做好衔接，逐步由原来的集中资源支持脱贫攻坚转向全面推进乡村振兴。在过渡期内，要保持现有帮扶政策的总体稳定并逐项分类进行优化调整，确保扶贫政策的不断档和工作的不脱节，同时继续向重点村选派驻村第一书记和工作队进行驻村帮扶，以加快脱贫地区的现代化建设。

10.5.5 党的全面领导——乡村全面振兴的关键

乡村全面振兴的实现，关键在党。习近平总书记指出："中国共产党具有无比坚强的领导力、组织力、执行力，是团结带领人民攻坚克难、开拓前进最可靠的领导力量。只要我们始终不渝坚持党的领导，就一定能够战胜前进道路上的任何艰难险阻，不断满足人民对美好生活的向往!"[①] 因此，我国在"十四五"时期要落实好《中国共产党农村工作条例》，把党的全面领导贯彻到乡村振兴的各领域与全过程；五级书记要承担起抓乡村振兴的领导责任，尤其是县委书记更要把主要精力放在"三农"工作上，做好乡村振兴的"一线总指挥"，把农业农村优先发展的总方针真正转化为具体的政策和举措，以便集中资源和增加投入，为全面振兴乡村提供坚实的政治与组织保障。

综上所述，乡村全面振兴和农业与农村现代化的实现关系着中国能否实现现代化强国和共同富裕的伟大目标。进入"十四五"时期的新发展阶段，我国在构建新发展格局过程中，要深入实施乡村的产业、人

---

① 《习近平谈治国理政》（第4卷），外文出版社2022年版，第133页。

才、文化、生态、组织"五大振兴",大力提升其经济和政治、文化和社会、生态文明以及党的建设水平,全方位缩小城乡之间的发展差距,以实现农业的全面升级、农村的全面进步、农民的全面发展,从而使乡村全面振兴为新发展格局构建中的国内大循环提供广阔空间,并最终建成社会主义现代化强国和实现全体人民的共同富裕。

参 考 文 献

［1］白天亮：《创新，引领发展的第一动力》，载于《人民日报》2016 年 1 月 30 日。

［2］蔡昉：《如何让新型城镇化走得更远》，载于《学习时报》2018 年 4 月 27 日。

［3］蔡若愚：《深入推进收入分配制度改革，要走出"收入"视角》，载于《中国经济导报》2017 年 12 月 8 日。

［4］陈尚文、李欣怡：《推动共建"一带一路"高质量发展》，载于《人民日报》2022 年 6 月 30 日。

［5］陈锡文：《实施乡村振兴战略，推进农业农村现代化》，载于《中国农业大学学报》（社会科学版）2018 年第 2 期。

［6］程霖、严晓菲：《中国国有企业股份制改革思想的演进与创新》，载于《财经研究》2021 年第 12 期。

［7］董昕：《中国城市土地制度的百年演进、历史作用与内在逻辑》，载于《中国软科学》2021 年第 12 期增刊（上）。

［8］段文斌、张文、刘大勇：《从高速增长到高质量发展——中国改革开放 40 年回顾与前瞻》，载于《学术界》2018 年第 4 期。

［9］方福前：《寻找供给侧结构性改革的理论源头》，载于《中国社会科学》2017 年第 7 期。

［10］费洪平、滕飞：《以六个"结合"推进新型工业化》，载于《人民日报》2017 年 11 月 26 日。

［11］高歌：《德国"工业 4.0"对我国制造业创新发展的启示》，载于《中国特色社会主义研究》2017 年第 2 期。

［12］葛扬：《社会主义初级阶段基本经济制度的历史逻辑与理论创新》，载于《四川大学学报》（哲学社会科学版）2018 年第 5 期。

［13］谷亚光、谷牧青：《论"五大发展理念"的思想创新、理论

内涵与贯彻重点》，载于《经济问题》2016 年第 3 期。

[14] 顾海良：《习近平新时代中国特色社会主义经济思想与"系统化的经济学说"的开拓》，载于《马克思主义与现实》2018 年第 5 期。

[15] 韩保江：《"供给侧结构性改革"的政治经济学释义》，载于《经济社会体制比较》2018 年第 1 期。

[16] 韩振峰：《五大发展理念是中国共产党发展理论的重大升华》，载于《思想理论教育导刊》2016 年第 1 期。

[17] 洪银兴：《兼顾公平与效率的收入分配制度改革 40 年》，载于《经济学动态》2018 年第 4 期。

[18] 洪银兴：《经济发展的中国道路和习近平经济思想的贡献》，载于《经济学动态》2021 年第 12 期。

[19] 洪银兴：《新时代社会主义现代化的新视角——新型工业化、信息化、城镇化、农业现代化的同步发展》，载于《南京大学学报》（人文科学·社会科学）2018 年第 2 期。

[20] 洪银兴：《准确认识供给侧结构性改革的目标和任务》，载于《中国工业经济》2016 年第 6 期。

[21] 胡家勇：《改革开放 40 年中国所有制理论的创新和发展》，载于《中州学刊》2018 年第 5 期。

[22] 胡家勇：《论经济新常态下增长新动力的培育》，载于《中州学刊》2016 年第 5 期。

[23] 胡家勇：《试论社会主义市场经济理论的创新和发展》，载于《经济研究》2016 年第 7 期。

[24] 黄德胜：《工业化新阶段及新型工业化路径研究》，载于《宏观经济管理》2017 年第 8 期。

[25] 黄群慧：《改革开放 40 年中国的产业发展与工业化进程》，载于《中国工业经济》2018 年第 9 期。

[26] 黄群慧、黄阳华、贺俊、江飞涛：《面向中上等收入阶段的中国工业化战略研究》，载于《中国社会科学》2017 年第 12 期。

[27] 黄群慧：《"新国企"是怎样炼成的——中国国有企业改革 40 年回顾》，载于《中国经济学人》2018 年第 1 期。

[28] 黄群慧：《以高质量工业化进程促进现代化经济体系建设》，载于《行政管理改革》2018 年第 1 期。

277

[29] 简新华：《新时代现代化经济体系建设几个关键问题》，载于《学术前沿》2018 年第 1 期（下）。

[30] 江泽民：《全面建设小康社会，开创中国特色社会主义事业新局面——在中国共产党第十六次全国代表大会上的报告》，人民出版社 2002 年版。

[31] 蒋永穆、卢洋：《新时代"强起来"的中国特色社会主义政治经济学体系构建》，载于《社会科学战线》2018 年第 4 期。

[32] 李齐云、李征宇：《论新时代国有企业改革发展的逻辑》，载于《公共财政研究》2022 年第 1 期。

[33] 林永生：《解读"中国模式"需创新西方经济学理论》，载于《中国经济时报》2011 年 5 月 9 日。

[34] 刘坤：《推动形成全面开放新格局》，载于《光明日报》2018 年 3 月 12 日。

[35] 刘坤：《新型城镇化深入推进：更多人享有更高品质城市生活》，载于《光明日报》2022 年 7 月 5 日。

[36] 刘伟：《习近平"中国特色社会主义政治经济学"的学说体系和理论逻辑》，载于《学术月刊》2021 年第 5 期。

[37] 刘伟：《中国特色社会主义收入分配问题的政治经济学探索》，载于《北京大学学报》（哲学社会科学版）2018 年第 7 期。

[38] 刘尧飞、管志杰：《双循环新发展格局下国内消费扩容升级研究》，载于《当代经济管理》2021 年第 7 期。

[39] 刘元春：《论供给侧结构性改革的理论基础》，载于《理论导报》2016 年第 3 期。

[40] 柳杨、江鸿震、付宇涵、李君：《两化融合是中国特色新型工业化道路的本质特征》，载于《改革与战略》2021 年第 4 期。

[41] 马建堂：《伟大的实践 深邃的理论——学习习近平新时代中国特色社会主义经济思想的体会》，载于《管理世界》2019 年第 1 期。

[42]《马克思主义政治经济学概论》编写组：《马克思主义政治经济学概论》，人民出版社、高等教育出版社 2011 年版。

[43] 马晓河：《推进供给侧结构性改革若干问题思考》，载于《中国特色社会主义研究》2018 年第 1 期。

[44] 穆克瑞：《新发展阶段城乡融合发展的主要障碍及突破方

向》，载于《行政管理改革》2021年第1期。

[45] 宁吉喆：《深入学习贯彻党的十九大精神加快推进现代化经济体系建设》，载于《宏观经济管理》2017年第12期。

[46] 逢锦聚：《坚持理论创新不断推进马克思主义政治经济学中国化》，载于《经济学动态》2021年第12期。

[47] 裴长洪等：《论习近平新时代中国特色社会主义经济思想的主题》，载于《财贸经济》2019年第12期。

[48] 裴小革：《论创新驱动——马克思主义政治经济学的分析视角》，载于《经济研究》2016年第6期。

[49] 彭瑶：《在博鳌共话"一带一路"倡议十周年 外宾盛赞中国共享精神》，中国网，http://news.china.com.cn/2023 - 03/28/content_85197441.html。

[50] 邱海平：《坚持运用马克思主义政治经济学指导供给侧结构性改革》，载于《理论与改革》2016年第4期。

[51] 邱海平：《全面认识和贯彻新发展理念》，载于《经济日报》2021年12月6日。

[52] 任杲、赵蕊：《中国新型城镇化内涵演进机理、制约因素及政策建议》，载于《区域经济评论》2022年第3期。

[53] 任理轩：《坚持创新发展》，载于《人民日报》2015年12月18日。

[54] 任理轩：《坚持开放发展》，载于《人民日报》2015年12月23日。

[55] 任理轩：《坚持协调发展》，载于《人民日报》2015年12月21日。

[56] 斯蒂格利茨：《喧嚣的20世纪90年代》，载于《大西洋月刊》2002年第10期。

[57] 宋方敏：《论"国有企业做强做优做大"和"国有资本做强做优做大"的一致性》，载于《政治经济学评论》2018年第2期。

[58] 孙大权：《民国时期的中国经济学与经济思想》，载于《贵州财经学院学报》2011年第6期。

[59] 孙久文、蒋治：《"十四五"时期中国区域经济发展格局展望》，载于《中共中央党校（国家行政学院）学报》2021年第2期。

[60] 唐任伍、孟娜、叶天希：《共同富裕思想演进、现实价值与实现路径》，载于《改革》2022 年第 1 期。

[61] 汪海波：《中国国有企业改革的实践进程》（1997—2003 年），载于《中国经济史研究》2005 年第 3 期。

[62] 王立胜、陈雪娟：《论中国特色社会主义政治经济学发展的阶段性》，载于《毛泽东邓小平理论研究》2018 年第 1 期。

[63] 王立胜：《新发展理念与当代中国经济发展》，载于《齐鲁学刊》2016 年第 5 期。

[64] 王希军：《城镇化面临的突出问题及解决》，载于《大众日报》2014 年 1 月 26 日。

[65] 王炫、邢雷：《以马克思主义政治经济学引领供给侧结构性改革》，载于《经济问题》2017 年第 2 期。

[66] 卫兴华：《我国基本经济制度的确立和完善》，载于《人民日报》2018 年 9 月 19 日。

[67] 吴瑞君、薛琪薪、罗志华：《我国人口迁移和城镇化格局的转折性变化：2000—2020 年》，载于《上海行政学院学报》2022 年第 1 期。

[68] 吴晓青：《为何要把绿色发展作为五大理念之一》，载于《中国经贸导刊》2016 年 1 月（上）。

[69] 吴易风：《马克思的产权理论与国有企业产权改革》，载于《中国社会科学》1995 年第 1 期。

[70] 习近平：《高举中国特色社会主义伟大旗帜　为全面建设社会主义现代化国家而团结奋斗——在中国共产党第二十次全国代表大会上的报告》，人民出版社 2022 年版。

[71]《习近平关于社会主义经济建设论述摘编》，中央文献出版社 2017 年版。

[72]《习近平谈治国理政》（第 4 卷），外文出版社 2022 年版。

[73]《习近平谈治国理政》（第 3 卷），外文出版社 2020 年版。

[74]《习近平谈治国理政》（第 2 卷），外文出版社 2017 年版。

[75]《习近平谈治国理政》，外文出版社 2014 年版。

[76] 习近平：《新发展阶段贯彻新发展理念必然要求构建新发展格局》，载于《求是》2022 年第 17 期。

[77] 习近平:《之江新语》,浙江人民出版社 2013 年版。

[78]《习近平关于科技创新论述摘编》,中央文献出版社 2016 年版。

[79] 习近平:《论把握新发展阶段、贯彻新发展理念、构建新发展格局》,中央文献出版社 2021 年版 。

[80] 夏柱智、贺雪峰:《半工半耕与中国渐进城镇化模式》,载于《中国社会科学》2017 年第 12 期。

[81] 熊小林:《聚焦乡村振兴战略探究农业农村现代化方略》,载于《中国农村经济》2018 年第 1 期。

[82] 徐恒:《工业通信业领域党代表就"走新型工业化道路"答记者问》,载于《中国电子报》2017 年 10 月 20 日。

[83] 徐坡岭、贾春梅:《俄罗斯经济转型:新自由主义的失败与社会市场经济模式的探索》,载于《俄罗斯东欧中亚研究》2017 年第 3 期。

[84] 徐赟:《选准推动高质量发展的着力点》,载于《中国改革报》2018 年 2 月 5 日。

[85] 许光建、孙伟:《国有企业混合所有制改革的五个关键问题》,载于《宏观经济管理》2018 年第 1 期。

[86] "学习笔记"小组:《解读"五大发展理念"之绿色发展篇》,载于《理论导报》2016 年第 6 期。

[87] 姚枝仲:《以新的开放理念,打造对外开放新格局》,载于《国际经济评论》2016 年第 5 期。

[88] 叶兴庆:《新时代中国乡村振兴战略论纲》,载于《改革》2018 年第 1 期。

[89] 叶兴庆:《中国特色新型城镇化的主要特征与实现路径》,载于《中国党政干部论坛》2016 年第 4 期。

[90] 余斌:《论中国特色社会主义市场经济的五项原则》,载于《马克思主义研究》2017 年第 3 期。

[91] 张辉:《贯彻协调发展新理念,构筑均衡融合新格局》,载于《北京大学学报》(哲学社会科学版)2016 年第 2 期。

[92] 张建平、沈博:《改革开放 40 年中国经济发展成就及其对世界的影响》,载于《当代世界》2018 年第 5 期。

[93] 张雷声:《新时代中国经济发展的理论创新——学习习近平关

于经济高质量发展的重要论述》，载于《理论与改革》2020年第5期。

　　［94］张娜、李翔：《主动作为埋头苦干推动国资国企改革迈步向前》，载于《现代国企研究》2018年第3期。

　　［95］张卫、糜志雄：《我国新型城镇化的发展趋势、挑战及对策》，载于《宏观经济管理》2018年第8期。

　　［96］张晓旭：《新发展格局下推进新型城镇化的重点任务》，载于《区域经济评论》2022年第3期。

　　［97］张宇：《中国经济模式的政治经济学分析》，载于《中国社会科学》2011年第3期。

　　［98］张志勤：《欧盟绿色经济的发展现状及前景分析》，载于《全球科技经济瞭望》2013年第1期。

　　［99］赵美玲、张霞：《机遇、挑战与对策：农民现代化实现路径探究——基于中国特色新型农业现代化的视角》，载于《广西社会科学》2016年第11期。

　　［100］赵穗生等：《经济放缓背景下对"中国模式"的再思考》，唐磊、刘晓编译，载于《国外社会科学》2017年第2期。

　　［101］赵予宁：《制度创新推进乡村全面振兴的政策研究》，载于《农业经济》2021年第5期。

　　［102］赵展慧：《区域发展如何更协调》，载于《人民日报》2017年11月7日。

　　［103］郑新业、张阳阳、黄阳华：《供给侧结构性改革与宏观调控：分工与互补》，载于《中国人民大学学报》2017年第5期。

　　［104］中共农业农村部党组：《接续推进乡村全面振兴》，载于《人民日报》2021年3月18日。

　　［105］中共中央宣传部、国家发展和改革委员会：《习近平经济思想学习纲要》，人民出版社、学习出版社2022年版。

　　［106］中国税务学会课题组：《"十四五"时期优化税制问题研究》，载于《税务研究》2022年第4期。

　　［107］中央党校"中国特色社会主义政治经济学研究"课题组：《中国特色社会主义政治经济学对西方经济学理论的借鉴与超越》，载于《管理世界》2017年第7期。

　　［108］周文：《新型城镇化和乡村振兴背景下的城乡融合发展研

究》，载于《政治经济学评论》2022 年第 3 期。

　　［109］朱鹏华、刘学侠：《新型城镇化：基础、问题与路径》，载于《中共中央党校学报》2017 年第 1 期。

　　［110］邹进文：《民国时期的经济思想史研究》，载于《中国经济史研究》2015 年第 3 期。

　　［111］Edward Alsworth Ross. Review The Economic Principles of Confucius and his school, *The American Economic Review*, Vol. 2, No. 4, 1912, pp. 883 – 884.

　　［112］Gregory C. Chow. Challenges of China's Economic System for Economic Theory, *The American Economic Review*, Vol. 87, No. 2, 1997, pp. 321 – 327.

　　［113］Joshua Cooper Ramo. *The Beijing Consensus*, The Foreign Policy Centre, 2004.

　　［114］Lai – Ha Chan, Pak K. Lee and Gerald Chan. Rethinking global governance：a China model in the making? *Contemporary Politics*, Vol. 14, No. 1, March 2008.

　　［115］Peters, Michael A. The Chinese Dream：Xi Jinping thought on Socialism with Chinese characteristics for a new era. *Educational Philosophy and Theory*, Vol. 49, No. 14, 2017, pp. 1299 – 1304.

　　［116］Robert S. Ross and Jo Inge Bekkevold. *China in the era of Xi Jinping*：*Domestic and Foreign Policy Challenges*. Washington, DC：Georgetown University Press. May 2016.